U0892355

HUANJING ZIYUAN SHENPAN
YU XINGZHENG ZHIFA

环境资源审判与行政执法

·第1辑·

最高人民法院环境资源审判庭　编

法律出版社 LAW PRESS·CHINA
北京

图书在版编目(CIP)数据

环境资源审判与行政执法. 第1辑 / 最高人民法院环境资源审判庭编. -- 北京 : 法律出版社, 2022
ISBN 978-7-5197-6266-7

Ⅰ. ①环… Ⅱ. ①最… Ⅲ. ①环境保护法-审判-研究-中国②环境保护法-行政执法-研究-中国 Ⅳ. ①D922.680.4

中国版本图书馆CIP数据核字(2021)第257423号

环境资源审判与行政执法(第1辑)
HUANJING ZIYUAN SHENPAN YU XINGZHENG ZHIFA(DI-1 JI)

最高人民法院环境资源审判庭 编

责任编辑 赵明霞
装帧设计 马 帅

出版发行 法律出版社
编辑统筹 法商出版分社
责任校对 晁明慧 王 皓
责任印制 胡晓雅
经 销 新华书店

开本 710毫米×1000毫米 1/16
印张 20.25 **字数** 316千
版本 2022年3月第1版
印次 2022年3月第1次印刷
印刷 北京金康利印刷有限公司

地址:北京市丰台区莲花池西里7号(100073)
网址:www.lawpress.com.cn
投稿邮箱:info@lawpress.com.cn
举报盗版邮箱:jbwq@lawpress.com.cn
销售电话:010-83938349
客服电话:010-83938350
咨询电话:010-63939796
版权所有·侵权必究

书号:ISBN 978-7-5197-6266-7
定价:78.00元
凡购买本社图书,如有印装错误,我社负责退换。电话:010-83938349

《环境资源审判与行政执法》

编辑委员会

主　编　杨临萍

副主编　刘竹梅

编　委　魏莉华　别　涛　李淑新　李明义
　　　　　秦天宝　竺　效　宋春雨　刘小飞

执行编辑　陆　阳

特约编委

北京高院　宋　毅
天津高院　杨　宇
河北高院　李学境
山西高院　卜文礼
内蒙古高院　吴学东
辽宁高院　于德江
吉林高院　杜小雨
黑龙江高院　陈伟华
上海高院　殷勇磊
江苏高院　赵　黎
浙江高院　钱建军
安徽高院　程　敏
湖南高院　刘东河
广东高院　羊　琴
广西高院　张　辉
海南高院　王　峻
重庆高院　赵　翎
四川高院　高　峰
贵州高院　李　丽
云南高院　李年乐
西藏高院　尼玛次仁
陕西高院　贾黎明
甘肃高院　王　烨
青海高院　赵　霞

福建高院	池　力	宁夏高院	孙泽诚
江西高院	黄训荣	新疆高院	张　凡
山东高院	崔　勇	兵团法院	吴　龙
河南高院	荆　伟	军事法院	李　毅
湖北高院	张乐喜		

特约通讯员

北京高院	汪　明	湖南高院	曾志燕
天津高院	左　楠	广东高院	范兴龙
河北高院	王晓歌	广西高院	彭绍征
山西高院	刘学仲	海南高院	陈　颜
内蒙古高院	李　娟	重庆高院	黄　成
辽宁高院	王　骞	四川高院	峥　嵘
吉林高院	徐榕玲	贵州高院	李婧菽
黑龙江高院	赵　敏	云南高院	马　荣
上海高院	张心全	西藏高院	张文静
江苏高院	刘尚雷	陕西高院	董倩倩
浙江高院	夏祖银	甘肃高院	贠红娟
安徽高院	江炜炜	青海高院	程克文
福建高院	周晓芳	宁夏高院	旦伟娟
江西高院	张满洋	新疆高院	宋艳云
山东高院	梁　勇	兵团法院	雷美全
河南高院	董亚伟	军事法院	田昕鑫
湖北高院	姚海军		

卷首语

保护环境、节约资源是我国的基本国策，对于实现中华民族伟大复兴和永续发展具有十分重大的意义。党的十八大以来，以习近平同志为核心的党中央站在新时代党和国家事业发展全局高度，将生态文明建设作为统筹推进“五位一体”总体布局和协调推进“四个全面”战略布局的重要内容，不断推进生态文明理论创新、实践创新、制度创新，发展形成了习近平生态文明思想，为实现经济社会发展全面绿色转型，建设人与自然和谐共生的现代化奠定了坚实基础，也为环境资源审判工作提供了根本遵循，指明了道路方向。

最高人民法院高度重视环境资源审判工作，指导全国各级法院深入学习贯彻习近平新时代中国特色社会主义思想，特别是习近平生态文明思想、习近平法治思想，深入践行“绿水青山就是金山银山”理念，始终坚持以环境资源审判专门化为抓手，牢固树立环境司法理念，完善专门审判规则，依法公正审理案件、健全完善体制机制，推进多元共治体系建设，深化国际交流合作，加强环境司法宣传，努力为新时代生态文明建设和高质量发展提供有力司法服务和保障。

在推进环境资源审判工作中，既要不断加强环境资源司法工作的理论研究和实践探索，以适应新时代生态文明建设的要求和经济社会的飞速发展，也要不断加强与相关行政主管部门的交流协作，推动形成环境资源保护的有效合力。鉴于此，最高人民法院环境资源审判庭在深入总结以往出版经验的基础上，于2022年创始发行《环境资源审判与行政执法》，邀请部分行政主管部门负责同志和专家学者担任编委会成员，并进一步突出问题导向，丰富板块设计，强化实践指引，以期实现加强学习研究、推动交流协作之目的。第1辑收录了环境资源领域的最新行政法规、司法解释以及其他规范性文件，设置了世界环境司法大会专题、热点理论探讨、行政执法研讨等栏目，相信会为读者朋友们提供一份理论与实践相结合的“丰盛大餐”。

生态文明建设没有止境，环境资源保护工作一直在路上。让我们共同努力，将《环境资源审判与行政执法》打造成为推动中国环境资源审判与行政执法工作的有效平台，为加强新时代环境资源保护工作发挥独特而重要的作用。

目　录

【政策法规与司法解释】

001　中华人民共和国生物安全法
018　中华人民共和国土地管理法实施条例
032　新《土地管理法实施条例》亮点解读/魏莉华
037　排污许可管理条例
048　《排污许可管理条例》立法过程和主要内容介绍/别　涛
052　国务院办公厅关于加强草原保护修复的若干意见
059　加强草原保护修复　筑牢绿色生态屏障
——《关于加强草原保护修复的若干意见》政策解读/唐芳林
065　最高人民法院关于贯彻《中华人民共和国长江保护法》的实施意见
070　《关于贯彻〈中华人民共和国长江保护法〉的实施意见》的理解与适用
/杨临萍　李明义　蔡传磊
082　环境资源案件类型与统计规范(试行)

【世界环境司法大会专题】

092　习近平向世界环境司法大会致贺信
093　周强:推进生态环境司法治理　促进人与自然和谐共生
095　杨临萍:发挥环境司法职能作用　服务保障美丽中国建设
096　世界环境司法大会昆明宣言
099　最高人民法院相关负责人就《世界环境司法大会昆明宣言》接受记者专访

【理论前沿】

104 环境司法2020:推进中国环境司法体系不断成熟定型/吕忠梅

152 论我国环境仲裁的制度需求与构建/侯佳儒 孔梁成

171 中国气候变化案件的诉讼路径探析/蒋博雅

【业务研讨与经验交流】

187 内蒙古法院环境资源专门化审判体系的构建
——以"三合一"模式在内蒙古法院能否推行为视角/孙晓磊

195 江苏法院涉固体废物类案件审理情况调研报告
/江苏省高级人民法院环境资源审判庭课题组

212 检视与矫正:不履行法定职责类行政公益诉讼裁判方式的规范
——基于50份生效裁判文书的实证分析/黄 成 罗 静

227 推定在环境民事公益诉讼中的法律适用/王作化

【行政执法】

240 美利纸业公司污染腾格里沙漠跨省区生态环境损害赔偿纠纷成功结案
——全国首例跨省区生态环境损害联合磋商案经验评析/别 涛 季林云

247 森林资源保护两法衔接中行政处罚的适用
——对比两起滥伐林木案引发的行政公益诉讼/汶 哲

【他山之石】

251 美国自然资源损害赔偿制度探析及其对我国的启示/刘晓华

264 谨防环保南辕北辙
——法国"黄背心运动"评析与启示/莫 菲 周 珂

【案例解析】

270 海域使用权征收案件中承租人补偿权的合理保障

——福建省平潭县北厝恒祥水产养殖场、林某彦、许某华、林某贵诉平潭县人民政府、平潭综合实验区岚城片区开发管理局行政征收补偿案/秦传熙
278 杨某某诉桑植县水利局水利行政协议及行政赔偿案
——自然保护区采矿权出让合同效力认定问题/符兆敏 黄湘琳
285 中国生物多样性保护与绿色发展基金会与贵州宏德置业有限公司相邻通行权纠纷案
——对公众的通行权和沿河观赏、享受美好环境权益的保障/罗光黔 田 菲

【裁判文书选登】

292 广东省东莞市中级人民法院民事判决书 (2018)粤19民终6238号
299 湖北省松滋市人民法院行政判决书 (2017)鄂1087行初2号

中华人民共和国生物安全法

（2020年10月17日第十三届全国人民代表大会常务委员会
第二十二次会议通过）

目　录

第一章　总　则
第二章　生物安全风险防控体制
第三章　防控重大新发突发传染病、动植物疫情
第四章　生物技术研究、开发与应用安全
第五章　病原微生物实验室生物安全
第六章　人类遗传资源与生物资源安全
第七章　防范生物恐怖与生物武器威胁
第八章　生物安全能力建设
第九章　法律责任
第十章　附　则

第一章　总　则

第一条　为了维护国家安全，防范和应对生物安全风险，保障人民生命健康，保护生物资源和生态环境，促进生物技术健康发展，推动构建人类命运共同体，实现人与自然和谐共生，制定本法。

第二条　本法所称生物安全，是指国家有效防范和应对危险生物因子及相关因素威胁，生物技术能够稳定健康发展，人民生命健康和生态系统相对处于没有危

险和不受威胁的状态，生物领域具备维护国家安全和持续发展的能力。

从事下列活动，适用本法：

（一）防控重大新发突发传染病、动植物疫情；

（二）生物技术研究、开发与应用；

（三）病原微生物实验室生物安全管理；

（四）人类遗传资源与生物资源安全管理；

（五）防范外来物种入侵与保护生物多样性；

（六）应对微生物耐药；

（七）防范生物恐怖袭击与防御生物武器威胁；

（八）其他与生物安全相关的活动。

第三条 生物安全是国家安全的重要组成部分。维护生物安全应当贯彻总体国家安全观，统筹发展和安全，坚持以人为本、风险预防、分类管理、协同配合的原则。

第四条 坚持中国共产党对国家生物安全工作的领导，建立健全国家生物安全领导体制，加强国家生物安全风险防控和治理体系建设，提高国家生物安全治理能力。

第五条 国家鼓励生物科技创新，加强生物安全基础设施和生物科技人才队伍建设，支持生物产业发展，以创新驱动提升生物科技水平，增强生物安全保障能力。

第六条 国家加强生物安全领域的国际合作，履行中华人民共和国缔结或者参加的国际条约规定的义务，支持参与生物科技交流合作与生物安全事件国际救援，积极参与生物安全国际规则的研究与制定，推动完善全球生物安全治理。

第七条 各级人民政府及其有关部门应当加强生物安全法律法规和生物安全知识宣传普及工作，引导基层群众性自治组织、社会组织开展生物安全法律法规和生物安全知识宣传，促进全社会生物安全意识的提升。

相关科研院校、医疗机构以及其他企业事业单位应当将生物安全法律法规和生物安全知识纳入教育培训内容，加强学生、从业人员生物安全意识和伦理意识的培养。

新闻媒体应当开展生物安全法律法规和生物安全知识公益宣传，对生物安全违法行为进行舆论监督，增强公众维护生物安全的社会责任意识。

第八条 任何单位和个人不得危害生物安全。

任何单位和个人有权举报危害生物安全的行为；接到举报的部门应当及时依法处理。

第九条 对在生物安全工作中做出突出贡献的单位和个人，县级以上人民政府及其有关部门按照国家规定予以表彰和奖励。

第二章 生物安全风险防控体制

第十条 中央国家安全领导机构负责国家生物安全工作的决策和议事协调，研究制定、指导实施国家生物安全战略和有关重大方针政策，统筹协调国家生物安全的重大事项和重要工作，建立国家生物安全工作协调机制。

省、自治区、直辖市建立生物安全工作协调机制，组织协调、督促推进本行政区域内生物安全相关工作。

第十一条 国家生物安全工作协调机制由国务院卫生健康、农业农村、科学技术、外交等主管部门和有关军事机关组成，分析研判国家生物安全形势，组织协调、督促推进国家生物安全相关工作。国家生物安全工作协调机制设立办公室，负责协调机制的日常工作。

国家生物安全工作协调机制成员单位和国务院其他有关部门根据职责分工，负责生物安全相关工作。

第十二条 国家生物安全工作协调机制设立专家委员会，为国家生物安全战略研究、政策制定及实施提供决策咨询。

国务院有关部门组织建立相关领域、行业的生物安全技术咨询专家委员会，为生物安全工作提供咨询、评估、论证等技术支撑。

第十三条 地方各级人民政府对本行政区域内生物安全工作负责。

县级以上地方人民政府有关部门根据职责分工，负责生物安全相关工作。

基层群众性自治组织应当协助地方人民政府以及有关部门做好生物安全风险防控、应急处置和宣传教育等工作。

有关单位和个人应当配合做好生物安全风险防控和应急处置等工作。

第十四条 国家建立生物安全风险监测预警制度。国家生物安全工作协调机制组织建立国家生物安全风险监测预警体系，提高生物安全风险识别和分析能力。

第十五条 国家建立生物安全风险调查评估制度。国家生物安全工作协调机制应当根据风险监测的数据、资料等信息，定期组织开展生物安全风险调查评估。

有下列情形之一的，有关部门应当及时开展生物安全风险调查评估，依法采取必要的风险防控措施：

（一）通过风险监测或者接到举报发现可能存在生物安全风险；

（二）为确定监督管理的重点领域、重点项目，制定、调整生物安全相关名录或者清单；

（三）发生重大新发突发传染病、动植物疫情等危害生物安全的事件；

（四）需要调查评估的其他情形。

第十六条 国家建立生物安全信息共享制度。国家生物安全工作协调机制组织建立统一的国家生物安全信息平台，有关部门应当将生物安全数据、资料等信息汇交国家生物安全信息平台，实现信息共享。

第十七条 国家建立生物安全信息发布制度。国家生物安全总体情况、重大生物安全风险警示信息、重大生物安全事件及其调查处理信息等重大生物安全信息，由国家生物安全工作协调机制成员单位根据职责分工发布；其他生物安全信息由国务院有关部门和县级以上地方人民政府及其有关部门根据职责权限发布。

任何单位和个人不得编造、散布虚假的生物安全信息。

第十八条 国家建立生物安全名录和清单制度。国务院及其有关部门根据生物安全工作需要，对涉及生物安全的材料、设备、技术、活动、重要生物资源数据、传染病、动植物疫病、外来入侵物种等制定、公布名录或者清单，并动态调整。

第十九条 国家建立生物安全标准制度。国务院标准化主管部门和国务院其他有关部门根据职责分工，制定和完善生物安全领域相关标准。

国家生物安全工作协调机制组织有关部门加强不同领域生物安全标准的协调和衔接，建立和完善生物安全标准体系。

第二十条 国家建立生物安全审查制度。对影响或者可能影响国家安全的生物领域重大事项和活动，由国务院有关部门进行生物安全审查，有效防范和化解生物安全风险。

第二十一条 国家建立统一领导、协同联动、有序高效的生物安全应急制度。

国务院有关部门应当组织制定相关领域、行业生物安全事件应急预案，根据应急预案和统一部署开展应急演练、应急处置、应急救援和事后恢复等工作。

县级以上地方人民政府及其有关部门应当制定并组织、指导和督促相关企业事业单位制定生物安全事件应急预案，加强应急准备、人员培训和应急演练，开展生物安全事件应急处置、应急救援和事后恢复等工作。

中国人民解放军、中国人民武装警察部队按照中央军事委员会的命令，依法参加生物安全事件应急处置和应急救援工作。

第二十二条 国家建立生物安全事件调查溯源制度。发生重大新发突发传染病、动植物疫情和不明原因的生物安全事件，国家生物安全工作协调机制应当组织开展调查溯源，确定事件性质，全面评估事件影响，提出意见建议。

第二十三条 国家建立首次进境或者暂停后恢复进境的动植物、动植物产品、高风险生物因子国家准入制度。

进出境的人员、运输工具、集装箱、货物、物品、包装物和国际航行船舶压舱水排放等应当符合我国生物安全管理要求。

海关对发现的进出境和过境生物安全风险，应当依法处置。经评估为生物安全高风险的人员、运输工具、货物、物品等，应当从指定的国境口岸进境，并采取严格的风险防控措施。

第二十四条 国家建立境外重大生物安全事件应对制度。境外发生重大生物安全事件的，海关依法采取生物安全紧急防控措施，加强证件核验，提高查验比例，暂停相关人员、运输工具、货物、物品等进境。必要时经国务院同意，可以采取暂时关闭有关口岸、封锁有关国境等措施。

第二十五条 县级以上人民政府有关部门应当依法开展生物安全监督检查工作，被检查单位和个人应当配合，如实说明情况，提供资料，不得拒绝、阻挠。

涉及专业技术要求较高、执法业务难度较大的监督检查工作，应当有生物安全专业技术人员参加。

第二十六条 县级以上人民政府有关部门实施生物安全监督检查，可以依法采取下列措施：

（一）进入被检查单位、地点或者涉嫌实施生物安全违法行为的场所进行现场监测、勘查、检查或者核查；

（二）向有关单位和个人了解情况；

（三）查阅、复制有关文件、资料、档案、记录、凭证等；

（四）查封涉嫌实施生物安全违法行为的场所、设施；

（五）扣押涉嫌实施生物安全违法行为的工具、设备以及相关物品；

（六）法律法规规定的其他措施。

有关单位和个人的生物安全违法信息应当依法纳入全国信用信息共享平台。

第三章 防控重大新发突发传染病、动植物疫情

第二十七条 国务院卫生健康、农业农村、林业草原、海关、生态环境主管部门应当建立新发突发传染病、动植物疫情、进出境检疫、生物技术环境安全监测网络，组织监测站点布局、建设，完善监测信息报告系统，开展主动监测和病原检测，并纳入国家生物安全风险监测预警体系。

第二十八条 疾病预防控制机构、动物疫病预防控制机构、植物病虫害预防控制机构（以下统称专业机构）应当对传染病、动植物疫病和列入监测范围的不明原因疾病开展主动监测，收集、分析、报告监测信息，预测新发突发传染病、动植物疫病的发生、流行趋势。

国务院有关部门、县级以上地方人民政府及其有关部门应当根据预测和职责权限及时发布预警，并采取相应的防控措施。

第二十九条 任何单位和个人发现传染病、动植物疫病的，应当及时向医疗机构、有关专业机构或者部门报告。

医疗机构、专业机构及其工作人员发现传染病、动植物疫病或者不明原因的聚集性疾病的，应当及时报告，并采取保护性措施。

依法应当报告的，任何单位和个人不得瞒报、谎报、缓报、漏报，不得授意他人瞒报、谎报、缓报，不得阻碍他人报告。

第三十条 国家建立重大新发突发传染病、动植物疫情联防联控机制。

发生重大新发突发传染病、动植物疫情，应当依照有关法律法规和应急预案的规定及时采取控制措施；国务院卫生健康、农业农村、林业草原主管部门应当立即组织疫情会商研判，将会商研判结论向中央国家安全领导机构和国务院报告，并通报国家生物安全工作协调机制其他成员单位和国务院其他有关部门。

发生重大新发突发传染病、动植物疫情，地方各级人民政府统一履行本行政区域内疫情防控职责，加强组织领导，开展群防群控、医疗救治，动员和鼓励社会力量依法有序参与疫情防控工作。

第三十一条 国家加强国境、口岸传染病和动植物疫情联合防控能力建设，建立传染病、动植物疫情防控国际合作网络，尽早发现、控制重大新发突发传染病、动植物疫情。

第三十二条 国家保护野生动物，加强动物防疫，防止动物源性传染病传播。

第三十三条 国家加强对抗生素药物等抗微生物药物使用和残留的管理，支持应对微生物耐药的基础研究和科技攻关。

县级以上人民政府卫生健康主管部门应当加强对医疗机构合理用药的指导和监督，采取措施防止抗微生物药物的不合理使用。县级以上人民政府农业农村、林业草原主管部门应当加强对农业生产中合理用药的指导和监督，采取措施防止抗微生物药物的不合理使用，降低在农业生产环境中的残留。

国务院卫生健康、农业农村、林业草原、生态环境等主管部门和药品监督管理部门应当根据职责分工，评估抗微生物药物残留对人体健康、环境的危害，建立抗微生物药物污染物指标评价体系。

第四章 生物技术研究、开发与应用安全

第三十四条 国家加强对生物技术研究、开发与应用活动的安全管理，禁止从事危及公众健康、损害生物资源、破坏生态系统和生物多样性等危害生物安全的生物技术研究、开发与应用活动。

从事生物技术研究、开发与应用活动，应当符合伦理原则。

第三十五条 从事生物技术研究、开发与应用活动的单位应当对本单位生物

技术研究、开发与应用的安全负责，采取生物安全风险防控措施，制定生物安全培训、跟踪检查、定期报告等工作制度，强化过程管理。

第三十六条　国家对生物技术研究、开发活动实行分类管理。根据对公众健康、工业农业、生态环境等造成危害的风险程度，将生物技术研究、开发活动分为高风险、中风险、低风险三类。

生物技术研究、开发活动风险分类标准及名录由国务院科学技术、卫生健康、农业农村等主管部门根据职责分工，会同国务院其他有关部门制定、调整并公布。

第三十七条　从事生物技术研究、开发活动，应当遵守国家生物技术研究开发安全管理规范。

从事生物技术研究、开发活动，应当进行风险类别判断，密切关注风险变化，及时采取应对措施。

第三十八条　从事高风险、中风险生物技术研究、开发活动，应当由在我国境内依法成立的法人组织进行，并依法取得批准或者进行备案。

从事高风险、中风险生物技术研究、开发活动，应当进行风险评估，制定风险防控计划和生物安全事件应急预案，降低研究、开发活动实施的风险。

第三十九条　国家对涉及生物安全的重要设备和特殊生物因子实行追溯管理。购买或者引进列入管控清单的重要设备和特殊生物因子，应当进行登记，确保可追溯，并报国务院有关部门备案。

个人不得购买或者持有列入管控清单的重要设备和特殊生物因子。

第四十条　从事生物医学新技术临床研究，应当通过伦理审查，并在具备相应条件的医疗机构内进行；进行人体临床研究操作的，应当由符合相应条件的卫生专业技术人员执行。

第四十一条　国务院有关部门依法对生物技术应用活动进行跟踪评估，发现存在生物安全风险的，应当及时采取有效补救和管控措施。

第五章　病原微生物实验室生物安全

第四十二条　国家加强对病原微生物实验室生物安全的管理，制定统一的实验室生物安全标准。病原微生物实验室应当符合生物安全国家标准和要求。

从事病原微生物实验活动，应当严格遵守有关国家标准和实验室技术规范、操作规程，采取安全防范措施。

第四十三条 国家根据病原微生物的传染性、感染后对人和动物的个体或者群体的危害程度，对病原微生物实行分类管理。

从事高致病性或者疑似高致病性病原微生物样本采集、保藏、运输活动，应当具备相应条件，符合生物安全管理规范。具体办法由国务院卫生健康、农业农村主管部门制定。

第四十四条 设立病原微生物实验室，应当依法取得批准或者进行备案。

个人不得设立病原微生物实验室或者从事病原微生物实验活动。

第四十五条 国家根据对病原微生物的生物安全防护水平，对病原微生物实验室实行分等级管理。

从事病原微生物实验活动应当在相应等级的实验室进行。低等级病原微生物实验室不得从事国家病原微生物目录规定应当在高等级病原微生物实验室进行的病原微生物实验活动。

第四十六条 高等级病原微生物实验室从事高致病性或者疑似高致病性病原微生物实验活动，应当经省级以上人民政府卫生健康或者农业农村主管部门批准，并将实验活动情况向批准部门报告。

对我国尚未发现或者已经宣布消灭的病原微生物，未经批准不得从事相关实验活动。

第四十七条 病原微生物实验室应当采取措施，加强对实验动物的管理，防止实验动物逃逸，对使用后的实验动物按照国家规定进行无害化处理，实现实验动物可追溯。禁止将使用后的实验动物流入市场。

病原微生物实验室应当加强对实验活动废弃物的管理，依法对废水、废气以及其他废弃物进行处置，采取措施防止污染。

第四十八条 病原微生物实验室的设立单位负责实验室的生物安全管理，制定科学、严格的管理制度，定期对有关生物安全规定的落实情况进行检查，对实验室设施、设备、材料等进行检查、维护和更新，确保其符合国家标准。

病原微生物实验室设立单位的法定代表人和实验室负责人对实验室的生物安

全负责。

第四十九条 病原微生物实验室的设立单位应当建立和完善安全保卫制度，采取安全保卫措施，保障实验室及其病原微生物的安全。

国家加强对高等级病原微生物实验室的安全保卫。高等级病原微生物实验室应当接受公安机关等部门有关实验室安全保卫工作的监督指导，严防高致病性病原微生物泄漏、丢失和被盗、被抢。

国家建立高等级病原微生物实验室人员进入审核制度。进入高等级病原微生物实验室的人员应当经实验室负责人批准。对可能影响实验室生物安全的，不予批准；对批准进入的，应当采取安全保障措施。

第五十条 病原微生物实验室的设立单位应当制定生物安全事件应急预案，定期组织开展人员培训和应急演练。发生高致病性病原微生物泄漏、丢失和被盗、被抢或者其他生物安全风险的，应当按照应急预案的规定及时采取控制措施，并按照国家规定报告。

第五十一条 病原微生物实验室所在地省级人民政府及其卫生健康主管部门应当加强实验室所在地感染性疾病医疗资源配置，提高感染性疾病医疗救治能力。

第五十二条 企业对涉及病原微生物操作的生产车间的生物安全管理，依照有关病原微生物实验室的规定和其他生物安全管理规范进行。

涉及生物毒素、植物有害生物及其他生物因子操作的生物安全实验室的建设和管理，参照有关病原微生物实验室的规定执行。

第六章　人类遗传资源与生物资源安全

第五十三条 国家加强对我国人类遗传资源和生物资源采集、保藏、利用、对外提供等活动的管理和监督，保障人类遗传资源和生物资源安全。

国家对我国人类遗传资源和生物资源享有主权。

第五十四条 国家开展人类遗传资源和生物资源调查。

国务院科学技术主管部门组织开展我国人类遗传资源调查，制定重要遗传家系和特定地区人类遗传资源申报登记办法。

国务院科学技术、自然资源、生态环境、卫生健康、农业农村、林业草原、中医药主管部门根据职责分工，组织开展生物资源调查，制定重要生物资源申报登记办法。

第五十五条 采集、保藏、利用、对外提供我国人类遗传资源，应当符合伦理原则，不得危害公众健康、国家安全和社会公共利益。

第五十六条 从事下列活动，应当经国务院科学技术主管部门批准：

（一）采集我国重要遗传家系、特定地区人类遗传资源或者采集国务院科学技术主管部门规定的种类、数量的人类遗传资源；

（二）保藏我国人类遗传资源；

（三）利用我国人类遗传资源开展国际科学研究合作；

（四）将我国人类遗传资源材料运送、邮寄、携带出境。

前款规定不包括以临床诊疗、采供血服务、查处违法犯罪、兴奋剂检测和殡葬等为目的的采集、保藏人类遗传资源及开展的相关活动。

为了取得相关药品和医疗器械在我国上市许可，在临床试验机构利用我国人类遗传资源开展国际合作临床试验、不涉及人类遗传资源出境的，不需要批准；但是，在开展临床试验前应当将拟使用的人类遗传资源种类、数量及用途向国务院科学技术主管部门备案。

境外组织、个人及其设立或者实际控制的机构不得在我国境内采集、保藏我国人类遗传资源，不得向境外提供我国人类遗传资源。

第五十七条 将我国人类遗传资源信息向境外组织、个人及其设立或者实际控制的机构提供或者开放使用的，应当向国务院科学技术主管部门事先报告并提交信息备份。

第五十八条 采集、保藏、利用、运输出境我国珍贵、濒危、特有物种及其可用于再生或者繁殖传代的个体、器官、组织、细胞、基因等遗传资源，应当遵守有关法律法规。

境外组织、个人及其设立或者实际控制的机构获取和利用我国生物资源，应当依法取得批准。

第五十九条 利用我国生物资源开展国际科学研究合作，应当依法取得批准。

利用我国人类遗传资源和生物资源开展国际科学研究合作，应当保证中方单位及其研究人员全过程、实质性地参与研究，依法分享相关权益。

第六十条 国家加强对外来物种入侵的防范和应对，保护生物多样性。国务院农业农村主管部门会同国务院其他有关部门制定外来入侵物种名录和管理办法。

国务院有关部门根据职责分工，加强对外来入侵物种的调查、监测、预警、控制、评估、清除以及生态修复等工作。

任何单位和个人未经批准，不得擅自引进、释放或者丢弃外来物种。

第七章 防范生物恐怖与生物武器威胁

第六十一条 国家采取一切必要措施防范生物恐怖与生物武器威胁。

禁止开发、制造或者以其他方式获取、储存、持有和使用生物武器。

禁止以任何方式唆使、资助、协助他人开发、制造或者以其他方式获取生物武器。

第六十二条 国务院有关部门制定、修改、公布可被用于生物恐怖活动、制造生物武器的生物体、生物毒素、设备或者技术清单，加强监管，防止其被用于制造生物武器或者恐怖目的。

第六十三条 国务院有关部门和有关军事机关根据职责分工，加强对可被用于生物恐怖活动、制造生物武器的生物体、生物毒素、设备或者技术进出境、进出口、获取、制造、转移和投放等活动的监测、调查，采取必要的防范和处置措施。

第六十四条 国务院有关部门、省级人民政府及其有关部门负责组织遭受生物恐怖袭击、生物武器攻击后的人员救治与安置、环境消毒、生态修复、安全监测和社会秩序恢复等工作。

国务院有关部门、省级人民政府及其有关部门应当有效引导社会舆论科学、准确报道生物恐怖袭击和生物武器攻击事件，及时发布疏散、转移和紧急避难等信息，对应急处置与恢复过程中遭受污染的区域和人员进行长期环境监测和健康监测。

第六十五条 国家组织开展对我国境内战争遗留生物武器及其危害结果、潜在影响的调查。

国家组织建设存放和处理战争遗留生物武器设施，保障对战争遗留生物武器的安全处置。

第八章　生物安全能力建设

第六十六条　国家制定生物安全事业发展规划，加强生物安全能力建设，提高应对生物安全事件的能力和水平。

县级以上人民政府应当支持生物安全事业发展，按照事权划分，将支持下列生物安全事业发展的相关支出列入政府预算：

（一）监测网络的构建和运行；

（二）应急处置和防控物资的储备；

（三）关键基础设施的建设和运行；

（四）关键技术和产品的研究、开发；

（五）人类遗传资源和生物资源的调查、保藏；

（六）法律法规规定的其他重要生物安全事业。

第六十七条　国家采取措施支持生物安全科技研究，加强生物安全风险防御与管控技术研究，整合优势力量和资源，建立多学科、多部门协同创新的联合攻关机制，推动生物安全核心关键技术和重大防御产品的成果产出与转化应用，提高生物安全的科技保障能力。

第六十八条　国家统筹布局全国生物安全基础设施建设。国务院有关部门根据职责分工，加快建设生物信息、人类遗传资源保藏、菌（毒）种保藏、动植物遗传资源保藏、高等级病原微生物实验室等方面的生物安全国家战略资源平台，建立共享利用机制，为生物安全科技创新提供战略保障和支撑。

第六十九条　国务院有关部门根据职责分工，加强生物基础科学研究人才和生物领域专业技术人才培养，推动生物基础科学学科建设和科学研究。

国家生物安全基础设施重要岗位的从业人员应当具备符合要求的资格，相关信息应当向国务院有关部门备案，并接受岗位培训。

第七十条　国家加强重大新发突发传染病、动植物疫情等生物安全风险防控的物资储备。

国家加强生物安全应急药品、装备等物资的研究、开发和技术储备。国务院有关部门根据职责分工，落实生物安全应急药品、装备等物资研究、开发和技术储备的相关措施。

国务院有关部门和县级以上地方人民政府及其有关部门应当保障生物安全事件应急处置所需的医疗救护设备、救治药品、医疗器械等物资的生产、供应和调配；交通运输主管部门应当及时组织协调运输经营单位优先运送。

第七十一条 国家对从事高致病性病原微生物实验活动、生物安全事件现场处置等高风险生物安全工作的人员，提供有效的防护措施和医疗保障。

第九章 法律责任

第七十二条 违反本法规定，履行生物安全管理职责的工作人员在生物安全工作中滥用职权、玩忽职守、徇私舞弊或者有其他违法行为的，依法给予处分。

第七十三条 违反本法规定，医疗机构、专业机构或者其工作人员瞒报、谎报、缓报、漏报，授意他人瞒报、谎报、缓报，或者阻碍他人报告传染病、动植物疫病或者不明原因的聚集性疾病的，由县级以上人民政府有关部门责令改正，给予警告；对法定代表人、主要负责人、直接负责的主管人员和其他直接责任人员，依法给予处分，并可以依法暂停一定期限的执业活动直至吊销相关执业证书。

违反本法规定，编造、散布虚假的生物安全信息，构成违反治安管理行为的，由公安机关依法给予治安管理处罚。

第七十四条 违反本法规定，从事国家禁止的生物技术研究、开发与应用活动的，由县级以上人民政府卫生健康、科学技术、农业农村主管部门根据职责分工，责令停止违法行为，没收违法所得、技术资料和用于违法行为的工具、设备、原材料等物品，处一百万元以上一千万元以下的罚款，违法所得在一百万元以上的，处违法所得十倍以上二十倍以下的罚款，并可以依法禁止一定期限内从事相应的生物技术研究、开发与应用活动，吊销相关许可证件；对法定代表人、主要负责人、直接负责的主管人员和其他直接责任人员，依法给予处分，处十万元以上二十万元以下的罚款，十年直至终身禁止从事相应的生物技术研究、开发与应用活动，依法吊销相关执业证书。

第七十五条　违反本法规定，从事生物技术研究、开发活动未遵守国家生物技术研究开发安全管理规范的，由县级以上人民政府有关部门根据职责分工，责令改正，给予警告，可以并处二万元以上二十万元以下的罚款；拒不改正或者造成严重后果的，责令停止研究、开发活动，并处二十万元以上二百万元以下的罚款。

第七十六条　违反本法规定，从事病原微生物实验活动未在相应等级的实验室进行，或者高等级病原微生物实验室未经批准从事高致病性、疑似高致病性病原微生物实验活动的，由县级以上地方人民政府卫生健康、农业农村主管部门根据职责分工，责令停止违法行为，监督其将用于实验活动的病原微生物销毁或者送交保藏机构，给予警告；造成传染病传播、流行或者其他严重后果的，对法定代表人、主要负责人、直接负责的主管人员和其他直接责任人员依法给予撤职、开除处分。

第七十七条　违反本法规定，将使用后的实验动物流入市场的，由县级以上人民政府科学技术主管部门责令改正，没收违法所得，并处二十万元以上一百万元以下的罚款，违法所得在二十万元以上的，并处违法所得五倍以上十倍以下的罚款；情节严重的，由发证部门吊销相关许可证件。

第七十八条　违反本法规定，有下列行为之一的，由县级以上人民政府有关部门根据职责分工，责令改正，没收违法所得，给予警告，可以并处十万元以上一百万元以下的罚款：

（一）购买或者引进列入管控清单的重要设备、特殊生物因子未进行登记，或者未报国务院有关部门备案；

（二）个人购买或者持有列入管控清单的重要设备或者特殊生物因子；

（三）个人设立病原微生物实验室或者从事病原微生物实验活动；

（四）未经实验室负责人批准进入高等级病原微生物实验室。

第七十九条　违反本法规定，未经批准，采集、保藏我国人类遗传资源或者利用我国人类遗传资源开展国际科学研究合作的，由国务院科学技术主管部门责令停止违法行为，没收违法所得和违法采集、保藏的人类遗传资源，并处五十万元以上五百万元以下的罚款，违法所得在一百万元以上的，并处违法所得五倍以上十倍以下的罚款；情节严重的，对法定代表人、主要负责人、直接负责的主管人员和其他直接责任人员，依法给予处分，五年内禁止从事相应活动。

第八十条 违反本法规定，境外组织、个人及其设立或者实际控制的机构在我国境内采集、保藏我国人类遗传资源，或者向境外提供我国人类遗传资源的，由国务院科学技术主管部门责令停止违法行为，没收违法所得和违法采集、保藏的人类遗传资源，并处一百万元以上一千万元以下的罚款；违法所得在一百万元以上的，并处违法所得十倍以上二十倍以下的罚款。

第八十一条 违反本法规定，未经批准，擅自引进外来物种的，由县级以上人民政府有关部门根据职责分工，没收引进的外来物种，并处五万元以上二十五万元以下的罚款。

违反本法规定，未经批准，擅自释放或者丢弃外来物种的，由县级以上人民政府有关部门根据职责分工，责令限期捕回、找回释放或者丢弃的外来物种，处一万元以上五万元以下的罚款。

第八十二条 违反本法规定，构成犯罪的，依法追究刑事责任；造成人身、财产或者其他损害的，依法承担民事责任。

第八十三条 违反本法规定的生物安全违法行为，本法未规定法律责任，其他有关法律、行政法规有规定的，依照其规定。

第八十四条 境外组织或者个人通过运输、邮寄、携带危险生物因子入境或者以其他方式危害我国生物安全的，依法追究法律责任，并可以采取其他必要措施。

第十章 附 则

第八十五条 本法下列术语的含义：

（一）生物因子，是指动物、植物、微生物、生物毒素及其他生物活性物质。

（二）重大新发突发传染病，是指我国境内首次出现或者已经宣布消灭再次发生，或者突然发生，造成或者可能造成公众健康和生命安全严重损害，引起社会恐慌，影响社会稳定的传染病。

（三）重大新发突发动物疫情，是指我国境内首次发生或者已经宣布消灭的动物疫病再次发生，或者发病率、死亡率较高的潜伏动物疫病突然发生并迅速传播，给养殖业生产安全造成严重威胁、危害，以及可能对公众健康和生命安全造成危害的情形。

（四）重大新发突发植物疫情，是指我国境内首次发生或者已经宣布消灭的严重危害植物的真菌、细菌、病毒、昆虫、线虫、杂草、害鼠、软体动物等再次引发病虫害，或者本地有害生物突然大范围发生并迅速传播，对农作物、林木等植物造成严重危害的情形。

（五）生物技术研究、开发与应用，是指通过科学和工程原理认识、改造、合成、利用生物而从事的科学研究、技术开发与应用等活动。

（六）病原微生物，是指可以侵犯人、动物引起感染甚至传染病的微生物，包括病毒、细菌、真菌、立克次体、寄生虫等。

（七）植物有害生物，是指能够对农作物、林木等植物造成危害的真菌、细菌、病毒、昆虫、线虫、杂草、害鼠、软体动物等生物。

（八）人类遗传资源，包括人类遗传资源材料和人类遗传资源信息。人类遗传资源材料是指含有人体基因组、基因等遗传物质的器官、组织、细胞等遗传材料。人类遗传资源信息是指利用人类遗传资源材料产生的数据等信息资料。

（九）微生物耐药，是指微生物对抗微生物药物产生抗性，导致抗微生物药物不能有效控制微生物的感染。

（十）生物武器，是指类型和数量不属于预防、保护或者其他和平用途所正当需要的、任何来源或者任何方法产生的微生物剂、其他生物剂以及生物毒素；也包括为将上述生物剂、生物毒素使用于敌对目的或者武装冲突而设计的武器、设备或者运载工具。

（十一）生物恐怖，是指故意使用致病性微生物、生物毒素等实施袭击，损害人类或者动植物健康，引起社会恐慌，企图达到特定政治目的的行为。

第八十六条 生物安全信息属于国家秘密的，应当依照《中华人民共和国保守国家秘密法》和国家其他有关保密规定实施保密管理。

第八十七条 中国人民解放军、中国人民武装警察部队的生物安全活动，由中央军事委员会依照本法规定的原则另行规定。

第八十八条 本法自 2021 年 4 月 15 日起施行。

中华人民共和国土地管理法实施条例

（1998年12月27日中华人民共和国国务院令第256号发布　根据2011年1月8日《国务院关于废止和修改部分行政法规的决定》第一次修订　根据2014年7月29日《国务院关于修改部分行政法规的决定》第二次修订　2021年7月2日中华人民共和国国务院令第743号第三次修订）

第一章　总　　则

第一条　根据《中华人民共和国土地管理法》（以下简称《土地管理法》），制定本条例。

第二章　国土空间规划

第二条　国家建立国土空间规划体系。

土地开发、保护、建设活动应当坚持规划先行。经依法批准的国土空间规划是各类开发、保护、建设活动的基本依据。

已经编制国土空间规划的，不再编制土地利用总体规划和城乡规划。在编制国土空间规划前，经依法批准的土地利用总体规划和城乡规划继续执行。

第三条　国土空间规划应当细化落实国家发展规划提出的国土空间开发保护要求，统筹布局农业、生态、城镇等功能空间，划定落实永久基本农田、生态保护红线和城镇开发边界。

国土空间规划应当包括国土空间开发保护格局和规划用地布局、结构、用途管制要求等内容，明确耕地保有量、建设用地规模、禁止开垦的范围等要求，统筹基础设施和公共设施用地布局，综合利用地上地下空间，合理确定并严格控制新增建设用地规模，提高土地节约集约利用水平，保障土地的可持续利用。

第四条 土地调查应当包括下列内容：

（一）土地权属以及变化情况；

（二）土地利用现状以及变化情况；

（三）土地条件。

全国土地调查成果，报国务院批准后向社会公布。地方土地调查成果，经本级人民政府审核，报上一级人民政府批准后向社会公布。全国土地调查成果公布后，县级以上地方人民政府方可自上而下逐级依次公布本行政区域的土地调查成果。

土地调查成果是编制国土空间规划以及自然资源管理、保护和利用的重要依据。

土地调查技术规程由国务院自然资源主管部门会同有关部门制定。

第五条 国务院自然资源主管部门会同有关部门制定土地等级评定标准。

县级以上人民政府自然资源主管部门应当会同有关部门根据土地等级评定标准，对土地等级进行评定。地方土地等级评定结果经本级人民政府审核，报上一级人民政府自然资源主管部门批准后向社会公布。

根据国民经济和社会发展状况，土地等级每五年重新评定一次。

第六条 县级以上人民政府自然资源主管部门应当加强信息化建设，建立统一的国土空间基础信息平台，实行土地管理全流程信息化管理，对土地利用状况进行动态监测，与发展改革、住房和城乡建设等有关部门建立土地管理信息共享机制，依法公开土地管理信息。

第七条 县级以上人民政府自然资源主管部门应当加强地籍管理，建立健全地籍数据库。

第三章 耕地保护

第八条 国家实行占用耕地补偿制度。在国土空间规划确定的城市和村庄、集镇建设用地范围内经依法批准占用耕地，以及在国土空间规划确定的城市和村庄、集镇建设用地范围外的能源、交通、水利、矿山、军事设施等建设项目经依法批准占用耕地的，分别由县级人民政府、农村集体经济组织和建设单位负责开垦与所占用耕地的数量和质量相当的耕地;没有条件开垦或者开垦的耕地不符合要求的,应当按照省、自治区、直辖市的规定缴纳耕地开垦费,专款用于开垦新的耕地。

省、自治区、直辖市人民政府应当组织自然资源主管部门、农业农村主管部门对开垦的耕地进行验收,确保开垦的耕地落实到地块。划入永久基本农田的还应当纳入国家永久基本农田数据库严格管理。占用耕地补充情况应当按照国家有关规定向社会公布。

个别省、直辖市需要易地开垦耕地的,依照《土地管理法》第三十二条的规定执行。

第九条 禁止任何单位和个人在国土空间规划确定的禁止开垦的范围内从事土地开发活动。

按照国土空间规划,开发未确定土地使用权的国有荒山、荒地、荒滩从事种植业、林业、畜牧业、渔业生产的,应当向土地所在地的县级以上地方人民政府自然资源主管部门提出申请,按照省、自治区、直辖市规定的权限,由县级以上地方人民政府批准。

第十条 县级人民政府应当按照国土空间规划关于统筹布局农业、生态、城镇等功能空间的要求,制定土地整理方案,促进耕地保护和土地节约集约利用。

县、乡(镇)人民政府应当组织农村集体经济组织,实施土地整理方案,对闲散地和废弃地有计划地整治、改造。土地整理新增耕地,可以用作建设所占用耕地的补充。

鼓励社会主体依法参与土地整理。

第十一条 县级以上地方人民政府应当采取措施,预防和治理耕地土壤流失、污染,有计划地改造中低产田,建设高标准农田,提高耕地质量,保护黑土地等优质耕地,并依法对建设所占用耕地耕作层的土壤利用作出合理安排。

非农业建设依法占用永久基本农田的,建设单位应当按照省、自治区、直辖市的规定,将所占用耕地耕作层的土壤用于新开垦耕地、劣质地或者其他耕地的土壤改良。

县级以上地方人民政府应当加强对农业结构调整的引导和管理,防止破坏耕地耕作层;设施农业用地不再使用的,应当及时组织恢复种植条件。

第十二条 国家对耕地实行特殊保护，严守耕地保护红线，严格控制耕地转为林地、草地、园地等其他农用地，并建立耕地保护补偿制度，具体办法和耕地保护补偿实施步骤由国务院自然资源主管部门会同有关部门规定。

非农业建设必须节约使用土地，可以利用荒地的，不得占用耕地；可以利用劣地的，不得占用好地。禁止占用耕地建窑、建坟或者擅自在耕地上建房、挖砂、采石、采矿、取土等。禁止占用永久基本农田发展林果业和挖塘养鱼。

耕地应当优先用于粮食和棉、油、糖、蔬菜等农产品生产。按照国家有关规定需要将耕地转为林地、草地、园地等其他农用地的，应当优先使用难以长期稳定利用的耕地。

第十三条 省、自治区、直辖市人民政府对本行政区域耕地保护负总责，其主要负责人是本行政区域耕地保护的第一责任人。

省、自治区、直辖市人民政府应当将国务院确定的耕地保有量和永久基本农田保护任务分解下达，落实到具体地块。

国务院对省、自治区、直辖市人民政府耕地保护责任目标落实情况进行考核。

第四章 建设用地

第一节 一般规定

第十四条 建设项目需要使用土地的，应当符合国土空间规划、土地利用年度计划和用途管制以及节约资源、保护生态环境的要求，并严格执行建设用地标准，优先使用存量建设用地，提高建设用地使用效率。

从事土地开发利用活动，应当采取有效措施，防止、减少土壤污染，并确保建设用地符合土壤环境质量要求。

第十五条 各级人民政府应当依据国民经济和社会发展规划及年度计划、国土空间规划、国家产业政策以及城乡建设、土地利用的实际状况等，加强土地利用计划管理，实行建设用地总量控制，推动城乡存量建设用地开发利用，引导城镇低效用地再开发，落实建设用地标准控制制度，开展节约集约用地评价，推广应用节地技术和节地模式。

第十六条 县级以上地方人民政府自然资源主管部门应当将本级人民政府确

定的年度建设用地供应总量、结构、时序、地块、用途等在政府网站上向社会公布，供社会公众查阅。

第十七条 建设单位使用国有土地，应当以有偿使用方式取得；但是，法律、行政法规规定可以以划拨方式取得的除外。

国有土地有偿使用的方式包括：

（一）国有土地使用权出让；

（二）国有土地租赁；

（三）国有土地使用权作价出资或者入股。

第十八条 国有土地使用权出让、国有土地租赁等应当依照国家有关规定通过公开的交易平台进行交易，并纳入统一的公共资源交易平台体系。除依法可以采取协议方式外，应当采取招标、拍卖、挂牌等竞争性方式确定土地使用者。

第十九条 《土地管理法》第五十五条规定的新增建设用地的土地有偿使用费，是指国家在新增建设用地中应取得的平均土地纯收益。

第二十条 建设项目施工、地质勘查需要临时使用土地的，应当尽量不占或者少占耕地。

临时用地由县级以上人民政府自然资源主管部门批准，期限一般不超过二年；建设周期较长的能源、交通、水利等基础设施建设使用的临时用地，期限不超过四年；法律、行政法规另有规定的除外。

土地使用者应当自临时用地期满之日起一年内完成土地复垦，使其达到可供利用状态，其中占用耕地的应当恢复种植条件。

第二十一条 抢险救灾、疫情防控等急需使用土地的，可以先行使用土地。其中，属于临时用地的，用后应当恢复原状并交还原土地使用者使用，不再办理用地审批手续；属于永久性建设用地的，建设单位应当在不晚于应急处置工作结束六个月内申请补办建设用地审批手续。

第二十二条 具有重要生态功能的未利用地应当依法划入生态保护红线，实施严格保护。

建设项目占用国土空间规划确定的未利用地的，按照省、自治区、直辖市的规定办理。

第二节　农用地转用

第二十三条　在国土空间规划确定的城市和村庄、集镇建设用地范围内，为实施该规划而将农用地转为建设用地的，由市、县人民政府组织自然资源等部门拟订农用地转用方案，分批次报有批准权的人民政府批准。

农用地转用方案应当重点对建设项目安排、是否符合国土空间规划和土地利用年度计划以及补充耕地情况作出说明。

农用地转用方案经批准后，由市、县人民政府组织实施。

第二十四条　建设项目确需占用国土空间规划确定的城市和村庄、集镇建设用地范围外的农用地，涉及占用永久基本农田的，由国务院批准；不涉及占用永久基本农田的，由国务院或者国务院授权的省、自治区、直辖市人民政府批准。具体按照下列规定办理：

（一）建设项目批准、核准前或者备案前后，由自然资源主管部门对建设项目用地事项进行审查，提出建设项目用地预审意见。建设项目需要申请核发选址意见书的，应当合并办理建设项目用地预审与选址意见书，核发建设项目用地预审与选址意见书。

（二）建设单位持建设项目的批准、核准或者备案文件，向市、县人民政府提出建设用地申请。市、县人民政府组织自然资源等部门拟订农用地转用方案，报有批准权的人民政府批准；依法应当由国务院批准的，由省、自治区、直辖市人民政府审核后上报。农用地转用方案应当重点对是否符合国土空间规划和土地利用年度计划以及补充耕地情况作出说明，涉及占用永久基本农田的，还应当对占用永久基本农田的必要性、合理性和补划可行性作出说明。

（三）农用地转用方案经批准后，由市、县人民政府组织实施。

第二十五条　建设项目需要使用土地的，建设单位原则上应当一次申请，办理建设用地审批手续，确需分期建设的项目，可以根据可行性研究报告确定的方案，分期申请建设用地，分期办理建设用地审批手续。建设过程中用地范围确需调整的，应当依法办理建设用地审批手续。

农用地转用涉及征收土地的，还应当依法办理征收土地手续。

第三节　土 地 征 收

第二十六条　需要征收土地，县级以上地方人民政府认为符合《土地管理法》第四十五条规定的，应当发布征收土地预公告，并开展拟征收土地现状调查和社会稳定风险评估。

征收土地预公告应当包括征收范围、征收目的、开展土地现状调查的安排等内容。征收土地预公告应当采用有利于社会公众知晓的方式，在拟征收土地所在的乡（镇）和村、村民小组范围内发布，预公告时间不少于十个工作日。自征收土地预公告发布之日起，任何单位和个人不得在拟征收范围内抢栽抢建；违反规定抢栽抢建的，对抢栽抢建部分不予补偿。

土地现状调查应当查明土地的位置、权属、地类、面积，以及农村村民住宅、其他地上附着物和青苗等的权属、种类、数量等情况。

社会稳定风险评估应当对征收土地的社会稳定风险状况进行综合研判，确定风险点，提出风险防范措施和处置预案。社会稳定风险评估应当有被征地的农村集体经济组织及其成员、村民委员会和其他利害关系人参加，评估结果是申请征收土地的重要依据。

第二十七条　县级以上地方人民政府应当依据社会稳定风险评估结果，结合土地现状调查情况，组织自然资源、财政、农业农村、人力资源和社会保障等有关部门拟定征地补偿安置方案。

征地补偿安置方案应当包括征收范围、土地现状、征收目的、补偿方式和标准、安置对象、安置方式、社会保障等内容。

第二十八条　征地补偿安置方案拟定后，县级以上地方人民政府应当在拟征收土地所在的乡（镇）和村、村民小组范围内公告，公告时间不少于三十日。

征地补偿安置公告应当同时载明办理补偿登记的方式和期限、异议反馈渠道等内容。

多数被征地的农村集体经济组织成员认为拟定的征地补偿安置方案不符合法律、法规规定的，县级以上地方人民政府应当组织听证。

第二十九条　县级以上地方人民政府根据法律、法规规定和听证会等情况确定征地补偿安置方案后,应当组织有关部门与拟征收土地的所有权人、使用权人签订征地补偿安置协议。征地补偿安置协议示范文本由省、自治区、直辖市人民政府制定。

对个别确实难以达成征地补偿安置协议的,县级以上地方人民政府应当在申请征收土地时如实说明。

第三十条 县级以上地方人民政府完成本条例规定的征地前期工作后,方可提出征收土地申请,依照《土地管理法》第四十六条的规定报有批准权的人民政府批准。

有批准权的人民政府应当对征收土地的必要性、合理性、是否符合《土地管理法》第四十五条规定的为了公共利益确需征收土地的情形以及是否符合法定程序进行审查。

第三十一条 征收土地申请经依法批准后,县级以上地方人民政府应当自收到批准文件之日起十五个工作日内在拟征收土地所在的乡(镇)和村、村民小组范围内发布征收土地公告,公布征收范围、征收时间等具体工作安排,对个别未达成征地补偿安置协议的应当作出征地补偿安置决定,并依法组织实施。

第三十二条 省、自治区、直辖市应当制定公布区片综合地价,确定征收农用地的土地补偿费、安置补助费标准,并制定土地补偿费、安置补助费分配办法。

地上附着物和青苗等的补偿费用,归其所有权人所有。

社会保障费用主要用于符合条件的被征地农民的养老保险等社会保险缴费补贴,按照省、自治区、直辖市的规定单独列支。

申请征收土地的县级以上地方人民政府应当及时落实土地补偿费、安置补助费、农村村民住宅以及其他地上附着物和青苗等的补偿费用、社会保障费用等,并保证足额到位,专款专用。有关费用未足额到位的,不得批准征收土地。

第四节 宅基地管理

第三十三条 农村居民点布局和建设用地规模应当遵循节约集约、因地制宜的原则合理规划。县级以上地方人民政府应当按照国家规定安排建设用地指标,合理保障本行政区域农村村民宅基地需求。

乡（镇）、县、市国土空间规划和村庄规划应当统筹考虑农村村民生产、生活需求，突出节约集约用地导向，科学划定宅基地范围。

第三十四条 农村村民申请宅基地的，应当以户为单位向农村集体经济组织提出申请；没有设立农村集体经济组织的，应当向所在的村民小组或者村民委员会提出申请。宅基地申请依法经农村村民集体讨论通过并在本集体范围内公示后，报乡（镇）人民政府审核批准。

涉及占用农用地的，应当依法办理农用地转用审批手续。

第三十五条 国家允许进城落户的农村村民依法自愿有偿退出宅基地。乡（镇）人民政府和农村集体经济组织、村民委员会等应当将退出的宅基地优先用于保障该农村集体经济组织成员的宅基地需求。

第三十六条 依法取得的宅基地和宅基地上的农村村民住宅及其附属设施受法律保护。

禁止违背农村村民意愿强制流转宅基地，禁止违法收回农村村民依法取得的宅基地，禁止以退出宅基地作为农村村民进城落户的条件，禁止强迫农村村民搬迁退出宅基地。

第五节 集体经营性建设用地管理

第三十七条 国土空间规划应当统筹并合理安排集体经营性建设用地布局和用途，依法控制集体经营性建设用地规模，促进集体经营性建设用地的节约集约利用。

鼓励乡村重点产业和项目使用集体经营性建设用地。

第三十八条 国土空间规划确定为工业、商业等经营性用途，且已依法办理土地所有权登记的集体经营性建设用地，土地所有权人可以通过出让、出租等方式交由单位或者个人在一定年限内有偿使用。

第三十九条 土地所有权人拟出让、出租集体经营性建设用地的，市、县人民政府自然资源主管部门应当依据国土空间规划提出拟出让、出租的集体经营性建设用地的规划条件，明确土地界址、面积、用途和开发建设强度等。

市、县人民政府自然资源主管部门应当会同有关部门提出产业准入和生态环境保护要求。

第四十条 土地所有权人应当依据规划条件、产业准入和生态环境保护要求等，编制集体经营性建设用地出让、出租等方案，并依照《土地管理法》第六十三条的规定，由本集体经济组织形成书面意见，在出让、出租前不少于十个工作日报市、县人民政府。市、县人民政府认为该方案不符合规划条件或者产业准入和生态环境保护要求等的，应当在收到方案后五个工作日内提出修改意见。土地所有权人应当按照市、县人民政府的意见进行修改。

集体经营性建设用地出让、出租等方案应当载明宗地的土地界址、面积、用途、规划条件、产业准入和生态环境保护要求、使用期限、交易方式、入市价格、集体收益分配安排等内容。

第四十一条 土地所有权人应当依据集体经营性建设用地出让、出租等方案，以招标、拍卖、挂牌或者协议等方式确定土地使用者，双方应当签订书面合同，载明土地界址、面积、用途、规划条件、使用期限、交易价款支付、交地时间和开工竣工期限、产业准入和生态环境保护要求，约定提前收回的条件、补偿方式、土地使用权届满续期和地上建筑物、构筑物等附着物处理方式，以及违约责任和解决争议的方法等，并报市、县人民政府自然资源主管部门备案。未依法将规划条件、产业准入和生态环境保护要求纳入合同的，合同无效；造成损失的，依法承担民事责任。合同示范文本由国务院自然资源主管部门制定。

第四十二条 集体经营性建设用地使用者应当按照约定及时支付集体经营性建设用地价款，并依法缴纳相关税费，对集体经营性建设用地使用权以及依法利用集体经营性建设用地建造的建筑物、构筑物及其附属设施的所有权，依法申请办理不动产登记。

第四十三条 通过出让等方式取得的集体经营性建设用地使用权依法转让、互换、出资、赠与或者抵押的，双方应当签订书面合同，并书面通知土地所有权人。

集体经营性建设用地的出租，集体建设用地使用权的出让及其最高年限、转让、互换、出资、赠与、抵押等，参照同类用途的国有建设用地执行，法律、行政法规另有规定的除外。

第五章　监督检查

第四十四条　国家自然资源督察机构根据授权对省、自治区、直辖市人民政府以及国务院确定的城市人民政府下列土地利用和土地管理情况进行督察：

（一）耕地保护情况；

（二）土地节约集约利用情况；

（三）国土空间规划编制和实施情况；

（四）国家有关土地管理重大决策落实情况；

（五）土地管理法律、行政法规执行情况；

（六）其他土地利用和土地管理情况。

第四十五条　国家自然资源督察机构进行督察时，有权向有关单位和个人了解督察事项有关情况，有关单位和个人应当支持、协助督察机构工作，如实反映情况，并提供有关材料。

第四十六条　被督察的地方人民政府违反土地管理法律、行政法规，或者落实国家有关土地管理重大决策不力的，国家自然资源督察机构可以向被督察的地方人民政府下达督察意见书，地方人民政府应当认真组织整改，并及时报告整改情况；国家自然资源督察机构可以约谈被督察的地方人民政府有关负责人，并可以依法向监察机关、任免机关等有关机关提出追究相关责任人责任的建议。

第四十七条　土地管理监督检查人员应当经过培训，经考核合格，取得行政执法证件后，方可从事土地管理监督检查工作。

第四十八条　自然资源主管部门、农业农村主管部门按照职责分工进行监督检查时，可以采取下列措施：

（一）询问违法案件涉及的单位或者个人；

（二）进入被检查单位或者个人涉嫌土地违法的现场进行拍照、摄像；

（三）责令当事人停止正在进行的土地违法行为；

（四）对涉嫌土地违法的单位或者个人，在调查期间暂停办理与该违法案件相关的土地审批、登记等手续；

（五）对可能被转移、销毁、隐匿或者篡改的文件、资料予以封存，责令涉嫌土地违法的单位或者个人在调查期间不得变卖、转移与案件有关的财物；

（六）《土地管理法》第六十八条规定的其他监督检查措施。

第四十九条 依照《土地管理法》第七十三条的规定给予处分的，应当按照管理权限由责令作出行政处罚决定或者直接给予行政处罚的上级人民政府自然资源主管部门或者其他任免机关、单位作出。

第五十条 县级以上人民政府自然资源主管部门应当会同有关部门建立信用监管、动态巡查等机制，加强对建设用地供应交易和供后开发利用的监管，对建设用地市场重大失信行为依法实施惩戒，并依法公开相关信息。

第六章 法律责任

第五十一条 违反《土地管理法》第三十七条的规定，非法占用永久基本农田发展林果业或者挖塘养鱼的，由县级以上人民政府自然资源主管部门责令限期改正；逾期不改正的，按占用面积处耕地开垦费2倍以上5倍以下的罚款；破坏种植条件的，依照《土地管理法》第七十五条的规定处罚。

第五十二条 违反《土地管理法》第五十七条的规定，在临时使用的土地上修建永久性建筑物的，由县级以上人民政府自然资源主管部门责令限期拆除，按占用面积处土地复垦费5倍以上10倍以下的罚款；逾期不拆除的，由作出行政决定的机关依法申请人民法院强制执行。

第五十三条 违反《土地管理法》第六十五条的规定，对建筑物、构筑物进行重建、扩建的，由县级以上人民政府自然资源主管部门责令限期拆除；逾期不拆除的，由作出行政决定的机关依法申请人民法院强制执行。

第五十四条 依照《土地管理法》第七十四条的规定处以罚款的，罚款额为违法所得的10%以上50%以下。

第五十五条 依照《土地管理法》第七十五条的规定处以罚款的，罚款额为耕地开垦费的5倍以上10倍以下；破坏黑土地等优质耕地的，从重处罚。

第五十六条 依照《土地管理法》第七十六条的规定处以罚款的，罚款额为土地复垦费的2倍以上5倍以下。

违反本条例规定，临时用地期满之日起一年内未完成复垦或者未恢复种植条件的，由县级以上人民政府自然资源主管部门责令限期改正，依照《土地管理法》第七十六条的规定处罚，并由县级以上人民政府自然资源主管部门会同农业农村主管部门代为完成复垦或者恢复种植条件。

第五十七条 依照《土地管理法》第七十七条的规定处以罚款的，罚款额为非法占用土地每平方米100元以上1000元以下。

违反本条例规定，在国土空间规划确定的禁止开垦的范围内从事土地开发活动的，由县级以上人民政府自然资源主管部门责令限期改正，并依照《土地管理法》第七十七条的规定处罚。

第五十八条 依照《土地管理法》第七十四条、第七十七条的规定，县级以上人民政府自然资源主管部门没收在非法转让或者非法占用的土地上新建的建筑物和其他设施的，应当于九十日内交由本级人民政府或者其指定的部门依法管理和处置。

第五十九条 依照《土地管理法》第八十一条的规定处以罚款的，罚款额为非法占用土地每平方米100元以上500元以下。

第六十条 依照《土地管理法》第八十二条的规定处以罚款的，罚款额为违法所得的10%以上30%以下。

第六十一条 阻碍自然资源主管部门、农业农村主管部门的工作人员依法执行职务，构成违反治安管理行为的，依法给予治安管理处罚。

第六十二条 违反土地管理法律、法规规定，阻挠国家建设征收土地的，由县级以上地方人民政府责令交出土地；拒不交出土地的，依法申请人民法院强制执行。

第六十三条 违反本条例规定，侵犯农村村民依法取得的宅基地权益的，责令限期改正，对有关责任单位通报批评、给予警告；造成损失的，依法承担赔偿责任；对直接负责的主管人员和其他直接责任人员，依法给予处分。

第六十四条 贪污、侵占、挪用、私分、截留、拖欠征地补偿安置费用和其他有关费用的，责令改正，追回有关款项，限期退还违法所得，对有关责任单位通报批评、给予警告；造成损失的，依法承担赔偿责任；对直接负责的主管人员和其他直接责任人员，依法给予处分。

第六十五条　各级人民政府及自然资源主管部门、农业农村主管部门工作人员玩忽职守、滥用职权、徇私舞弊的，依法给予处分。

第六十六条　违反本条例规定，构成犯罪的，依法追究刑事责任。

第七章　附　　则

第六十七条　本条例自2021年9月1日起施行。

新《土地管理法实施条例》亮点解读

魏莉华[*]

2021年7月2日,国务院总理李克强签署第743号国务院令,公布新修订的《土地管理法实施条例》,自2021年9月1日起施行。这是《土地管理法实施条例》自1998年全面修订后的第二次全面修订,是保证2019年新修正的《土地管理法》顺利实施的重要法律武器。新《土地管理法实施条例》诸多亮点值得关注:

亮点一:严格控制耕地转为非耕地

1998年的《土地管理法》及《土地管理法实施条例》均将控制农用地转为建设用地作为土地用途管制的核心和重点,对农用地之间的转化缺乏制度性的约束,导致实践中耕地转为林地、草地、园地等现象大量存在,严重影响国家粮食安全。为此,新的《土地管理法实施条例》专门增加规定:国家对耕地实行特殊保护,严守耕地保护红线,严格控制耕地转为林地、草地、园地等其他农用地。耕地应当优先用于粮食和棉、油、糖、蔬菜等农产品生产。按照国家有关规定需要将耕地转为林地、草地、园地等其他农用地的,应当优先使用难以长期稳定利用的耕地。从而进一步拓展了土地用途管制的重点和内容。

亮点二:明确耕地保护的责任主体是省级人民政府

加强耕地保护,必须首先明确耕地保护的责任主体。新的《土地管理法实施条例》在总结多年来党中央、国务院关于强化耕地保护责任主体制度实施经验的基础上,首次从行政法规层面明确了耕地保护的责任主体,规定:省、自治区、直辖市人

---

* 自然资源部法规司司长。

民政府对本行政区域耕地保护负总责，其主要负责人是本行政区域耕地保护的第一责任人。省、自治区、直辖市人民政府应当将国务院确定的耕地保有量和永久基本农田保护任务分解下达，落实到地块。国务院对省、自治区、直辖市人民政府耕地保护责任目标落实情况进行考核。

亮点三：建立耕地保护补偿制度

为贯彻落实党中央、国务院关于加强对耕地保护责任主体的补偿激励，积极推进中央和地方各级涉农资金整合，按照“谁保护、谁受益”的原则，加大耕地保护补偿力度的要求，新的《土地管理法实施条例》在总结全国部分地方实施耕地保护补偿制度成功经验的基础上，对建立耕地保护补偿制度作出明确规定：国家建立耕地保护补偿制度。耕地保护补偿制度具体办法和实施步骤由国务院自然资源主管部门会同有关部门规定。

亮点四：细化土地征收程序

新的《土地管理法实施条例》以维护被征地农民合法权益为核心，对《土地管理法》规定的土地征收程序进行了细化规定。主要包括：(1)发布土地征收预公告，启动土地征收。市、县人民政府认为符合《土地管理法》第45条规定的公共利益，需要启动土地征收的，发布土地征收预公告，开展土地现状调查和社会稳定风险评估；(2)组织编制征地补偿安置方案，并进行公告和听证；(3)签订征地补偿安置协议，对个别难以达成征地安置协议的，在申请征收土地时如实说明；(4)申请土地征收审批；(5)土地征收经依法批准后发布土地征收公告，公布土地征收范围和征收时间，对个别未达成征地补偿协议的作出征地补偿安置决定；(6)实施土地征收。

亮点五：明确集体经营性建设用地入市交易规则

新的《土地管理法实施条例》在《土地管理法》关于集体经营性建设用地入市规定的基础上，进一步明确入市交易规则，要求国土空间规划要合理安排集体经营性建设用地布局和用途，促进集体经营性建设用地的节约集约利用。同时，明确了集体经营性建设用地出让、出租方案的编制和审查要求，规定：土地所有权人应当依据规划条件、产业准入和生态环境保护要求，编制出让、出租方案，报市、县人民政府。集体经营性建设用地出让、出租应当签订书面合同，并对合同应当包括的内容进行了明确的规定。对通过出让方式取得的集体经营性建设用地再转让的,也应当签订书面合同,并通知土地所有权人。

亮点六:保障农村村民的宅基地权益

新的《土地管理法实施条例》将"宅基地管理"单列一节,对宅基地布局和建设用地指标安排作出明确规定,要求县级以上地方人民政府应当按照国家规定安排建设用地指标,合理保障本行政区域内农村村民宅基地需求,乡(镇)、县、市国土空间规划和村庄规划应当科学划定宅基地范围。针对部分地方在合村并居中出现的侵犯农村村民宅基地合法权益的问题,新的《土地管理法实施条例》专门作出四禁止规定:禁止违背农村村民意愿强制流转宅基地,禁止违法收回农村村民依法取得的宅基地,禁止以退出宅基地作为农村村民进城落户的条件,禁止强迫农村村民搬迁退出宅基地。

亮点七:持续优化建设用地审批流程

新的《土地管理法实施条例》在《土地管理法》关于调整农用地转用审批权限、取消省级人民政府批准的征地报国务院备案的基础上,持续优化建设用地审批流程,深化"放管服"改革。一是合并预审和选址意见书,规定:建设项目需要申请核发选址意见书的,应当合并办理建设项目用地预审与选址意见书,核发建设项目预审与选址意见书;二是减少审批层级,规定市县人民政府组织自然资源等部门拟定农用地转用方案,报有批准权的人民政府批准,删去原来"逐级"上报审批的规定;三是简化建设用地报批材料,将现行的"一书四方案"(建设用地呈报书和农用地转用方案、补充耕地方案、征收土地方案和供地方案)合并调整,按照"批什么就审什么"的要求,整合为农用地转用方案和土地征收申请,并明确了有批准权的人民政府对农用地转用方案和土地征收申请审查的要点;四是明确国务院和省级人民政府在土地征收审批中,主要是对土地征收的必要性、合理性、是否符合《土地管理法》第45条规定的公共利益确需征收土地情形以及是否符合法定程序进行审查;五是将征地补偿安置方案的决定权交由县级以上地方人民政府负责。国务院或者省、自治区、直辖市人民政府批准土地征收后,对于个别未达成征地补偿安置协议的,由县级以上地方人民政府作出征地补偿安置决定,并组织实施,以体现权责对等,进一步压实了市县人民政府征地补偿安置的主体责任。

亮点八:构建国土空间规划管理制度

将主体功能区规划、土地利用规划、城乡规划等空间规划融合为统一的国土空间规划,是党中央作出的重大决策部署。新的《土地管理法实施条例》在《土地管理法》关于国土空间规划体系和编制要求的基础上,用“国土空间规划”取代原来的“土地利用总体规划”,明确了国土空间规划的效力和内容,规定国土空间规划应当统筹布局农业、生态、城镇等功能空间,划定落实永久基本农田、生态保护红线和城镇开发边界。国土空间规划应当包括国土空间开发保护格局和规划用地布局、结构、用途管制要求等内容,明确建设用地规模、耕地保有量、永久基本农田保护面积和生态保护红线等要求,提高土地节约集约利用水平,保障土地的可持续利用。

亮点九:完善临时用地管理

临时用地是指建设项目施工、地质勘查等需要临时使用的土地。针对实践中存在的临时用地的期限过于单一、临时用地土地复垦责任不落实等情形,新的《土地管理法实施条例》对临时用地管理作出创新规定,明确临时用地应当尽量不占或者少占耕地。临时用地的期限一般不超过二年。建设周期较长的交通、水利、能源等基础设施建设使用的临时用地,期限不超过四年,法律、行政法规另有规定的除外。土地使用者应当自临时用地期满之日起一年内完成土地复垦,使其达到可供利用状态。

亮点十:为土地督察权的行使划定边界

自2004年国务院28号文首次提出建立国家土地督察制度以来,土地督察机构从无到有,在实践中探索,在探索中前进,在监督地方政府依法管地用地、严格保护耕地等方面发挥了重要作用。在《土地管理法》将国家土地督察制度上升为法律制度的基础上,新的《土地管理法实施条例》进一步为土地督察权的行使划定边界,确保土地督察在法治轨道上运行:一是明确国家自然资源督察机构根据授权对省、自治区、直辖市及国务院确定的城市人民政府土地利用和土地管理情况进行督察。二是明确了土地督察的六大核心内容:(1)耕地保护情况;(2)土地节约集约利用情况;(3)国土空间规划编制和实施情况;(4)国家有关土地管理重大决策落实情况;(5)土地管理法律法规执行情况;(6)其他土地利用和土地管理情况。三是明确国家自然资源督察机构行使土地督察权的方式主要包括:向被督察的地方人民政府下达督察意见书,约谈被督察的地方人民政府有关负责人,并可以依法向监察机关、任免机关提出追究相关责任人责任的建议。

亮点十一:挂牌出让有了法律地位

挂牌出让方式是在多年的土地管理实践中探索出的具有强大生命力的市场化配置建设用地使用权的出让方式。2002 年原国土资源部 11 号令《招标拍卖挂牌出让国有土地使用权规定》,明确了挂牌出让国有土地使用权的内涵和程序。实践中,挂牌方式成为国有建设用地使用权出让的主要方式,显示出强大的生命力。这次新的《土地管理法实施条例》首次从行政法规层面确立了挂牌出让方式的法律地位,规定:除依法可以采取双方协议方式外,应当采取招标、拍卖、挂牌等竞争性方式确定土地使用者。

亮点十二:加大对土地违法行为的处罚力度

为了加大对土地违法行为的打击力度,采取"长牙齿"的措施切实保护耕地,实施世界上最严格的土地管理制度,新的《土地管理法实施条例》完善了土地违法行为的处罚措施,增加了违法占用永久基本农田发展林果业和挖塘养鱼应当承担的法律责任规定,同时提高了对违法占地、违法转让等违法行为罚款的处罚额度。同时,为了有效解决违法建筑的没收问题,新的《土地管理法实施条例》专门增加规定:县级以上人民政府自然资源主管部门没收在非法转让或者非法占用的土地上新建的建筑物和其他设施的,应当于九十日内交由本级人民政府或者其指定的部门依法管理和处置。

排污许可管理条例

（2020年12月9日国务院第117次常务会议通过）

第一章　总　　则

第一条　为了加强排污许可管理，规范企业事业单位和其他生产经营者排污行为，控制污染物排放，保护和改善生态环境，根据《中华人民共和国环境保护法》等有关法律，制定本条例。

第二条　依照法律规定实行排污许可管理的企业事业单位和其他生产经营者（以下称排污单位），应当依照本条例规定申请取得排污许可证；未取得排污许可证的，不得排放污染物。

根据污染物产生量、排放量、对环境的影响程度等因素，对排污单位实行排污许可分类管理：

（一）污染物产生量、排放量或者对环境的影响程度较大的排污单位，实行排污许可重点管理；

（二）污染物产生量、排放量和对环境的影响程度都较小的排污单位，实行排污许可简化管理。

实行排污许可管理的排污单位范围、实施步骤和管理类别名录，由国务院生态环境主管部门拟订并报国务院批准后公布实施。制定实行排污许可管理的排污单位范围、实施步骤和管理类别名录，应当征求有关部门、行业协会、企业事业单位和社会公众等方面的意见。

第三条　国务院生态环境主管部门负责全国排污许可的统一监督管理。

设区的市级以上地方人民政府生态环境主管部门负责本行政区域排污许可的

监督管理。

第四条 国务院生态环境主管部门应当加强全国排污许可证管理信息平台建设和管理,提高排污许可在线办理水平。

排污许可证审查与决定、信息公开等应当通过全国排污许可证管理信息平台办理。

第五条 设区的市级以上人民政府应当将排污许可管理工作所需经费列入本级预算。

第二章 申请与审批

第六条 排污单位应当向其生产经营场所所在地设区的市级以上地方人民政府生态环境主管部门(以下称审批部门)申请取得排污许可证。

排污单位有两个以上生产经营场所排放污染物的,应当按照生产经营场所分别申请取得排污许可证。

第七条 申请取得排污许可证,可以通过全国排污许可证管理信息平台提交排污许可证申请表,也可以通过信函等方式提交。

排污许可证申请表应当包括下列事项:

(一)排污单位名称、住所、法定代表人或者主要负责人、生产经营场所所在地、统一社会信用代码等信息;

(二)建设项目环境影响报告书(表)批准文件或者环境影响登记表备案材料;

(三)按照污染物排放口、主要生产设施或者车间、厂界申请的污染物排放种类、排放浓度和排放量,执行的污染物排放标准和重点污染物排放总量控制指标;

(四)污染防治设施、污染物排放口位置和数量,污染物排放方式、排放去向、自行监测方案等信息;

(五)主要生产设施、主要产品及产能、主要原辅材料、产生和排放污染物环节等信息,及其是否涉及商业秘密等不宜公开情形的情况说明。

第八条 有下列情形之一的,申请取得排污许可证还应当提交相应材料:

(一)属于实行排污许可重点管理的,排污单位在提出申请前已通过全国排污许可证管理信息平台公开单位基本信息、拟申请许可事项的说明材料;

（二）属于城镇和工业污水集中处理设施的，排污单位的纳污范围、管网布置、最终排放去向等说明材料；

（三）属于排放重点污染物的新建、改建、扩建项目以及实施技术改造项目的，排污单位通过污染物排放量削减替代获得重点污染物排放总量控制指标的说明材料。

第九条 审批部门对收到的排污许可证申请，应当根据下列情况分别作出处理：

（一）依法不需要申请取得排污许可证的，应当即时告知不需要申请取得排污许可证；

（二）不属于本审批部门职权范围的，应当即时作出不予受理的决定，并告知排污单位向有审批权的生态环境主管部门申请；

（三）申请材料存在可以当场更正的错误的，应当允许排污单位当场更正；

（四）申请材料不齐全或者不符合法定形式的，应当当场或者在 3 日内出具告知单，一次性告知排污单位需要补正的全部材料；逾期不告知的，自收到申请材料之日起即视为受理；

（五）属于本审批部门职权范围，申请材料齐全、符合法定形式，或者排污单位按照要求补正全部申请材料的，应当受理。

审批部门应当在全国排污许可证管理信息平台上公开受理或者不予受理排污许可证申请的决定，同时向排污单位出具加盖本审批部门专用印章和注明日期的书面凭证。

第十条 审批部门应当对排污单位提交的申请材料进行审查，并可以对排污单位的生产经营场所进行现场核查。

审批部门可以组织技术机构对排污许可证申请材料进行技术评估，并承担相应费用。

技术机构应当对其提出的技术评估意见负责，不得向排污单位收取任何费用。

第十一条 对具备下列条件的排污单位，颁发排污许可证：

（一）依法取得建设项目环境影响报告书（表）批准文件，或者已经办理环境影响登记表备案手续；

（二）污染物排放符合污染物排放标准要求，重点污染物排放符合排污许可证申请与核发技术规范、环境影响报告书（表）批准文件、重点污染物排放总量控制要求；其中，排污单位生产经营场所位于未达到国家环境质量标准的重点区域、流域的，还应当符合有关地方人民政府关于改善生态环境质量的特别要求；

（三）采用污染防治设施可以达到许可排放浓度要求或者符合污染防治可行技术；

（四）自行监测方案的监测点位、指标、频次等符合国家自行监测规范。

第十二条 对实行排污许可简化管理的排污单位，审批部门应当自受理申请之日起20日内作出审批决定；对符合条件的颁发排污许可证，对不符合条件的不予许可并书面说明理由。

对实行排污许可重点管理的排污单位，审批部门应当自受理申请之日起30日内作出审批决定；需要进行现场核查的，应当自受理申请之日起45日内作出审批决定；对符合条件的颁发排污许可证，对不符合条件的不予许可并书面说明理由。

审批部门应当通过全国排污许可证管理信息平台生成统一的排污许可证编号。

第十三条 排污许可证应当记载下列信息：

（一）排污单位名称、住所、法定代表人或者主要负责人、生产经营场所所在地等；

（二）排污许可证有效期限、发证机关、发证日期、证书编号和二维码等；

（三）产生和排放污染物环节、污染防治设施等；

（四）污染物排放口位置和数量、污染物排放方式和排放去向等；

（五）污染物排放种类、许可排放浓度、许可排放量等；

（六）污染防治设施运行和维护要求、污染物排放口规范化建设要求等；

（七）特殊时段禁止或者限制污染物排放的要求；

（八）自行监测、环境管理台账记录、排污许可证执行报告的内容和频次等要求；

（九）排污单位环境信息公开要求；

（十）存在大气污染物无组织排放情形时的无组织排放控制要求；

（十一）法律法规规定排污单位应当遵守的其他控制污染物排放的要求。

第十四条 排污许可证有效期为5年。

排污许可证有效期届满，排污单位需要继续排放污染物的，应当于排污许可证有效期届满60日前向审批部门提出申请。审批部门应当自受理申请之日起20日内完成审查；对符合条件的予以延续，对不符合条件的不予延续并书面说明理由。

排污单位变更名称、住所、法定代表人或者主要负责人的，应当自变更之日起30日内，向审批部门申请办理排污许可证变更手续。

第十五条 在排污许可证有效期内，排污单位有下列情形之一的，应当重新申请取得排污许可证：

（一）新建、改建、扩建排放污染物的项目；

（二）生产经营场所、污染物排放口位置或者污染物排放方式、排放去向发生变化；

（三）污染物排放口数量或者污染物排放种类、排放量、排放浓度增加。

第十六条 排污单位适用的污染物排放标准、重点污染物总量控制要求发生变化，需要对排污许可证进行变更的，审批部门可以依法对排污许可证相应事项进行变更。

第三章 排污管理

第十七条 排污许可证是对排污单位进行生态环境监管的主要依据。

排污单位应当遵守排污许可证规定，按照生态环境管理要求运行和维护污染防治设施，建立环境管理制度，严格控制污染物排放。

第十八条 排污单位应当按照生态环境主管部门的规定建设规范化污染物排放口，并设置标志牌。

污染物排放口位置和数量、污染物排放方式和排放去向应当与排污许可证规定相符。

实施新建、改建、扩建项目和技术改造的排污单位，应当在建设污染防治设施的同时，建设规范化污染物排放口。

第十九条 排污单位应当按照排污许可证规定和有关标准规范，依法开展自行监测,并保存原始监测记录。原始监测记录保存期限不得少于5年。

排污单位应当对自行监测数据的真实性、准确性负责,不得篡改、伪造。

第二十条 实行排污许可重点管理的排污单位,应当依法安装、使用、维护污染物排放自动监测设备,并与生态环境主管部门的监控设备联网。

排污单位发现污染物排放自动监测设备传输数据异常的,应当及时报告生态环境主管部门,并进行检查、修复。

第二十一条 排污单位应当建立环境管理台账记录制度,按照排污许可证规定的格式、内容和频次,如实记录主要生产设施、污染防治设施运行情况以及污染物排放浓度、排放量。环境管理台账记录保存期限不得少于5年。

排污单位发现污染物排放超过污染物排放标准等异常情况时,应当立即采取措施消除、减轻危害后果,如实进行环境管理台账记录,并报告生态环境主管部门,说明原因。超过污染物排放标准等异常情况下的污染物排放计入排污单位的污染物排放量。

第二十二条 排污单位应当按照排污许可证规定的内容、频次和时间要求,向审批部门提交排污许可证执行报告,如实报告污染物排放行为、排放浓度、排放量等。

排污许可证有效期内发生停产的,排污单位应当在排污许可证执行报告中如实报告污染物排放变化情况并说明原因。

排污许可证执行报告中报告的污染物排放量可以作为年度生态环境统计、重点污染物排放总量考核、污染源排放清单编制的依据。

第二十三条 排污单位应当按照排污许可证规定,如实在全国排污许可证管理信息平台上公开污染物排放信息。

污染物排放信息应当包括污染物排放种类、排放浓度和排放量,以及污染防治设施的建设运行情况、排污许可证执行报告、自行监测数据等;其中,水污染物排入市政排水管网的,还应当包括污水接入市政排水管网位置、排放方式等信息。

第二十四条 污染物产生量、排放量和对环境的影响程度都很小的企业事业单位和其他生产经营者,应当填报排污登记表,不需要申请取得排污许可证。

需要填报排污登记表的企业事业单位和其他生产经营者范围名录,由国务院生态环境主管部门制定并公布。制定需要填报排污登记表的企业事业单位和其他生产经营者范围名录，应当征求有关部门、行业协会、企业事业单位和社会公众等方面的意见。

需要填报排污登记表的企业事业单位和其他生产经营者，应当在全国排污许可证管理信息平台上填报基本信息、污染物排放去向、执行的污染物排放标准以及采取的污染防治措施等信息；填报的信息发生变动的，应当自发生变动之日起20日内进行变更填报。

第四章 监督检查

第二十五条 生态环境主管部门应当加强对排污许可的事中事后监管，将排污许可执法检查纳入生态环境执法年度计划，根据排污许可管理类别、排污单位信用记录和生态环境管理需要等因素，合理确定检查频次和检查方式。

生态环境主管部门应当在全国排污许可证管理信息平台上记录执法检查时间、内容、结果以及处罚决定，同时将处罚决定纳入国家有关信用信息系统向社会公布。

第二十六条 排污单位应当配合生态环境主管部门监督检查，如实反映情况，并按照要求提供排污许可证、环境管理台账记录、排污许可证执行报告、自行监测数据等相关材料。

禁止伪造、变造、转让排污许可证。

第二十七条 生态环境主管部门可以通过全国排污许可证管理信息平台监控排污单位的污染物排放情况，发现排污单位的污染物排放浓度超过许可排放浓度的，应当要求排污单位提供排污许可证、环境管理台账记录、排污许可证执行报告、自行监测数据等相关材料进行核查，必要时可以组织开展现场监测。

第二十八条 生态环境主管部门根据行政执法过程中收集的监测数据，以及排污单位的排污许可证、环境管理台账记录、排污许可证执行报告、自行监测数据等相关材料，对排污单位在规定周期内的污染物排放量，以及排污单位污染防治设施运行和维护是否符合排污许可证规定进行核查。

第二十九条 生态环境主管部门依法通过现场监测、排污单位污染物排放自动监测设备、全国排污许可证管理信息平台获得的排污单位污染物排放数据，可以作为判定污染物排放浓度是否超过许可排放浓度的证据。

排污单位自行监测数据与生态环境主管部门及其所属监测机构在行政执法过程中收集的监测数据不一致的,以生态环境主管部门及其所属监测机构收集的监测数据作为行政执法依据。

第三十条 国家鼓励排污单位采用污染防治可行技术。国务院生态环境主管部门制定并公布污染防治可行技术指南。

排污单位未采用污染防治可行技术的,生态环境主管部门应当根据排污许可证、环境管理台账记录、排污许可证执行报告、自行监测数据等相关材料,以及生态环境主管部门及其所属监测机构在行政执法过程中收集的监测数据,综合判断排污单位采用的污染防治技术能否稳定达到排污许可证规定;对不能稳定达到排污许可证规定的,应当提出整改要求,并可以增加检查频次。

制定污染防治可行技术指南,应当征求有关部门、行业协会、企业事业单位和社会公众等方面的意见。

第三十一条 任何单位和个人对排污单位违反本条例规定的行为,均有向生态环境主管部门举报的权利。

接到举报的生态环境主管部门应当依法处理,按照有关规定向举报人反馈处理结果,并为举报人保密。

第五章 法律责任

第三十二条 违反本条例规定,生态环境主管部门在排污许可证审批或者监督管理中有下列行为之一的,由上级机关责令改正;对直接负责的主管人员和其他直接责任人员依法给予处分:

(一)对符合法定条件的排污许可证申请不予受理或者不在法定期限内审批;

(二)向不符合法定条件的排污单位颁发排污许可证;

(三)违反审批权限审批排污许可证;

(四)发现违法行为不予查处;

(五)不依法履行监督管理职责的其他行为。

第三十三条 违反本条例规定,排污单位有下列行为之一的,由生态环境主管部门责令改正或者限制生产、停产整治，处20万元以上100万元以下的罚款；情节严重的，报经有批准权的人民政府批准，责令停业、关闭：

（一）未取得排污许可证排放污染物；

（二）排污许可证有效期届满未申请延续或者延续申请未经批准排放污染物；

（三）被依法撤销、注销、吊销排污许可证后排放污染物；

（四）依法应当重新申请取得排污许可证，未重新申请取得排污许可证排放污染物。

第三十四条　违反本条例规定，排污单位有下列行为之一的，由生态环境主管部门责令改正或者限制生产、停产整治，处20万元以上100万元以下的罚款；情节严重的，吊销排污许可证，报经有批准权的人民政府批准，责令停业、关闭：

（一）超过许可排放浓度、许可排放量排放污染物；

（二）通过暗管、渗井、渗坑、灌注或者篡改、伪造监测数据，或者不正常运行污染防治设施等逃避监管的方式违法排放污染物。

第三十五条　违反本条例规定，排污单位有下列行为之一的，由生态环境主管部门责令改正，处5万元以上20万元以下的罚款；情节严重的，处20万元以上100万元以下的罚款，责令限制生产、停产整治：

（一）未按照排污许可证规定控制大气污染物无组织排放；

（二）特殊时段未按照排污许可证规定停止或者限制排放污染物。

第三十六条　违反本条例规定，排污单位有下列行为之一的，由生态环境主管部门责令改正，处2万元以上20万元以下的罚款；拒不改正的，责令停产整治：

（一）污染物排放口位置或者数量不符合排污许可证规定；

（二）污染物排放方式或者排放去向不符合排污许可证规定；

（三）损毁或者擅自移动、改变污染物排放自动监测设备；

（四）未按照排污许可证规定安装、使用污染物排放自动监测设备并与生态环境主管部门的监控设备联网，或者未保证污染物排放自动监测设备正常运行；

（五）未按照排污许可证规定制定自行监测方案并开展自行监测；

（六）未按照排污许可证规定保存原始监测记录；

（七）未按照排污许可证规定公开或者不如实公开污染物排放信息；

（八）发现污染物排放自动监测设备传输数据异常或者污染物排放超过污染物排放标准等异常情况不报告；

（九）违反法律法规规定的其他控制污染物排放要求的行为。

第三十七条 违反本条例规定，排污单位有下列行为之一的，由生态环境主管部门责令改正，处每次5千元以上2万元以下的罚款；法律另有规定的，从其规定：

（一）未建立环境管理台账记录制度，或者未按照排污许可证规定记录；

（二）未如实记录主要生产设施及污染防治设施运行情况或者污染物排放浓度、排放量；

（三）未按照排污许可证规定提交排污许可证执行报告；

（四）未如实报告污染物排放行为或者污染物排放浓度、排放量。

第三十八条 排污单位违反本条例规定排放污染物，受到罚款处罚，被责令改正的，生态环境主管部门应当组织复查，发现其继续实施该违法行为或者拒绝、阻挠复查的，依照《中华人民共和国环境保护法》的规定按日连续处罚。

第三十九条 排污单位拒不配合生态环境主管部门监督检查，或者在接受监督检查时弄虚作假的，由生态环境主管部门责令改正，处2万元以上20万元以下的罚款。

第四十条 排污单位以欺骗、贿赂等不正当手段申请取得排污许可证的，由审批部门依法撤销其排污许可证，处20万元以上50万元以下的罚款，3年内不得再次申请排污许可证。

第四十一条 违反本条例规定，伪造、变造、转让排污许可证的，由生态环境主管部门没收相关证件或者吊销排污许可证，处10万元以上30万元以下的罚款，3年内不得再次申请排污许可证。

第四十二条 违反本条例规定，接受审批部门委托的排污许可技术机构弄虚作假的，由审批部门解除委托关系，将相关信息记入其信用记录，在全国排污许可证管理信息平台上公布，同时纳入国家有关信用信息系统向社会公布；情节严重的，禁止从事排污许可技术服务。

第四十三条 需要填报排污登记表的企业事业单位和其他生产经营者，未依照本条例规定填报排污信息的，由生态环境主管部门责令改正，可以处5万元以下的罚款。

第四十四条 排污单位有下列行为之一,尚不构成犯罪的,除依照本条例规定予以处罚外,对其直接负责的主管人员和其他直接责任人员,依照《中华人民共和国环境保护法》的规定处以拘留:

(一)未取得排污许可证排放污染物,被责令停止排污,拒不执行;

(二)通过暗管、渗井、渗坑、灌注或者篡改、伪造监测数据,或者不正常运行污染防治设施等逃避监管的方式违法排放污染物。

第四十五条 违反本条例规定,构成违反治安管理行为的,依法给予治安管理处罚;构成犯罪的,依法追究刑事责任。

第六章 附 则

第四十六条 本条例施行前已经实际排放污染物的排污单位,不符合本条例规定条件的,应当在国务院生态环境主管部门规定的期限内进行整改,达到本条例规定的条件并申请取得排污许可证;逾期未取得排污许可证的,不得继续排放污染物。整改期限内,生态环境主管部门应当向其下达排污限期整改通知书,明确整改内容、整改期限等要求。

第四十七条 排污许可证申请表、环境管理台账记录、排污许可证执行报告等文件的格式和内容要求,以及排污许可证申请与核发技术规范等,由国务院生态环境主管部门制定。

第四十八条 企业事业单位和其他生产经营者涉及国家秘密的,其排污许可、监督管理等应当遵守保密法律法规的规定。

第四十九条 飞机、船舶、机动车、列车等移动污染源的污染物排放管理,依照相关法律法规的规定执行。

第五十条 排污单位应当遵守安全生产规定,按照安全生产管理要求运行和维护污染防治设施,建立安全生产管理制度。

在运行和维护污染防治设施过程中违反安全生产规定,发生安全生产事故的,对负有责任的排污单位依照《中华人民共和国安全生产法》的有关规定予以处罚。

第五十一条 本条例自 2021 年 3 月 1 日起施行。

《排污许可管理条例》立法过程和主要内容介绍

别 涛*

一、立法过程回顾

排污许可制度是工业化国家最重要的环境管理制度之一,20世纪80年代引入我国,并在部分地方开展试点。

1988年,原国家环保局总结地方试点经验,发布了《水污染物排放许可证管理暂行办法》。该办法规定:“在污染物排放浓度控制管理的基础上,通过排污申报登记,发放水污染物《排放许可证》,逐步实施污染物排放总量控制。”1989年国务院批准了《水污染防治法实施细则》。该细则规定:排放水污染物必须进行排污申报登记,对不超过排放标准及总量控制指标的,核发排污许可证;对超标超总量排污的,应当限期治理并核发临时排污许可证;同时还规定了无证排污或者违证排污的罚则。这是我国第一部关于排污许可制度的专门法规。

党的十八大以来,党中央、国务院高度重视生态文明建设,积极推进排污许可制度。从法律层面看,近年来制定或者修订的《环境保护法》《大气污染防治法》《水污染防治法》《土壤污染防治法》《固体废物污染环境防治法》五部法律,均明确提出实行排污许可管理制度。从政策层面看,《关于全面深化改革若干重大问题的决定》《关于加快推进生态文明建设的意见》《生态文明体制改革总体方案》,都对建立排污许可制度作出了规定。

在地方立法层面,早在1985年,上海市颁布了《黄浦江上游水源保护条例》,规

* 生态环境部法规与标准司司长。

定在水源保护区内，按照排污总量控制要求核发排污许可证。截至本条例发布，已有20多个省（区、市）出台了排污许可管理相关地方法规、规章，积累了丰富的实践和管理经验。

2016年11月，国务院办公厅印发《控制污染物排放许可制实施方案》，排污许可制度改革正式启动。2017年和2018年，原环境保护部先后发布《排污许可分类管理名录》和《排污许可管理办法（试行）》。

在此基础上，原环境保护部自2017年启动《排污许可管理条件》（以下简称条例）的研究起草，2019年形成草案送审稿报送国务院，随后配合司法部协调和修改。去年12月9日国务院常务会议审议通过，今年1月24日公布，自3月1日起生效施行。

二、条例的主要内容

条例分六章，分别为：总则、申请与审批、排污管理、监督检查、法律责任、附则，共五十一条。我重点介绍六方面内容，即"六个明确"（分别为法律效力、范围和类别、核发条件、变更情形、公众监督权、违法责任）。

（一）明确了排污许可证的法律效力

具体表现为四个效力：一是规定排污单位无证不得排污，实施按证排污、按证监管。二是规定排污许可证是企业守法、行政执法、社会监督的基本依据。三是统一污染物排放相关数据，排污许可证执行报告中报告的污染物排放量，可以作为环境统计、总量考核、排放清单编制的依据。四是实现了排污许可与环评、"三同时"、排放标准、总量控制、环境监测和环境执法等制度的合理衔接。

（二）明确了排污许可分类管理模式

一是确定了四类发证范围。依据现行法律规定，排放水污染物、大气污染物、产生工业固体废物的排污单位，以及土壤污染重点监管单位，这四类主体应当申请取得排污许可证。

二是建立了分类管理制度。实际分三类：第一类是污染物产生量、排放量或者对环境的影响程度较大的排污单位，实行排污许可重点管理；第二类是污染物产生量、排放量和对环境的影响程度都较小的排污单位，实行排污许可简化管理；第三类是污染物产生量、排放量和对环境的影响程度都很小的排污单位，应当填报排污登记表，不需要申请取得排污许可证。

（三）明确了排污许可的四个核发条件

一是依法取得建设项目环境影响报告书（表）批准文件，或者已经办理了环境影响登记表备案；二是申请的许可排放浓度、数量符合排放标准和总量指标等规定；三是具备相应污染防治设施，或者采用污染防治可行技术；四是自行监测方案符合国家规范等。

符合以上条件的，就应当核发排污许可证。各级生态环境部门不得在法定许可条件外，随意增设其他许可条件。

（四）明确了重新申领或者变更许可证的五种情形

在许可证有效期内发生三种情形的，排污单位应当重新申领排污许可证：一是新改扩建排污项目的；二是生产经营场所、排污口位置或者排放方式、去向发生变化的；三是排污口数量或者排污种类、数量、浓度增加的。

考虑到国家和地方污染物排放标准会适时修订，重点污染物总量控制指标也可能发生调整，条例规定出现标准修改和总量调整两种情形时，审批部门可以依法变更许可事项。

（五）明确了公众举报的监督权

条例规定：任何单位和个人对排污单位违反本条例规定的行为，均有举报的权利。生态环境主管部门应当依法处理，并为举报人保密。

今年1月，有群众举报河南省周口市扶沟县豫祥肠衣加工公司排放恶臭气体问题。扶沟分局执法人员李某将举报人信息泄露给该企业，致使举报人受到威胁、殴打。这是不能容忍的严重违法行为。媒体曝光后，生态环境部高度重视，并印发了通报，对完善举报处理提出了要求，各地必须要严格遵守。

（六）明确了违法排污的法律责任

条例关于法律责任的规定全面、详细，对排污单位无证排污、违证排污等29种违法行为，均设置了相应罚则；对技术机构弄虚作假的，也作出了实施信用管理和从业禁止的规定；对生态环境主管部门工作人员不依法履责的5种行为规定了政务处分。对违反条例依法应予拘留或者应当追究刑事责任的违法行为，作出了衔接性规定。

就法律责任的特点而言,突出表现在以下四个方面:一是加大对违法排污行为的处罚力度。在与《水污染防治法》《大气污染防治法》等上位法衔接的前提下,对无证排污、超标排污等行为,提高了罚款的下限(起点由10万元提高到20万元)。需要说明的是,上述规定都处于上位法规定的处罚幅度之内,因而是符合《行政处罚法》的,各级生态环境部门应当按条例的规定实施处罚。二是综合运用责令限制生产、停产整治、停业关闭、按日计罚以及治安拘留等处罚措施。三是对未建立环境管理台账记录制度、未按规定提交排污许可证执行报告等违法行为,规定了"按次处罚"的规则。这是继《环境保护法》规定"按日计罚"之后,首次规定"按次计罚",是处罚规则设计上的新突破。四是条例还设定了限期整改的过渡性制度。对条例施行前已经实际排污,但暂不符合许可条件的单位,生态环境部应当下达"排污限期整改通知书",提出量身定制的整改要求;排污单位应当按要求进行整改,达到许可条件并申请取得排污许可证;逾期仍未取得排污许可证的,不得继续排放污染物。这是一种合理的过渡性安排。

下一步,生态环境部将抓紧研究制定条例的配套文件。按照条例第四条、第八条、第十一条、第二十四条、第三十条、第四十七条等的规定,生态环境部已经建成了全国排污许可管理信息平台,统一了排污许可申请表、台账记录、执行报告的文书格式,制定并更新了分类管理名录,发布了多个行业的排污许可证申请与核发技术规范、自行监测规范和可行技术指南。今后,还将抓紧制定相关行业达标判定方案,完善排污许可证申请与核发的技术规范体系,推动条例有效贯彻施行。

国务院办公厅关于加强草原保护修复的若干意见

（2021年3月12日发布　国办发〔2021〕7号）

各省、自治区、直辖市人民政府，国务院各部委、各直属机构：

草原是我国重要的生态系统和自然资源，在维护国家生态安全、边疆稳定、民族团结和促进经济社会可持续发展、农牧民增收等方面具有基础性、战略性作用。党的十八大以来，草原保护修复工作取得显著成效，草原生态持续恶化的状况得到初步遏制，部分地区草原生态明显恢复。但当前我国草原生态系统整体仍较脆弱，保护修复力度不够、利用管理水平不高、科技支撑能力不足、草原资源底数不清等问题依然突出，草原生态形势依然严峻。为进一步加强草原保护修复，加快推进生态文明建设，经国务院同意，现提出以下意见。

一、总体要求

（一）指导思想。以习近平新时代中国特色社会主义思想为指导，全面贯彻党的十九大和十九届二中、三中、四中、五中全会精神，深入贯彻习近平生态文明思想，坚持绿水青山就是金山银山、山水林田湖草是一个生命共同体，按照节约优先、保护优先、自然恢复为主的方针，以完善草原保护修复制度、推进草原治理体系和治理能力现代化为主线，加强草原保护管理，推进草原生态修复，促进草原合理利用，改善草原生态状况，推动草原地区绿色发展，为建设生态文明和美丽中国奠定重要基础。

（二）工作原则。坚持尊重自然，保护优先。遵循顺应生态系统演替规律和内在机理，促进草原休养生息，维护自然生态系统安全稳定。宜林则林、宜草则草，林草有机结合。把保护草原生态放在更加突出的位置，全面维护和提升草原生态功能。

坚持系统治理，分区施策。采取综合措施全面保护、系统修复草原生态系统，同时注重因地制宜、突出重点，增强草原保护修复的系统性、针对性、长效性。

坚持科学利用，绿色发展。正确处理保护与利用的关系，在保护好草原生态的基础上，科学利用草原资源，促进草原地区绿色发展和农牧民增收。

坚持政府主导，全民参与。明确地方各级人民政府保护修复草原的主导地位，落实林（草）长制，充分发挥农牧民的主体作用，积极引导全社会参与草原保护修复。

（三）主要目标。到2025年，草原保护修复制度体系基本建立，草畜矛盾明显缓解，草原退化趋势得到根本遏制，草原综合植被盖度稳定在57%左右，草原生态状况持续改善。到2035年，草原保护修复制度体系更加完善，基本实现草畜平衡，退化草原得到有效治理和修复，草原综合植被盖度稳定在60%左右，草原生态功能和生产功能显著提升，在美丽中国建设中的作用彰显。到本世纪中叶，退化草原得到全面治理和修复，草原生态系统实现良性循环，形成人与自然和谐共生的新格局。

二、工作措施

（四）建立草原调查体系。完善草原调查制度，整合优化草原调查队伍，健全草原调查技术标准体系。在第三次全国国土调查基础上，适时组织开展草原资源专项调查，全面查清草原类型、权属、面积、分布、质量以及利用状况等底数，建立草原管理基本档案。（自然资源部、国家林草局负责）

（五）健全草原监测评价体系。建立完善草原监测评价队伍、技术和标准体系。加强草原监测网络建设，充分利用遥感卫星等数据资源，构建空天地一体化草原监测网络，强化草原动态监测。健全草原监测评价数据汇交、定期发布和信息共享机制。加强草原统计，完善草原统计指标和方法。（国家林草局、自然资源部、生态环境部、国家统计局等按职责分工负责）

（六）编制草原保护修复利用规划。按照因地制宜、分区施策的原则，依据国土空间规划，编制全国草原保护修复利用规划，明确草原功能分区、保护目标和管理措施。合理规划牧民定居点，防止出现定居点周边草原退化问题。地方各级人民政府要依据上一级规划，编制本行政区域草原保护修复利用规划并组织实施。（国家林草局、自然资源部、生态环境部等按职责分工负责）

（七）加大草原保护力度。落实基本草原保护制度，把维护国家生态安全、保障草原畜牧业健康发展所需最基本、最重要的草原划定为基本草原，实施更加严格的保护和管理，确保基本草原面积不减少、质量不下降、用途不改变。严格落实生态保护红线制度和国土空间用途管制制度。加大执法监督力度，建立健全草原联合执法机制，严厉打击、坚决遏制各类非法挤占草原生态空间、乱开滥垦草原等行为。建立健全草原执法责任追究制度，严格落实草原生态环境损害赔偿制度。加强矿藏开采、工程建设等征占用草原审核审批管理，强化源头管控和事中事后监管。依法规范规模化养殖场等设施建设占用草原行为。完善落实禁牧休牧和草畜平衡制度，依法查处超载过牧和禁牧休牧期违规放牧行为。组织开展草畜平衡示范县建设，总结推广实现草畜平衡的经验和模式。（国家林草局、自然资源部、生态环境部、农业农村部等按职责分工负责）

（八）完善草原自然保护地体系。整合优化建立草原类型自然保护地，实行整体保护、差别化管理。开展自然保护地自然资源确权登记，在自然保护地核心保护区，原则上禁止人为活动；在自然保护地一般控制区和草原自然公园，实行负面清单管理，规范生产生活和旅游等活动，增强草原生态系统的完整性和连通性，为野生动植物生存繁衍留下空间，有效保护生物多样性。（国家林草局、自然资源部、生态环境部等按职责分工负责）

（九）加快推进草原生态修复。实施草原生态修复治理，加快退化草原植被和土壤恢复，提升草原生态功能和生产功能。在严重超载过牧地区，采取禁牧封育、免耕补播、松土施肥、鼠虫害防治等措施，促进草原植被恢复。对已垦草原，按照国务院批准的范围和规模，有计划地退耕还草。在水土条件适宜地区，实施退化草原生态修复，鼓励和支持人工草地建设，恢复提升草原生产能力，支持优质储备饲草基地建设，促进草原生态修复与草原畜牧业高质量发展有机融合。强化草原生物灾害监测预警，加强草原有害生物及外来入侵物种防治，不断提高绿色防治水平。

完善草原火灾突发事件应急预案，加强草原火情监测预警和火灾防控。健全草原生态保护修复监管制度。（国家林草局、自然资源部、应急部、生态环境部、农业农村部等按职责分工负责）

（十）统筹推进林草生态治理。按照山水林田湖草整体保护、系统修复、综合治理的要求和宜林则林、宜草则草、宜荒则荒的原则，统筹推进森林、草原保护修复和荒漠化治理。在干旱半干旱地区，坚持以水定绿，采取以草灌为主、林草结合方式恢复植被，增强生态系统稳定性。在林草交错地带，营造林草复合植被，避免过分强调集中连片和高密度造林。在森林区，适当保留林间和林缘草地，形成林地、草地镶嵌分布的复合生态系统。在草原区，对生态系统脆弱、生态区位重要的退化草原，加强生态修复和保护管理，巩固生态治理成果。研究设置林草覆盖率指标，用于考核评价各地生态建设成效。（国家林草局负责）

（十一）大力发展草种业。建立健全国家草种质资源保护利用体系，鼓励地方开展草种质资源普查，建立草种质资源库、资源圃及原生境保护为一体的保存体系，完善草种质资源收集保存、评价鉴定、创新利用和信息共享的技术体系。加强优良草种特别是优质乡土草种选育、扩繁、储备和推广利用，不断提高草种自给率，满足草原生态修复用种需要。完善草品种审定制度，加强草种质量监管。（国家林草局负责）

（十二）合理利用草原资源。牧区要以实现草畜平衡为目标，优化畜群结构，控制放牧牲畜数量，提高科学饲养和放牧管理水平，减轻天然草原放牧压力。半农半牧区要因地制宜建设多年生人工草地，发展适度规模经营。农区要结合退耕还草、草田轮作等工作，大力发展人工草地，提高饲草供给能力，发展规模化、标准化养殖。加快转变传统草原畜牧业生产方式，优化牧区、半农半牧区和农区资源配置，推行“牧区繁育、农区育肥”等生产模式，提高资源利用效率。发展现代草业，支持草产品加工业发展，建立完善草产品质量标准体系。强化农牧民培训，提升科学保护、合理利用草原的能力水平。（农业农村部、国家林草局等按职责分工负责）

（十三）完善草原承包经营制度。加快推进草原确权登记颁证。牧区半牧区要着重解决草原承包地块四至不清、证地不符、交叉重叠等问题。草原面积较小、零星分布地区，要因地制宜采取灵活多样方式落实完善草原承包经营制度，明确责任主体。加强草原承包经营管理，明确所有权、使用权，稳定承包权，放活经营权。规范草原经营权流转，引导鼓励按照放牧系统单元实行合作经营，提高草原合理经营利用水平。在落实草原承包经营制度和规范经营权流转时，要充分考虑草原生态系统的完整性，防止草原碎片化。（国家林草局、自然资源部等按职责分工负责）

（十四）稳妥推进国有草原资源有偿使用制度改革。合理确定国有草原有偿使用范围。由农村集体经济组织成员实行家庭或者联户承包经营使用的国有草原，不纳入有偿使用范围，但需要明确使用者保护草原的义务。应签订协议明确国有草原所有权代理行使主体和使用权人并落实双方权利义务。探索创新国有草原所有者权益的有效实现形式，国有草原所有权代理行使主体以租金、特许经营费、经营收益分红等方式收取有偿使用费，并建立收益分配机制。将有偿使用情况纳入年度国有资产报告。（国家林草局、自然资源部、国家发展改革委、财政部等按职责分工负责）

（十五）推动草原地区绿色发展。科学推进草原资源多功能利用，加快发展绿色低碳产业，努力拓宽农牧民增收渠道。充分发挥草原生态和文化功能，打造一批草原旅游景区、度假地和精品旅游线路，推动草原旅游和生态康养产业发展。引导支持草原地区低收入人口通过参与草原保护修复增加收入。（国家林草局、文化和旅游部、国家乡村振兴局等按职责分工负责）

三、保障措施

（十六）提升科技支撑能力。通过国家科技计划，支持草原科技创新，开展草原保护修复重大问题研究，尽快在退化草原修复治理、生态系统重建、生态服务价值评估、智慧草原建设等方面取得突破，着力解决草原保护修复科技支撑能力不足问题。加强草品种选育、草种生产、退化草原植被恢复、人工草地建设、草原有害生物防治等关键技术和装备研发推广。建立健全草原保护修复技术标准体系。加强草原学科建设和高素质专业人才培养。加强草原重点实验室、长期科研基地、定位观测站、创新联盟等平台建设，构建产学研推用协调机制，提高草原科技成果转化效率。加强草原保护修复国际合作与交流，积极参与全球生态治理。（科技部、教育部、国家林草局等按职责分工负责）

（十七）完善法律法规体系。加快推动草原法修改，研究制定基本草原保护相关规定，推动地方性法规制修订，健全草原保护修复制度体系。加大草原法律法规贯彻实施力度，建立健全违法举报、案件督办等机制，依法打击各类破坏草原的违法行为。完善草原行政执法与刑事司法衔接机制，依法惩治破坏草原的犯罪行为。（国家林草局、自然资源部、生态环境部、司法部、公安部等按职责分工负责）

（十八）加大政策支持力度。建立健全草原保护修复财政投入保障机制，加大中央财政对重点生态功能区转移支付力度。健全草原生态保护补偿机制。地方各级人民政府要把草原保护修复及相关基础设施建设纳入基本建设规划，加大投入力度，完善补助政策。探索开展草原生态价值评估和资产核算。鼓励金融机构创设适合草原特点的金融产品，强化金融支持。鼓励地方探索开展草原政策性保险试点。鼓励社会资本设立草原保护基金，参与草原保护修复。（国家林草局、国家发展改革委、财政部、自然资源部、生态环境部、农业农村部、水利部、人民银行、银保监会等按职责分工负责）

（十九）加强管理队伍建设。进一步整合加强、稳定壮大基层草原管理和技术推广队伍，提升监督管理和公共服务能力。重点草原地区要强化草原监管执法，加强执法人员培训，提升执法监督能力。加强草原管护员队伍建设管理，充分发挥作用。支持社会化服务组织发展，充分发挥草原专业学会、协会等社会组织在政策咨询、信息服务、科技推广、行业自律等方面作用。（国家林草局、自然资源部、人力资源社会保障部、民政部等按职责分工负责）

四、组织领导

（二十）加强对草原保护修复工作的领导。地方各级人民政府要进一步提高认识，切实把草原保护修复工作摆在重要位置，加强组织领导，周密安排部署，确保取得实效。省级人民政府对本行政区域草原保护修复工作负总责，实行市（地、州、盟）、县（市、区、旗）人民政府目标责任制。要把草原承包经营、基本草原保护、草畜平衡、禁牧休牧等制度落实情况纳入地方各级人民政府年度目标考核，细化考核指标，压实地方责任。

（二十一）落实部门责任。各有关部门要根据职责分工，认真做好草原保护修复相关工作。各级林业和草原主管部门要适应生态文明体制改革新形势，进一步转变职能，切实加强对草原保护修复工作的管理、服务和监督，及时研究解决重大问题。

（二十二）引导全社会关心支持草原事业发展。深入开展草原普法宣传和科普活动，广泛宣传草原的重要生态、经济、社会和文化功能，不断增强全社会关心关爱草原和依法保护草原的意识，夯实加强草原保护修复的群众基础。充分发挥种草护草在国土绿化中的重要作用，积极动员社会组织和群众参与草原保护修复。

加强草原保护修复　筑牢绿色生态屏障

——《关于加强草原保护修复的若干意见》政策解读

国家林业和草原局草原管理司司长　唐芳林

2021 年 3 月 12 日，国务院办公厅印发了《关于加强草原保护修复的若干意见》（以下简称《意见》），提出要以完善草原保护修复制度、推进草原治理体系和治理能力现代化为主线，加强草原保护管理，推进草原生态修复，促进草原合理利用，改善草原生态状况，推动草原地区绿色发展，为建设生态文明和美丽中国奠定重要基础，标志着草原进入加强保护修复的新阶段。

一、《意见》出台的背景

草原是我国重要的生态系统和自然资源。我国是草原大国，草资源在各省区市均有分布，集中连片的草原则主要分布在青藏高原、北方干旱半干旱地区和南方草山草坡，与森林湿地等共同构成绿色生态安全屏障的主体，是山水林田湖草沙生命共同体的重要组成。草原是边疆各族群众赖以生存的生产资料和生活家园，具有重要的生态、经济、社会和文化功能，在维护国家生态安全、边疆稳定、民族团结和促进经济社会可持续发展、农牧民增收等方面具有基础性、战略性作用。

长期以来，由于对草原重利用、轻保护，重索取、轻投入，超载过牧加上气候变化影响，90% 草原出现不同程度的退化。党的十八大以来，在党中央的坚强领导下，各地不断强化草原保护修复工作，取得了明显成效，初步遏制了草原总体退化趋势，部分地区草原生态状况明显好转。全国草原综合植被盖度达到 56. 1%，比 2011 年增加了约 5 个百分点。特别是在 2018 年国务院机构改革中，草原监管职责从原农业部划转到新组建的国家林草局,进一步强化了草原生态保护修复。草原监管职责从农业生产部门转到林草生态保护部门,充分体现了党中央统筹山水林田湖草沙系统治理的战略意图,也为全面加强草原保护修复工作创造了历史性机遇。但目前草原保护修复形势依然严峻,一些地方非法开垦草原、占用草原、采挖草原野生植物等行为时有发生,草原超载过牧未得到根本解决。

为进一步加强对草原保护修复工作的指导,经国务院同意,国务院办公厅印发了《意见》,《意见》深入贯彻习近平生态文明思想,坚持绿水青山就是金山银山、山水林田湖草是一个生命共同体,按照节约优先、保护优先、自然恢复为主的方针,对草原工作进行顶层设计,提出了新时代加强草原保护修复的指导思想、总体目标、工作措施及保障措施等。

二、《意见》出台的意义

我国草原面积大,分布广,是名副其实的草原大国,但还不是草原强国,草原工作短板十分明显。一是草原生态系统十分脆弱。受长期不合理开发利用和全球气候变化的双重影响,草原生态系统退化问题仍十分突出。我国草原主要分布在青藏高原、北方干旱半干旱地区,自然环境十分严酷,草原生态系统一旦遭受破坏,恢复十分困难。二是草原保护与开发利用矛盾依然突出。一些地方乱开滥垦草原、非法采挖草原野生植物等行为时有发生,草原超载过牧问题还未得到根本解决。三是草原工作底子薄、基础差。草原资源详细情况不清、权属不明问题突出。草原科研力量薄弱,科技支撑能力不强。基层草原管理队伍和力量不足,与承担的草原保护管理任务不相适应。四是草原保护修复投入严重不足。草原生态保护建设工程建设标准低,退化草原综合治理等一些十分迫切的建设内容尚缺乏资金支持,治理退化草原亟须的乡土草种繁育缺少必要投入。总体来看,我国草原保护修复工作正处在爬坡过坎、不进则退的关键阶段,草原工作亟待加强。

这次出台《意见》,十分必要,也非常及时,是在草原定位从生产为主向生态为主转变以后我国第一个国家层面的政策性文件,明确了草原工作的指导思想和目标原则,细化了工作措施,为开展草原保护修复、推进山水林田湖草沙一体化系统治理提供了基本遵循,是指导今后一段时间草原工作的纲领性文件,是贯彻落实习近平生态文明思想的具体举措，也是完善生态文明制度体系的组成部分，在推动我国草原生态保护修复、促进绿色发展方面具有里程碑式的重要意义，对于推进生态文明和美丽中国建设，也具有十分重要的意义。主要体现在以下三个方面：

一是出台《意见》是维护生态安全的必然要求。草原是我国重要的绿色生态安全屏障，是长江、黄河、澜沧江等大江大河的重要水源涵养区，具有保持水土、涵养水源、防风固沙、净化空气、固碳释氧、维护生物多样性等重要生态功能。综合各方面研究成果，我国草原总碳储量仅次于森林，是第二大陆地生态系统碳汇，在碳达峰、碳中和中发挥重要的作用。加强草原保护修复，推行草原休养生息，维持草畜平衡，促进草原生态系统健康稳定，提升草原在保持水土、涵养水源、防止荒漠化、应对气候变化、维护生物多样性、发展草业等方面的支持服务功能，对维护国家生态安全，满足人民日益增长的优美生态环境需要，实现建设美丽中国宏伟目标，具有重要的战略意义。

二是出台《意见》是草原工作转折的迫切要求。长期以来，由于对草原重利用、轻保护，草原面临着大面积退化的严峻威胁。进入新时代，特别是草原监管职责划转林草局以来，草原工作重点由农业生产为主向生态保护为主转变，急需在国家层面进行顶层设计，谋划新时代草原工作。《意见》出台，是草原工作具有里程碑意义的转折，是草原工作高质量发展的重要保障。

三是《意见》指明了新时代草原工作的方向。《意见》以问题为导向，针对草原工作存在的问题，从加强草原基础工作、加大保护力度、推进生态修复、合理利用草原等方面提出了工作措施，指明了未来一定时期草原工作的方向，也为修改《草原法》，完善草原法律制度体系提供实践经验。

三、《意见》的主要内容

（一）原则和目标

《意见》提出，草原保护修复要坚持4条工作原则：坚持尊重自然，保护优先；坚持系统治理，分区施策；坚持科学利用，绿色发展；坚持政府主导，全民参与。

主要目标：到2025年，草原保护修复制度体系基本建立，草畜矛盾明显缓解，草原退化趋势得到根本遏制，草原综合植被盖度稳定在57%左右，草原生态状况持续改善。到2035年，草原保护修复制度体系更加完善，基本实现草畜平衡，退化草原得到有效治理和修复，草原综合植被盖度稳定在60%左右，草原生态功能和生产功能显著提升，在美丽中国建设中的作用彰显。到21世纪中叶，退化草原得到全面治理和修复，草原生态系统实现良性循环，形成人与自然和谐共生的新格局。

（二）工作措施

《意见》从夯实工作基础、加强资源保护、推进生态修复、强化合理利用、完善重要制度等方面提出了12条工作措施。建立草原调查体系，在第三次全国国土调查基础上，适时组织开展草原资源专项调查。开展草原监测评价，加强草原监测网络建设。编制草原保护修复利用规划，明确草原功能分区、保护目标和管理措施。落实基本草原保护制度，加大草原保护力度，严厉打击乱开滥垦草原等行为。整合优化建立草原类型自然保护地，完善草原自然保护地体系。实施重大草原生态修复治理工程，加快退化草原植被和土壤恢复，提升草原生态功能和生产功能。统筹推进林草生态治理，研究设置林草覆盖率指标。大力发展草种业，加强优良草种特别是优质乡土草种选育、扩繁、储备和推广利用。在严格保护的前提下，合理利用草原资源，提高资源利用效率。完善草原承包经营制度，稳妥推进国有草原资源有偿使用制度改革。科学推进草原资源多功能利用，加快发展绿色低碳产业。

（三）保障措施

《意见》从科技、法律、政策、人才队伍等方面提出了4个方面的保障措施。一是提升科技支撑能力，支持草原科技创新，加强草品种选育、草种生产、退化草原植被恢复等关键技术和装备研发推广等。二是完善法律法规体系，加快推动草原法修改，研究制定基本草原保护相关规定，推动地方性法规的制定和修订，健全草原保护修复制度体系，加大草原法律法规贯彻实施力度等。三是加大政策支持力度，建立健全草原保护修复财政投入保障机制，健全草原生态保护补偿机制，探索开展草原生态价值评估和资产核算等。四是加强管理队伍建设，进一步整合加强、稳定壮大基层草原管理和技术推广队伍，提升监督管理和公共服务能力等。

《意见》还对加强草原保护修复工作的组织领导提出了明确要求，强调地方各级人民政府要切实把草原保护修复工作摆到重要位置，各有关部门要根据职责分工，认真落实相关工作，确保各项政策措施落实到位。

四、完善草原治理体系

国家林草局将把保护草原生态放在更加突出的位置，全面构建草原监测评价、草原修复治理、草原保护、草原执法监督、草业、草原文化六大体系。

——加强草原监测评价。要全面提升草原调查监测评价能力和水平。

——大力推进草原生态修复。根据不同区域的草原退化程度和特点，谋划实施重度退化草原生态修复、草原自然公园建设、退牧还草、国有草场建设、草原生态质量精准提升、草原生态保护修复支撑、乡村种草绿化示范和河湖堤岸草带建设等一批重大工程。

——严格草原保护。推行草原休养生息，落实禁牧和草畜平衡制度，防止草原超载过牧。严格划定和保护基本草原，确保面积不减少、质量不下降、用途不改变。启动一批草原自然公园和国有草场建设试点，构建新型草原生态保护修复利用模式。

——强化草原执法监督。建立多部门联合执法机制，对违法占用草原、乱开滥垦草原等行为要依法查处。

——加快现代草业发展。加大草种业支持力度，提高草坪用种、国产草种特别是乡土草种的供给质量和水平。大力发展生态草牧业，支持草产品加工业发展，打通生产、加工、销售的产业链条，培育更多草业龙头企业。

——弘扬草原文化。依托草原自然公园，打造一批草原旅游景区、度假地和精品旅游线路，让公众走进草原、了解草原、爱上草原。

——加快推进林草融合发展。坚持科学绿化，以水定绿，统筹推进林草生态治理。建立草原覆盖率指标体系，研究创设林草覆盖率指标，科学评价生态建设成效。

五、推动草原保护和利用“双赢”

强调草原保护修复，并不是不利用，实际上是在保护草原生态系统的基础上，更好地利用草原，发挥草原的多种功能。草原是重要的生态资源也是生产资料，既具有生态功能，也有生产功能。草原是重要的畜牧业生产基地，是牧区和半牧区县牧民的主要收入来源。《意见》提出坚持尊重自然、保护优先，也提出要坚持科学利用、绿色发展。正确处理保护与利用关系，在保护好草原生态的基础上，科学利用草原资源，促进草原地区绿色发展和农牧民增收。

藏富于草，藏粮于草，大力发展草业，是夯实草原地区产业发展根基、建设生态宜居乡村、促进农牧民增收的物质基础。加快建设草种业，大力发展草牧业，推进饲草种植业，积极发展草产品加工业，扎实推进草坪产业，稳步发展草原旅游产业，实现草原地区绿色低碳高质量发展。

六、下一步贯彻落实《意见》重点工作

当前，草原生态系统仍然脆弱，退化的形势依然严峻。草原保护修复工作正处在爬坡过坎、不进则退的关键阶段。

下一步，要认真贯彻落实《意见》，进一步提高认识，把草原保护修复工作摆在重要位置，加强组织领导，周密安排部署，确保取得实效。按照省级人民政府对本行政区域草原保护修复工作负总责要求，实行市、县人民政府目标责任制。各级林业和草原主管部门要切实加强对草原保护修复工作的管理、服务和监督，及时研究解决重大问题。当前，主要采取以下措施：

一是细化考核指标，落实地方人民政府目标责任制。结合落实林（草）长制，科学设计草原承包经营、基本草原保护、草畜平衡、禁牧休牧等制度落实情况的考核指标，纳入地方各级人民政府年度目标考核，压实地方责任。

二是加强部门协助，形成工作合力。草原工作基础薄弱，涉及面广，需要各部门各司其职，互相配合。要积极探索构建草原保护修复的长效机制，运用现代化信息技术，加快推进草原生态修复，科学合理利用草原资源。

三是加强宣传，引导全社会关心支持草原事业发展。广泛宣传草原重要的生态、经济、社会和文化功能，不断增强全社会关心关爱草原和依法保护草原的意识，深入开展草原普法宣传和科普活动，积极动员相关公益组织和社会大众参与草原保护修复。

最高人民法院关于
贯彻《中华人民共和国长江保护法》的实施意见

（2021年2月24日　法发〔2021〕8号）

为深入学习贯彻习近平新时代中国特色社会主义思想，全面贯彻党的十九大及十九届二中、三中、四中、五中全会精神，正确适用《中华人民共和国长江保护法》，充分发挥人民法院审判职能作用，依法加强长江流域生态环境保护和修复，促进资源合理高效利用，推动长江流域绿色发展，结合人民法院工作实际，制定如下实施意见。

一、深刻认识实施长江保护法重大意义，增强司法服务保障长江流域生态环境保护和绿色发展的责任感和使命感

1. 长江保护法的贯彻实施是落实习近平总书记关于长江保护重要指示精神的重大举措。长江保护法是习近平总书记亲自确定的重大立法任务，是一部关系到党和国家工作大局、中华民族伟大复兴战略全局的重要法律。各级人民法院要切实提高政治站位，深入贯彻落实习近平总书记重要指示精神，增强"四个意识"、坚定"四个自信"、做到"两个维护"，切实做好长江保护法实施工作，把保护和修复生态环境摆在压倒性位置，为实现人与自然和谐共生、中华民族永续发展提供坚实司法保障。

2. 长江保护法的贯彻实施是推进长江流域绿色发展的有力支撑。长江保护法既是生态环境的保护法，也是绿色发展的促进法，不仅突出强调长江流域生态环境保护和修复，同时在促进长江经济带产业结构绿色改造、提升流域人居环境质量、

保障长江黄金水道功能等方面均作出重要规定。各级人民法院要将贯彻落实长江保护法作为保障长江流域绿色发展的发力点，助力长江经济带成为我国生态优先绿色发展主战场、畅通国内国际双循环主动脉、引领经济高质量发展主力军。

3. 长江保护法的贯彻实施是人民法院依法履职尽责的使命担当。长江保护法是我国首部流域专门法律，对于推动长江流域生态环境治理具有重大基础性、保障性作用。各级人民法院要坚持以习近平生态文明思想、习近平法治思想武装头脑、指导实践、推动工作，自觉主动担负起保护长江母亲河的使命责任。要充分发挥审判职能作用，妥善审理各类环境资源案件，保护长江流域生态系统、维护长江流域生物多样性，筑牢国家生态安全屏障，为长江流域生态环境保护和高质量发展提供有力司法服务和保障。

二、正确树立长江司法保护理念，准确把握长江流域生态环境保护和绿色发展的深刻内涵

4. 坚持生态优先、绿色发展。准确理解生态环境保护与经济社会发展的辩证关系，牢固树立和践行绿水青山就是金山银山的发展理念，坚持共抓大保护、不搞大开发，把长江流域生态环境保护和修复摆在压倒性位置。立足审判职能，保护长江流域生态环境，保障资源合理开发利用，推进长江流域绿色发展。

5. 坚持统筹协调、系统治理。保障国家长江流域协调机制关于长江保护的重大政策、重大规划有效落实。坚持在国家长江流域协调机制统一指导、统筹协调下，开展长江保护工作。坚持自然恢复为主、自然恢复与人工修复相结合的系统治理。妥善协调长江流域江河湖泊、上中下游、干支流、左右岸、水中岸上的关系，推进山水林田湖草一体化保护和修复。

6. 坚持依法严惩、全面担责。准确理解长江保护法适用的地域范围，严格把握特别法优于一般法等法律适用基本原则，确保长江保护法准确实施。坚持最严法治观，加大对流域生态环境破坏违法犯罪行为惩治力度，将“严”的基调贯彻到法律实施全过程、各方面，切实增强法律的刚性和权威性。在审理长江保护相关案件中，依法准确适用刑事、民事、行政法律，加大责任追究力度，全面保护各类民事主体合法权益，维护国家利益和社会公共利益。

三、充分发挥人民法院审判职能作用，为长江流域生态环境保护和绿色发展提供有力司法服务和保障

7. 依法加强水污染防治类案件审理。支持、监督有关部门对流域水污染防治、监管采取的行政执法措施。加大对超标排放含磷水污染物等有害物质造成的水污染、农业面源污染、固体废物污染、流域跨界水污染以及危险货物运输船舶污染等行为惩治力度。坚持最严格的水污染损害赔偿和生态补偿、修复标准，使受污染水体得到有效治理。

8. 依法加强生态保护类案件审理。重点审理长江十年禁渔相关案件，严厉惩处在水生生物保护区内从事生产性捕捞以及实施电鱼、毒鱼、炸鱼等生态环境违法犯罪行为，促进流域水生生物恢复。严厉打击危害珍贵、濒危野生动物犯罪，加强对其栖息地生态系统保护，维护流域生态功能和生物多样性。探索生态保护补偿制度的司法运用，依法保障国家对生态功能重要区域的生态保护补偿，支持流域地方政府之间开展的横向生态保护补偿和市场化补偿基金、相关主体自愿协商等生态保护补偿方式。

9. 依法加强资源开发利用类案件审理。按照有关部门依法划定的禁止采砂区和禁止采砂期有关规定，支持行政机关依法打击长江流域非法采砂行为，严厉惩处相关刑事犯罪，保障长江水域生态系统和航运安全。妥善审理流域内河流、湖泊、矿产、渔业等自然资源开发利用相关的资源权属争议和合同纠纷案件，将保护生态环境和自然资源合理利用作为裁判的重要因素予以综合考量，结合主体功能区制度分类施策，处理好保护环境与发展经济的关系，促进健全自然资源资产产权制度。

10. 依法加强气候变化应对类案件审理。依法适用国家节能减排相关法律法规、行政规章及有关环境标准，妥善运用破产重整、破产和解等司法手段，推动钢铁、石化、造纸、农药等重点行业技术设备升级、实施清洁化改造，减少资源消耗和污染物排放。妥善审理涉及气候变化的建设项目和规划环境影响评价等案件，确保长江流域规划体系对生态环境保护和绿色发展的引领、指导和约束作用有效发挥。

11. 依法加强生态环境治理与服务类案件审理。依法审理流域港口、航道等水

运基础设施纠纷案件，保障长江黄金水道功能有效发挥。妥善审理因长江防护林体系建设、水土流失及土地石漠化治理、河湖湿地生态保护修复等引发的案件，保障长江流域重大生态修复工程顺利实施。依法审理环境容量利用权、流域生态用水分配纠纷，保障流域水资源合理分配，确保流域用水安全。妥善审理因绿色信贷、绿色债券、绿色保险等金融服务引发的绿色金融案件，依法保障节能环保、清洁能源、绿色交通等绿色产业领域的投融资需求。

12. 充分发挥环境公益诉讼和生态环境损害赔偿诉讼作用。依法审理国家规定的机关或者法律规定的组织提起的环境公益诉讼，维护流域生态环境社会公共利益。充分发挥生态环境损害赔偿诉讼功能，完善司法确认规则，维护生态环境国家利益。做好环境公益诉讼与生态环境损害赔偿诉讼的衔接，加强诉讼请求、事实认定、责任承担、判决执行等方面协调对接，促进生态环境及时有效修复。

四、切实加强长江司法保护体制机制建设，提升服务保障生态环境民生福祉的能力水平

13. 健全环境资源审判组织体系，强化全流域系统保护。加大对环境资源审判工作支持力度，优化中级、基层人民法院环境资源审判组织体系，拓宽生态环境司法保护覆盖面。加强对雅砻江、岷江等长江重要支流以及太湖、鄱阳湖等长江流域重点湖泊的司法保护，更好满足保护和修复流域重要生态系统、服务和保障国家重大区域发展战略的需要。

14. 加大流域审判机制建设，提供优质高效司法服务。完善环境资源刑事、民事、行政案件"三合一"归口审理，统筹适用多种责任承担方式，全面保障人民群众环境权益。深化流域法院集中管辖、司法协作等机制建设，充分利用信息化手段，加强流域法院之间在立案、审判、执行等诉讼流程的衔接，提升跨域环境诉讼服务能力。加强环境资源巡回审判，就地开庭、调解和宣判，增强环境司法便民利民成效。

15. 锻造过硬审判队伍，提升环境司法能力和国际影响力。将党的政治建设摆在首位，善于从政治上认识问题、推动司法工作，不断提高审判队伍政治判断力、政治领悟力、政治执行力。锻造高素质专业化审判队伍，践行习近平生态文明思想，牢固树立现代环境司法理念，增强服务保障人民群众优美生态环境需求的司法能力。深化环境司法国际交流合作，拓宽流域治理国际视野，为全球环境治理提供中国经验。

16. 深化司法公众参与，提升人民群众长江保护法治意识。充分发挥专家辅助人、人民陪审员在环境资源案件事实查明、评估鉴定等诉讼活动中的作用，实现专业审判与公众参与深度融合。通过公开审判重大环境资源案件、发布环境司法白皮书和典型案例、设立司法保护基地和生态环境修复基地等形式，发挥司法示范引领作用，让生态文明观念深入人心，增强人民群众保护长江流域生态环境法治意识和行动自觉。

《关于贯彻〈中华人民共和国长江保护法〉的实施意见》的理解与适用

杨临萍　李明义　蔡传磊

最高人民法院《关于贯彻〈中华人民共和国长江保护法〉的实施意见》(法发〔2021〕8号,以下简称《实施意见》)经最高人民法院党组审议通过,已于2021年2月24日印发实施。为便于实践中准确理解和适用,现对《实施意见》的制定背景、基本原则和主要内容说明如下。

一、《实施意见》的制定背景

党的十八大以来,以习近平同志为核心的党中央高度重视长江生态环境保护,提出加强长江、黄河等大江大河生态保护和系统治理等重大决策部署。2016年1月、2018年4月和2020年11月,习近平总书记先后三次主持召开推动长江经济带发展座谈会,强调"生态优先、绿色发展""共抓大保护、不搞大开发",并专门指出要抓紧制定一部长江保护法,让保护长江生态环境有法可依。2020年12月26日,全国人大常委会第二十四次会议审议通过《中华人民共和国长江保护法》,并于2021年3月1日正式实施。1月22日,全国人大常委会委员长栗战书主持召开长江保护法实施座谈会,强调要深入践行习近平法治思想,增强执行和实施法律的责任感使命感,全面准确理解长江保护法主要内容和重要制度,抓好学习宣传贯彻工作,用法治力量守护好长江母亲河。

近年来,最高人民法院坚持以习近平新时代中国特色社会主义思想为指导,深入贯彻习近平生态文明思想,认真学习贯彻习近平总书记关于长江保护的重要指示精神，充分发挥审判职能作用，创新工作举措，切实加强长江生态环境司法保护。最高人民法院是推动长江经济带发展领导小组成员单位之一，全程参与了长江保护法的起草工作。指导各级人民法院理解好、实施好长江保护法，既是深入贯彻习近平生态文明思想、习近平法治思想的重要方式，也是最高人民法院的重大使命责任。1 月 25 日，最高人民法院环境资源审判庭启动《实施意见》起草工作，经深入调研，起草了征求意见稿，先后向最高人民法院 7 个相关部门、长江流域 19 家高级人民法院征求意见。在广泛吸收意见、反复研究论证的基础上，形成审议稿。2 月23 日，最高人民法院党组审议通过《实施意见》，并于2 月 24 日正式印发。2 月 25 日，最高人民法院举行新闻发布会，发布《实施意见》和相关典型案例。

二、《实施意见》制定的基本原则

为确保《实施意见》内容科学合理，符合立法精神，适应长江保护需要，更好地指导审判实践，在起草过程中，我们着重把握以下原则：

一是坚持正确政治方向，全面贯彻落实长江保护法立法宗旨。长江保护法是习近平总书记亲自确立的重大立法任务，不仅关系长江流域生态环境保护和修复，还关系党和国家工作大局、中华民族伟大复兴战略全局。长江保护法的出台，是将习近平总书记关于长江保护重要指示精神和党中央重大决策部署转化为国家意志和全社会行为准则，为长江永葆生机活力、中华民族永续发展提供坚实法治保障。《实施意见》将习近平生态文明思想、习近平法治思想作为指导思想和根本遵循，切实贯彻绿水青山就是金山银山的理念，准确把握生态环境保护和经济发展的关系，把保护和修复长江生态环境摆在压倒性位置，强化山水林田湖草一体化保护和修复的系统治理观，立足审判职能，保护长江流域生态环境，推动长江流域绿色发展。《实施意见》紧紧围绕“加强长江流域生态环境保护和修复”的立法主旨开展意见制定工作，全面准确反映长江保护法的立法精神。如《实施意见》针对水污染防治、生态环境修复、绿色发展等重要方面都作出了专门规定。

二是创新体例设计，充分体现首部全流域专门法律的特色。为深化人民法院对长江保护重要性的认识，准确理解我国第一部流域专门法律的重大历史意义，《实施意见》将贯彻实施的重大意义放在首要位置，增强人民法院服务保障长江流域生态环境保护和绿色发展的责任感和使命感。同时,长江保护法作为在全流域适用的法律,创新规定了众多流域生态环境治理的重大制度。如建立长江流域协调机制,统筹协调长江生态保护。为准确体现长江保护法的流域治理、系统保护等特征,《实施意见》总结提炼了长江司法保护基本司法理念,深刻把握人民法院推进长江流域生态环境保护和绿色发展的重要内涵。此外,最高人民法院已于2021年1月4日出台《环境资源案件类型与统计规范》,确定了环境污染防治、生态保护、资源开发利用、气候变化应对、环境治理与服务环境资源案件五种类型。《实施意见》第三部分在体例结构上按照五类环境资源案件予以编排,进一步加强环境资源案件类型化指引,深化长江司法保护案件专门化研究,适应长江生态环境保护需要。

三是坚持问题导向,不断提升长江流域司法保护水平。长江保护法对于破坏生态环境行为规定了十分严格的法律责任,栗战书委员长在长江保护法实施座谈会上也要求司法机关在实施长江保护法过程中,要对各类违法犯罪行为严惩重处。为此,《实施意见》将“依法严惩、全面担责”作为长江司法保护重要理念,要求对非法排污、非法采砂等污染环境、破坏生态行为予以严惩,充分运用最严格制度最严密法治保护长江流域生态环境。《实施意见》要求对长江流域含磷工业污水超标排放、过度捕捞水生生物造成长江生物资源衰退、非法采砂影响长江河道自然生态和航行安全等长江流域生态环境亟待解决的问题,加强司法治理,提升长江流域生态环境质量。针对环境司法制度供给和队伍能力与流域治理之间不相适应的问题,《实施意见》提出要探索生态补偿制度运用、细化环境公益诉讼规则,加强环境司法制度创新;深化审判组织体系建设,完善集中管辖、司法协作等机制,健全环境司法服务保障。

三、《实施意见》的主要内容

《实施意见》全文共16条,从重大意义、司法保护理念、司法服务保障措施、司法保护体制机制建设四个方面贯彻落实长江保护法。

(一)深刻理解贯彻实施长江保护法的重大意义

《实施意见》第1~3条,从落实习近平总书记重要指示要求、推进长江流域绿色发展、人民法院全面履行法定职责等方面，深刻指出人民法院贯彻实施长江保护法的意义，增强法律实施重要性的认识。

1. 提高司法保护长江生态环境的认识

习近平总书记在2018年召开的深入推动长江经济带发展座谈会上就曾深刻指出，洞庭湖、鄱阳湖频频干旱见底，接近30%的重要湖库处于富营养化状态，长江生物完整性指数到了最差的"无鱼"等级。长江流域生态功能退化严重，长江保护已经到了刻不容缓的地步。基于此，《实施意见》在篇幅有限的情况下，坚持将长江司法保护重要意义加以阐述，目的就是为了进一步增强各级人民法院对于长江保护的意识，充分认识长江保护的必要性、紧迫性，找准长江司法保护的结合点、切入点，更加积极主动地服务大江大河生态环境治理的工作大局。《实施意见》要求，长江流域各级人民法院在长江保护法实施过程中，要切实提高政治站位，深入贯彻落实习近平总书记关于长江生态环境保护和高质量发展的系列重要指示精神，将实施好长江保护法作为增强"四个意识"、坚定"四个自信"、做到"两个维护"的具体实践，把保护和修复生态环境摆在压倒性位置，充分发挥审判职能作用，妥善审理各类环境资源案件，保护长江流域生态系统、维护生物多样性，筑牢国家生态安全屏障。

2. 提高司法服务长江流域绿色发展的认识

习近平总书记在2020年召开的全面推动长江经济带发展座谈会上，对推动长江经济带高质量发展作出明确部署。长江保护法既是生态环境的保护法，也是绿色发展的促进法。法律采用专章形式，对长江流域调整产业结构、优化产业布局的绿色发展作出规定。《实施意见》注重在发展中保护、在保护中发展，不仅突出强调长江流域生态环境保护和修复，对于促进长江经济带产业结构绿色改造、提升流域人居环境质量、保障长江黄金水道功能等均作出重要规定，服务长江流域生态环境保护和高质量发展。

（二）长江保护应当树立的基本司法理念

《实施意见》认真贯彻习近平生态文明思想，落实栗战书委员长在长江保护法实施座谈会关于"严惩重处"的重要指示，充分吸收长江保护法中关于开展长江保护和推进经济社会发展的基本原则，并结合长江流域司法保护需求，在第4~6条提出了长江司法保护三大理念。

1. 生态优先、绿色发展的理念

长江保护法第3条规定，“长江流域经济社会发展，应当坚持生态优先、绿色发展，共抓大保护、不搞大开发”。习近平总书记在2016年主持召开的推动长江经济带发展座谈会上，首次对长江保护作出“生态优先、绿色发展”“共抓大保护、不搞大开发”的重要指示。从内涵来看，与“绿水青山就是金山银山”的发展理念一脉相承，都是对生态环境保护和经济社会发展这一辩证关系的阐述。长江流域是我国经济发展的重心，也是我国环境污染、生态破坏现象较为严重突出的区域。强化长江流域生态优先、绿色发展，把生态环境保护和修复摆在压倒性位置，既是长江生态环境治理的现实需要，也是完整准确全面贯彻新发展理念、推动高质量发展的重要实践。人民法院在实施长江保护法时，既要树立生态优先理念，加大对环境污染、生态破坏违法犯罪行为惩治力度，切实扭转重经济发展轻环境保护的局面，又要发挥司法智慧，合理利用环境容量，实现生态效益、经济效益和社会效益的统一。

2. 统筹协调、系统治理的理念

习近平总书记在全面推动长江经济带发展座谈会上强调，要从生态系统整体性和流域系统性出发，追根溯源、系统治理，构建综合治理新体系。长江保护法第3条将系统观念作为重要原则，规定“长江保护应当坚持统筹协调、科学规划、创新驱动、系统治理”。人民法院要从整体性、协同性和系统性三个方面深化对长江司法保护的理解。

一是坚持长江保护的整体性。长江保护法第4条规定，建立国家层面的长江流域协调机制，统一指导、统筹协调长江保护工作，审议长江保护重大政策、重大规划，协调跨地区跨部门重大事项，督促检查长江保护重要工作的落实情况。人民法院要坚持“一盘棋”思想，在国家长江流域协调机制统一指导、统筹协调下开展长江司法保护工作，保障长江保护重大政策、重大规划依法有效落实。二是坚持长江保护的协同性。推进长江上中下游、江河湖库、左右岸、干支流协同治理，根据长江流域自然地理状况和生态环境保护需要，既努力构建集中管辖、司法协作等工作机制，又注重推动生态环境联防联治，积极融入党委领导、政府主导、企业主体、社会组织和公众共同参与的现代环境治理体系。三是坚持长江保护的系统性。统筹山水林田湖草系统治理，整体考虑水、大气、土壤、野生动植物等环境要素以及岸线、森林、草原、湿地、重点湖区库区等生态系统的保护，推动全流域系统性保护。

3. 坚持依法严惩、全面担责的理念

栗战书委员长在长江保护法实施座谈会上强调要“严格执法监督问责，切实增强法律的刚性和权威性”。长江保护法突出生态环境保护“严”的要求，在多处明确规定了禁止性条款，如第 22 条规定，禁止在长江流域重点生态功能区布局对生态系统有严重影响的产业；第 27 条规定禁止船舶在划定的禁止航行区域内航行；第 28 条规定禁止在长江流域禁止采砂区和禁止采砂期从事采砂活动。此外，长江保护法在法律责任章节规定了比现行法律法规更严格的行政处罚责任，强化对破坏长江生态环境行为的严厉惩治。基于此，《实施意见》特别将“从严适用”作为长江保护法实施的基本理念，把“严”的基调贯彻到长江保护法实施的全过程、各方面，要求长江流域各级人民法院加大对生态环境破坏违法犯罪行为惩治力度，强化责任承担。此外，人民法院在审理长江保护相关案件中，要依法准确适用相关法律，加大生态环境违法行为的刑事、民事、行政责任追究力度，让违法者承担更大更重的法律责任，全面保护人民群众合法权益，维护国家利益和社会公共利益。

此外，人民法院应当注意以下长江保护法适用的基本问题。一是准确把握地域适用范围。根据长江保护法第 2 条第 2 款的规定，该法适用地域范围不仅包括长江干流主河段涉及的青海省、四川省、西藏自治区、云南省、重庆市、湖北省、湖南省、江西省、安徽省、江苏省、上海市 11 个省级行政区域，还包括甘肃省、陕西省、河南省、贵州省、广西壮族自治区、广东省、浙江省、福建省 8 省区内长江支流和湖泊流经的县级行政区域。二是长江保护法与现行法律体系的衔接。首先，长江保护法是以宪法为依据制定的法律，法律适用必须遵循宪法的规定，不得与宪法相违背。其次，要处理好专门法和一般法的关系，长江保护法对长江流域生态环境保护有明确规定的，应当优先适用长江保护法；未有规定或者规定不明确、不具体的，可以适用环境保护法、水污染防治法、排污许可管理条例等法律、行政法规以及相关司法解释的规定。

（三）长江保护法实施的重点方面

《实施意见》第 7 ~ 12 条，涉及流域水污染治理和生态环境保护修复、自然资源合理利用、流域绿色发展等内容，充分体现依法推进长江司法保护的特点和要求。

1. 依法保障长江流域规划体系的落实

长江保护法第 17 条规定，“国家建立以国家发展规划为统领，以空间规划为基础，以专项规划、区域规划为支撑的长江流域规划体系”。人民法院对于流域规划体系依法准确实施具有司法保障职责。《实施意见》第 10 条规定，在审理涉及气候变化的建设项目和规划环境影响评价等案件中，人民法院保障长江流域规划体系对生态环境保护和绿色发展的引领、指导和约束作用有效发挥。值得注意的是，尽管本项内容规定在气候变化应对类案件审理条目中，但司法实践中，保障长江流域规划体系的作用发挥不应局限于气候变化应对类案件。如涉及国家发展规划、空间规划以及国土空间实施用途管制、取用水总量控制、重点污染物排放总量控制、建设用地总量控制、生态环境分区管控方案和生态环境准入清单、河湖岸线特殊管制、禁航或限制航行区域划定、自然保护地设立等专项规划、区域规划，也属于保障长江流域规划体系作用的范围。

2. 加强长江流域水污染防治

水污染治理是长江流域污染防治的重点。长江保护法第 3 章第 34 ~ 37 条、第 4 章从饮用水水源地和地下水保护、水污染物排放标准、含磷污染物总量控制、农业面源污染、固体废物污染、船舶运输污染以及剧毒危险化学品航道禁运等方面对水污染防治进行了规定。《实施意见》第 7 条对长江保护法的上述规定予以了回应，要求针对超标排放含磷等工业污水、跨界水污染等地表水污染，以及因农业面源、固体废物非法处置等造成地下水污染以及货物运输船舶污染、在禁运河段运输剧毒或危险化学品等行为，加大司法惩治力度。

一方面，人民法院对于行政机关作出的合法合理的流域水环境质量标准、水污染物排放标准、总磷污染控制方案，应当依法予以支持；同时，支持、监督行政机关开展的水污染防治、监管等行政执法措施。另一方面，加大污染者法律责任追究力度。《实施意见》第 7 条对运用最严格的水污染损害赔偿和生态补偿、修复标准作出了指引，人民法院可以通过强化严格的损害赔偿标准、生态补偿或者生态修复标准，加大对污染者民事追责力度。此外，长江保护法不仅对污染企业和个人规定了承担行政处罚的行政责任，在第 93、94 条也规定了承担侵权损害赔偿的民事责任，以及构成犯罪的刑事责任。人民法院可以统筹适用刑事、行政、民事等多种法律责任，对于因同一环境资源侵权行为引发的刑事、行政和民事案件，既要严肃追究刑事、行政责任，也要依法追究民事责任，通过三大审判有机衔接提升环境资源司法保护力度。如在被告人承担刑事处罚的同时，还可以判处其承担生态环境修复、损害赔偿等民事责任，强化对污染者责任追究，使受污染水体得到有效治理。

3. 加大生态环境保护和修复力度

长江保护法第5章专门规定了长江生态环境修复。《实施意见》第8、9、11条对长江水生态、陆地生态以及长江河道等生态环境保护和修复作出了规定，系统加强长江流域山水林田湖草的一体化保护和修复。

一是强化长江水生态功能恢复。长江十年禁渔是以习近平同志为核心的党中央着眼全局和长远作出的重大决策部署，是扭转长江生态功能恶化和水生生物资源衰退趋势的重要突破口。长江保护法对此作出了明确规定，《实施意见》也强调要严厉打击长江非法捕捞水产品犯罪。长江流域各级人民法院要认真领会长江十年禁渔的重要性，依法准确适用相关法律，按照最高人民法院、最高人民检察院、公安部、农业农村部联合出台的《依法惩治长江流域非法捕捞等违法犯罪的意见》要求，严厉惩处在水生生物保护区内从事生产性捕捞、在国家规定期限内在重点水域从事生产性捕捞以及实施电鱼、毒鱼、炸鱼等破坏渔业资源和生态环境等违法犯罪行为，促进恢复和改善长江流域生态系统功能。

二是推动自然生态系统保护。《实施意见》第8条指出，加强对珍贵、濒危野生动植物栖息地、集中分布区生态系统保护，维护流域生态功能和生物多样性。人民法院要积极支持配合长江流域自然保护地体系建设，加强对国家公园、自然保护区、自然公园等自然保护地生态环境的司法保护。对流域珍贵、濒危水生野生动植物实行严格的司法保护，严厉打击危害珍贵、濒危野生动植物犯罪行为；支持、监督行政机关对长江流域天然林、基本草原、湿地实施的保护和管理行政措施，维护自然保护地生态功能和生物多样性。

三是助力重大生态环境修复工程的实施。《实施意见》第11条对此也作出了明确规定。人民法院要妥善审理因长江防护林体系建设、水土流失及土地石漠化治理、河湖湿地生态保护修复等引发的各类案件,在保障行政机关主导开展重大生态修复工程的基础上,充分发挥环境司法的有益经验,通过司法实践中普遍采取的补种复绿、增殖放流、护林护鸟、劳务代偿等生态环境修复方式,积极参与重大生态修复工程,贡献司法力量。此外,人民法院根据审理案件中生态环境受损情况,按照长江流域生态修复规划,加大对流域河湖水系连通修复和河湖岸线修复,强化对太湖、鄱阳湖等重点湖泊,三峡库区、丹江口库区等重点库区消落区,流域森林、草原、湿地,极度濒危野生动植物栖息地、天然集中分布区,水生生物产卵场、洄游通道重要栖息地等生态系统以及水土流失重点预防区、治理区,历史遗留矿山等区域的修复,促进长江流域生态环境整体恢复。

四是探索生态保护补偿制度的司法适用。生态保护补偿是对生态保护者因履行生态保护责任所增加的支出和付出的成本予以补偿的激励性制度安排,是引导生态受益者履行补偿义务,激励生态环境保护的重要方式。党的十九届五中全会提出要完善市场化、多元化生态补偿。目前,部分地方已经开始生态保护补偿制度的探索,国家也正在制定关于生态保护补偿相关法规。长江保护法第 76 条明确规定了建立长江流域生态保护补偿制度。人民法院要加快跟进生态保护补偿制度司法适用的研究,依法保障国家对长江干流及重要支流源头和上游的水源涵养地等生态功能重要区域的补偿措施;依法支持长江流域上下游、左右岸、干支流地方政府之间开展横向生态保护补偿;鼓励社会资金建立市场化运作的长江流域生态保护补偿基金、相关主体之间采取自愿协商等方式开展生态保护补偿。对于可能出现的涉及生态保护补偿相关行政纠纷、合同纠纷等,根据相关补偿标准依法准确审理,确保生态保护者因保护生态环境享有的合法权益。

4. 保障长江流域自然资源合理利用

长江保护法第 3 章对长江流域水资源、森林资源、动植物资源的保护作出了规定,同时在其他章节对矿产资源利用作出了规范。总体来看,长江保护法对于长江流域自然资源采取的是保护为主、合理利用的立法精神,以生态环境不受破坏作为长江流域自然资源开发利用的前提。《实施意见》第 8、9 条对自然资源合法合理利用进行了规定。

一是严厉打击长江非法采砂。长江保护法第 28 条规定了长江流域采砂许可制度，并对禁止采砂的区域和期间作出了规定。《实施意见》第8条要求对长江流域河道非法采砂行为进行严厉打击。人民法院要按照长江流域有关采砂规划、有关部门规定以及生态环境保护需要，妥善审理涉及长江采砂的行政许可案件，依法支持行政机关打击长江流域非法采砂行为。依据有关流域管理机构或县级以上政府依法划定的禁止采砂区和禁止采砂期，按照《关于办理非法采矿、破坏性采矿刑事案件适用法律若干问题的解释》等相关规定，严厉惩治非法采砂相关刑事犯罪，保障长江水域生态系统和航运安全。

二是妥善审理其他资源利用案件。注重水资源合理分配。按照相关部门确定的跨省河流水量分配方案、年度水量分配方案以及调度计划，依法妥善审理涉及水资源使用权纠纷、流域生态用水分配纠纷，确保流域用水安全和生态安全。妥善审理流域内河流、湖泊、矿产、渔业等自然资源开发利用相关的资源权属争议和合同纠纷案件，将保护生态环境和自然资源合理利用作为裁判的重要因素予以综合考量，结合主体功能区制度分类施策，处理好保护环境与发展经济的关系。

5. 助力长江流域绿色发展

推动长江流域绿色发展是长江保护法的重要内容。该法第6章对于流域绿色发展作出了众多支持性、保障性以及必要约束性的措施。相应的，《实施意见》第10、11条对于司法促进重点行业节能减排、产业结构升级以及支持绿色金融行业发展进行了规定。

长江流域各级人民法院要积极运用破产重整、破产和解等司法手段，服务深化供给侧结构性改革，优化产业结构和产业布局，助推钢铁、石化、建材、冶金、农药制造等产业生产技术升级、装备节水节能绿色化改造，鼓励企业通过技术创新减少资源消耗和污染物排放。依法审理流域港口、航道等水运基础设施纠纷案件，推动长江港口船舶污染物接处置设施、岸电及船舶受电设施建设或改造，保障长江黄金水道功能有效发挥。妥善审理因绿色信贷、绿色债券、绿色保险等金融服务引发的绿色金融案件，引导社会资金向节能环保、清洁能源、绿色交通等新兴领域延伸，不断优化、壮大绿色产业结构，促进长江流域可持续发展；支持、鼓励绿色金融、碳排放交易等新业态发展，探索生态产品价值实现路径，推进生态产业化和产业生态化。

(四)提升保障生态环境民生福祉的司法能力水平

习近平总书记指出,良好生态环境是最普惠的民生福祉,发展经济是为了民生,保护生态环境同样也是为了民生。栗战书委员长在长江保护法实施座谈会上提出,审判机关、检察机关和司法行政机关要建立健全长江流域生态环境保护司法服务机制。长江保护法第77条要求加强长江流域司法保障建设。《实施意见》坚持以人民为中心,将服务保障生态环境民生福祉作为环境司法的落脚点,第13~16条,从健全环境资源审判组织体系、加大流域审判机制建设、锻造过硬审判队伍、深化环境司法公众参与等四个方面,加强长江司法保护体制机制建设,提升生态环境司法服务保障能力水平,不断增强人民群众生态环境获得感、幸福感、安全感。

1. 完善全流域系统保护

《实施意见》第13条就完善环境资源审判组织体系提出了要求。在长江保护法实施中,各级人民法院要不断加大对环境资源审判工作支持力度,优化完善高级、中级、基层人民法院环境资源审判组织体系建设,努力拓宽生态环境司法保护覆盖面。加强对雅鲁藏布江流域、喜马拉雅山区域等长江源头、成渝地区等长江上游,雅砻江、岷江等长江重要支流,太湖、鄱阳湖等长江流域重点湖泊的专门化司法保护,更好满足保护和修复流域重要生态系统的需要。主动服务长江经济带、长三角一体化、成渝双城经济圈等重大国家战略,构建不同层次的司法协作机制,服务和保障国家重大区域发展战略的需要。

2. 提供优质高效司法服务

《实施意见》第14条注重加强长江流域审判机制建设,为人民群众提供有力生态环境司法服务。完善环境资源刑事、民事、行政案件"三合一"归口审理,统筹适用刑事、民事、行政多种法律责任承担方式,全面保障人民群众环境权益。深化流域法院集中管辖机制建设,完善集中管辖法院内部、集中管辖和非集中管辖法院之间的协同审判机制,实现省级行政区划内的集中管辖制度体系化;结合流域、湿地等生态功能区和国家公园等自然保护地生态环境保护和系统治理需要,探索实行跨省级行政区划的集中管辖机制。充分利用信息化手段,加强流域法院之间在立案、审判、执行等诉讼流程的衔接,提升跨域环境诉讼服务能力。

加强环境资源巡回审判，就地开庭、调解和宣判，增强环境司法便民利民成效。健全协调联动机制，与检察机关、司法行政机关建立健全长江流域生态环境司法服务机制，加强与公安机关、环境资源保护主管机关等部门的沟通协调，形成长江生态环境保护法治合力。

3. 增强环境司法能力和国际影响力

《实施意见》第15条注重提升环境资源审判队伍专业化水平，增强环境司法服务人民群众的能力。将党的政治建设摆在首位，善于从政治上认识问题、推动司法工作，不断提高审判队伍政治判断力、政治领悟力、政治执行力。锻造高素质专业化审判队伍，践行习近平生态文明思想，牢固树立现代环境司法理念，落实全面深化司法责任制综合配套改革要求，培养适应环境资源"三合一"归口审理需求的专业化审判队伍，增强服务保障人民群众优美生态环境需求的司法能力。深化环境司法国际交流合作，充分运用联合国环境规划署官网、环境司法国际论坛、环境司法国际交流基地等平台，丰富比较法律研究、案例信息共享等交流方式，拓宽流域治理国际视野，展示长江司法保护成效，为全球环境治理提供中国经验，提升中国环境司法的国际影响力。

4. 深化环境司法公众参与

《实施意见》第16条通过深化公众参与，提升人民群众长江保护法治意识。各级人民法院要注重拓宽公众参与环境司法的途径，通过专家辅助人制度、人民陪审员制度等，深化专业事实查明、评估鉴定、修复方案确定等诉讼活动中的民众参与，实现专业审判与公众参与深度融合。通过在"六五环境日"等重大时间节点，公开审判重大环境资源案件、发布长江流域环境司法白皮书和典型案例、组织人民群众参观司法保护基地和生态环境修复基地等形式，发挥司法示范引领作用，让生态文明观念深入人心，增强人民群众保护长江流域生态环境法治意识和行动自觉。

人民法院在长江保护法实施中，要坚持以习近平生态文明思想、习近平法治思想武装头脑、指导实践、推动工作，充分发挥审判职能作用，妥善审理各类环境资源案件，持续深化环境司法机制创新，为长江流域生态环境保护和高质量发展提供有力司法服务和保障。

环境资源案件类型与统计规范(试行)

(2021 年 1 月 4 日　法发〔2021〕9 号)

为深入贯彻习近平法治思想、习近平生态文明思想,明确环境资源案件类型与统计范围,指引环境资源案件法律适用,准确研判环境资源审判态势,充分发挥环境资源审判职能,依据现行法律,结合审判实践,制定本规范。

1. 基本遵循

1.1　立足现行法律规定

以依照宪法法律为根本,从环境资源实体法的规定出发,契合刑事诉讼法、行政诉讼法、民事诉讼法、海事诉讼特别程序法等程序法,同时遵守相关司法解释关于各类环境资源案件受理范围的规定。

1.2　关联环境资源保护

以保护环境资源为宗旨,将与生态环境保护和自然资源可持续利用有密切关联作为案件类型划分的主要依据,同时兼顾与环境资源行政管理职能的对接。强调对于同一起环境污染、生态破坏以及资源不合理利用事件,应统筹适用刑事、行政和民事责任,注重协同发挥刑事审判的惩治教育、行政审判的监督预防、民事审判的救济修复等功能。

1.3　按照主导价值归类

以实现类型划分为基础,将环境资源案件划分为环境污染防治、生态保护、资源开发利用、气候变化应对、生态环境治理与服务等五大类型;在一个案件同时关涉生态环境、自然资源等多重秩序、多种权益的情况下,根据其所要保护、实现的主要秩序、权益进行归类。

1.4 衔接罪名案由体系

以对接罪名案由为手段，从保障案件统计分析的适度稳定性和连续性出发，在现有刑事罪名与行政、民事案由的体系和名称的基础上，形成类型描述附加罪名案由的规范框架，同时结合理论创新与实践发展需要，保持一定的开放度，以适应将来罪名与案由的调整。

1.5 完善审判执行规则

以指引法律适用为目标，认真梳理研究各类环境资源案件的特点，在现代环境司法理念指引下，探索裁判程序规则，改进审判执行方式，分类施策，依法妥善审理案件，充分发挥环境资源审判职能作用。

2. 环境污染防治类案件

2.1 定义

环境污染防治类案件，是指向大气、水、土壤和海洋等环境介质排放有毒有害物质、其他物质及能量，损害环境介质及其生态系统服务功能，以及导致个人或公众的人身健康、财产受损而产生的刑事、民事、行政以及公益案件。

2.2 划分标准

环境污染防治类案件包括环境介质污染案件、有毒有害物质污染案件、能量污染案件等。

2.2.1 按照被侵害的环境介质属性，分为大气、土壤、水、海洋等污染案件。

2.2.2 按照污染环境的原因类型，分为物质污染案件和能量污染案件。其中，物质污染案件包括固体废物、电子废物、放射性物质、危险化学品等有毒有害物质污染案件，以及未纳入国家或地方环境标准的污染物等其他物质污染案件。能量污染案件是指噪声、振动、光、热、电磁辐射、电离辐射等能量造成损害的案件。

2.2.3 在一个污染行为同时符合两种划分标准，比如有毒有害物质污染了土壤，既可能形成有毒有害物质污染案件，也可能形成土壤污染案件的情况下，根据具体案件重点保护的法益、维护的秩序以及统计需要归入对应案由。

2.3 基本特点

2.3.1 环境污染具有累积性与不可逆转性，且治理成本高，审理此类案件应坚持事前预防和事后惩治并重。贯彻预防优先原则，坚守环境质量底线，依法及时采取禁止令、先予执行等预防性司法措施避免、减少环境损害。贯彻损害担责原则，对已经造成生态环境损害的，优先适用恢复性责任方式，落实以生态环境修复为中心的损害救济制度。

2.3.2 环境介质具有流动性与不可分割性，应坚持系统治理。此类案件适宜以流域、湖域等生态系统或生态功能区为单位实行跨行政区划集中管辖。

2.3.3 此类案件证据易流失，要依法行使释明权和法律赋予的其他职权，重视证据的保全和收集，适时查验排污现场。

2.4 案件类型

2.4.1 环境介质污染案件

2.4.1.1 大气(空气)污染案件。

2.4.1.1.1 因排放污染物造成大气环境损害，或者车船、住宅、经营场所等全封闭、半封闭空间空气环境损害的案件；

2.4.1.1.2 因大气污染或者空气污染致使他人人身、财产损害，或者造成公众健康损害的案件。

2.4.1.2 土壤污染案件。

2.4.1.2.1 因排放污染物造成土壤环境损害的案件；

2.4.1.2.2 因土壤污染致使他人人身、财产损害，或者造成公众健康损害的案件。

2.4.1.3 水污染案件。

2.4.1.3.1 因排放污染物造成江河、湖泊、运河、渠道、水库等地表水、地下水环境损害的案件；

2.4.1.3.2 因地表水、地下水污染致使他人人身、财产损害，或者造成公众健康损害的案件。

2.4.1.4 海洋污染案件。

2.4.1.4.1 因在海上或者沿海陆域内排放污染物，造成海洋生态环境损害的案件；

2.4.1.4.2　因海洋污染致使他人人身、财产损害，或者造成公众健康损害的案件。

2.4.2　有毒有害物质污染案件

2.4.2.1　因产生、收集、贮存、运输、利用、处置固体废物、电子废物、放射性物质、危险化学品等有毒有害物质造成环境损害的案件。

2.4.2.2　因产生、收集、贮存、运输、利用、处置固体废物、电子废物、放射性物质、危险化学品等有毒有害物质致使他人人身、财产损害，或者造成公众健康损害的案件。

2.4.3　能量污染案件

2.4.3.1　因噪声、振动、光、热、电磁辐射、电离辐射等能量污染造成环境损害的案件。

2.4.3.2　因能量污染致使他人人身、财产损害，或者造成公众健康损害的案件。

3. 生态保护类案件

3.1　定义

生态保护类案件，是指因破坏遗传（基因）、物种、生态系统多样性、景观多样性以及影响生态系统功能正常运行而产生的刑事、民事、行政以及公益案件。

3.2　划分标准

生态保护类案件包括生物多样性保护案件、景观多样性保护案件、重点生态区域保护案件和其他生态破坏案件。

3.2.1　生物多样性保护案件，是指对生物（动物、植物、微生物）以及它们所拥有的基因和生存环境进行司法保护的案件，包括遗传（基因）多样性保护、物种多样性保护和生态系统多样性保护三类案件。这是生态保护类案件中的核心案件。

3.2.2　景观多样性保护案件，是指对一定时空范围内景观类型和景物品类数量的丰富性和美观度进行司法保护的案件。包括自然遗迹保护案件、人文遗迹保护案件以及其他景观多样性保护案件。

3.2.3 为突出近年来司法对重点生态区域治理的服务保障，将重点生态区域保护案件专列一类案件，包括自然保护地案件、岸线区域保护案件等。

3.2.4 有的案件同时构成生物多样性保护案件、景观多样性保护案件或重点生态区域保护案件的，根据具体案件重点保护的法益、维护的秩序以及统计需要归入对应案由。

3.2.5 其他生态破坏案件，是指生物多样性保护案件、景观多样性保护案件、重点生态区域保护案件之外的，因外来物种引入、地下水超采、植被破坏、乱捕滥杀、矿产开采、工程建设等行为导致生物要素的不利改变或者生态系统功能退化的其他生态破坏案件。这是生态保护类案件中的兜底案件。

3.2.6 对诉争标的物及法律关系以某一层次生物多样性为行为对象或基础，但与环境资源保护无直接关联的生物技术合作开发股权纠纷、合同纠纷等案件，不纳入环境资源案件统计范围。

3.3 基本特点

3.3.1 生态破坏具有易破坏和难修复的不对称性，审理此类案件要坚持保护优先与合理开发并重的原则。贯彻修复性理念，立足不同生态要素的修复需求，灵活运用限期履行、劳务代偿、第三方治理等生态修复责任承担方式，最大限度运用近自然恢复方法、生态化技术确定修复方案。

3.3.2 审理此类案件要坚守生态保护红线，依据国家和省级国土空间主体功能区规划，充分考虑影响生态安全的生态功能退化区、重点生态敏感区和脆弱区、生态良好地区等不同生态功能区划的生态承载能力和敏感度，依法保障经济社会持续健康发展。

3.3.3 生态是统一的自然系统，审理此类案件要树立系统保护理念，遵循生态系统的整体性、系统性及内在规律，贯彻山水林田湖草沙一体化生态保护。此类案件适宜以流域、湖域等生态系统或生态功能区为单位实行跨行政区划集中管辖。

3.4 案件类型

3.4.1 生物多样性保护案件

3.4.1.1 涉及生物遗传资源和相关传统知识的获取、开发、利用及其惠益分享、转基因生物和产品安全案件。

3.4.1.2 涉及外来物种入侵防控与动植物微生物物种及其栖息地保护案件。

3.4.1.3 涉及森林、草原、湿地、荒漠、冻原、海洋、河流湖泊、农田、城市等生态系统保护案件。

3.4.2 景观多样性保护案件

3.4.2.1 涉及具有重要科学文化价值的地质构造、著名溶洞、化石分布区、冰川、火山、温泉等自然遗迹保护案件。

3.4.2.2 涉及古迹、建筑群、遗址等人文遗迹保护案件。

3.4.3 重点生态区域保护案件

3.4.3.1 涉及国家公园、自然保护区、自然公园等各类自然保护地案件。

3.4.3.2 涉及湖泊、河道、海洋等岸线区域保护案件。

3.4.4 因外来物种引入、地下水超采、植被破坏、乱捕滥杀、矿产开采、工程建设等行为导致生物要素的不利改变或者生态系统功能退化的其他生态破坏案件

4. 资源开发利用类案件

4.1 定义

资源开发利用类案件,是指在土地、矿产等各类自然资源开发利用过程中产生的,与生态环境保护修复密切相关的刑事、民事、行政以及公益案件。

4.2 划分标准

资源开发利用类案件包括自然资源开发利用案件,侵害通风、采光、眺望、景观等环境权益案件等案件。

4.2.1 自然资源开发利用案件,限于与生态环境保护相关联的自然资源确权登记、权属争议、开发利用等案件。

4.2.2 侵害通风、采光、眺望、景观等环境权益案件,是指因资源开发利用导致他人或公众的通风、采光、眺望、景观等环境权益受到损害而引发的案件。这是由自然资源开发利用所衍生出来的案件。

4.2.3 对以某种自然资源为诉争标的物、其法律关系与生态环境保护关联性不大的合同纠纷(如以股权转让方式进行资源权属转让的纠纷等)以及土地征收类案件,不纳入环境资源案件统计范围。

4.3 基本特点

4.3.1 审理此类案件要适应生态文明建设需要，在注重资源权属保护与交易秩序维护的基础上，兼顾资源的合理开发利用和生态环境的有效保护及修复，促进自然资源的全面节约、有序开发、高效利用。一方面，通过裁判尽量避免、减少开发利用资源对生态环境造成破坏；另一方面，开发利用资源已经造成破坏的，应判令开发利用者承担相应生态环境修复责任。

4.3.2 审理此类案件要准确把握行政监管与司法裁判的界限划分，尊重行政机关的首次判断权和自由裁量权，注意裁判内容和方式的强度或者深度，避免以司法裁量权取代行政裁量权。妥善处理行政法、民法适用的交叉问题，避免不同审判组织作出矛盾认定。

4.3.3 审理此类案件要严守资源利用上线，区分优化开发、重点开发、限制开发、禁止开发的主体功能定位分类施策，确定不同的处理思路，适度发挥司法能动作用，依法认定自然资源开发过程中相关合同的效力。

4.3.4 审理侵害环境权益案件，应当以本规范规定的、已经形成共识且权利内涵外延较为明确的四种环境权益为主，实践中可进一步探索其他环境权益的保护。

4.4 案件类型

4.4.1 与生态环境保护与修复相关的土地、矿产、水、森林、草原、海域、无居民海岛等自然资源的资产权属登记、权属争议、权利变动、开发案件。

4.4.2 因资源开发利用导致他人或公众的通风、采光、眺望、景观等环境权益受到损害而引发的案件。

5. 气候变化应对类案件

5.1 定义

气候变化应对类案件，是指在应对因排放温室气体、臭氧层损耗物质等直接或间接影响气候变化过程中产生的刑事、民事、行政以及公益案件。

5.2 划分标准

气候变化应对类案件包括气候变化减缓类案件和气候变化适应类案件。

5.2.1 气候变化减缓类案件，是指通过发展可再生能源、提升能源效率、控制臭氧层消耗物质、推进可持续交通、管理土地利用变化和林业等以减少或避免温室气候排放的过程中产生的案件。

5.2.2　气候变化适应类案件，是指通过发展政策、规划、计划、项目和行动中促进迅捷和长期的适应措施，增强各种能力去更好地适应气候变化，从而降低气候变化对人身、财产以及公众健康带来的各种损失和影响过程中产生的案件。

5.3　基本特点

5.3.1　审理此类案件要注重运用多种司法裁判手段，促进减缓、适应两种应对气候变化手段的落地，推动构建国家气候变化应对治理体系。

5.3.2　气候变化应对案件具有损害后果复合性、因果关系间接性的特点，认定行为人是否构成侵权不能简单套用传统侵权诉讼理论，要深入探索研究此类案件的特殊裁判规则。

5.3.3　此类案件与另几类案件存在竞合的，在根据具体案件重点保护法益、维护秩序以及统计需要归入对应案由的前提下，可以优先统计为本类案件。

5.4　案件类型

5.4.1　气候变化减缓类案件

5.4.1.1　碳排放重点行业领域产业结构调整及新能源开发利用、节能服务等节能减排案件。

5.4.1.2　碳汇交易案件。

5.4.1.3　非法生产、销售、使用、进出口消耗臭氧层物质案件。

5.4.1.4　推进可持续交通、管理土地利用变化及林业等案件。

5.4.2　气候变化适应类案件

5.4.2.1　涉及气候变化的建设项目和规划环境影响评价等案件。

5.4.2.2　涉及综合防洪除涝减灾和气象灾害防御工程、治理退化、沙化和碱化草地、治理水土流失、海洋和海平面变化趋势科学监测等气候变化应对措施的案件。

6. 生态环境治理与服务类案件

6.1　定义

生态环境治理与服务类案件，是指在利用税费、配额等规制措施以及第三方治理、环境容量利用权、绿色金融等市场机制,控制生态环境退化、改善生态环境质量过程中产生的刑事、民事、行政以及公益案件。

6.2 划分标准

生态环境治理与服务类案件,包括环境污染第三方治理案件,环境资源税费案件,环境容量利用权案件和绿色金融案件等案件。

6.2.1 环境污染第三方治理案件,是指政府、企业事业单位和其他生产经营者通过缴纳或按合同约定支付费用,委托第三方环境服务公司进行生态环境治理过程中产生的案件。

6.2.2 环境资源税费案件,是指国家对环境污染、生态破坏、开发利用资源者征收环境资源税或收取费用过程中产生的案件。

6.2.3 环境容量利用权案件,是指对用能权、用水权、排污权、碳排放权总量指标或额度进行初始分配及利用产生的案件。

6.2.4 绿色金融案件,是指为支持生态环境改善、应对气候变化和资源节约高效利用,对环保、节能、清洁能源、绿色交通、绿色建筑等领域的项目投融资、项目运营、风险管理,提供绿色信贷、绿色债券、绿色股票指数和相关产品、绿色发展基金、绿色保险、碳金融等金融服务而产生的案件。

6.3 基本特点

6.3.1 审理此类案件要牢固树立绿色发展理念,找准环境保护和经济发展之间的平衡点,促进环保服务市场化机制和环保产业的健康有序发展。在强调通过市场机制发挥预防、减少污染以及有效修复的同时,应关注公法所赋予的环境保护义务,实现环境治理目标。

6.3.2 审理环境污染第三方治理案件要依法确定政府、排污企业、环境服务单位的责任,妥善认定污染责任主体、责任基础、责任大小以及责任承担方式。

6.4 案件类型

6.4.1 环境污染第三方治理案件

6.4.1.1 环境影响评价、环境监测、环境损害评估鉴定案件。

6.4.1.2 生态环境监测设备及污染处理设施维护运营案件。

6.4.1.3 环境污染治理、生态环境修复案件。

6.4.2　环境资源税费案件

6.4.3　环境容量利用权案件

6.4.3.1　涉及区域用能总量控制之下对电力、原煤、蒸汽、天然气等用能总量指标进行利用的用能权交易案件。

6.4.3.2　涉及江河、湖泊水量利用的用水权交易案件。

6.4.3.3　涉及重点污染物排放总量控制指标利用的排污权交易案件。

6.4.3.4　涉及特定范围内碳排放权或额度利用的碳排放权交易案件。

6.4.4　涉及环境污染防治、生态保护和资源可持续利用的绿色信贷、绿色债券、绿色发展基金、绿色保险等绿色金融案件

编者按

2021年5月26日至27日，由中华人民共和国最高人民法院、联合国环境规划署共同主办的世界环境司法大会在云南省昆明市举行。来自27个国家最高法院、宪法法院、最高行政法院的院长或首席大法官、大法官以及地方法院法官，国际组织代表和驻华使节共计160余人参加会议。与会者在友好、务实的气氛中，围绕"发挥司法作用 促进生态文明：共建地球生命共同体"的主题，就司法在全球环境治理中的作用、环境司法的裁判原则、生物多样性司法保护、气候变化司法应对等议题开展了富有成效的交流，探讨了法院、法官在促进环境法治中的地位与作用，分享了与会各国在环境司法保护中的建设成果与成功经验。

习近平向世界环境司法大会致贺信*

2021年5月26日，国家主席习近平向世界环境司法大会致贺信。

习近平总书记向世界环境司法大会致贺信，指出地球是我们的共同家园。世界各国要同心协力，抓紧行动，共建人和自然和谐的美丽家园。中国坚持创新、协调、绿色、开放、共享的新发展理念，全面加强生态环境保护工作，积极参与全球生态文明建设合作。中国持续深化环境司法改革创新，积累了生态环境司法保护的有益经验。中国愿同世界各国、国际组织携手合作，共同推进全球生态环境治理。

---

* 《习近平向世界环境司法大会致贺信》，载新华网，http://www.xinhuanet.com/politics/leaders/2021-05/26/c_1127494868.htm。

周强：推进生态环境司法治理 促进人与自然和谐共生*

2021 年 5 月 26 日下午，中华人民共和国首席大法官、最高人民法院院长周强在世界环境司法大会上作主旨发言。周强表示，中国法院坚持以习近平新时代中国特色社会主义思想为指导，深入贯彻习近平生态文明思想和习近平法治思想，积极探索生态环境司法保护的中国经验，期待同与会各方共同推进全球生态环境司法治理，促进人与自然和谐共生，共同建设人类美丽家园。

周强介绍，中共十八大以来，以习近平同志为核心的中共中央把生态文明建设纳入中国特色社会主义总体布局。习近平主席对生态文明建设和生态环境保护提出一系列新理念新思想新战略，形成了习近平生态文明思想，为推进生态文明建设提供了根本遵循。中国“十四五”规划和 2035 年远景目标纲要，对推动绿色发展、促进人与自然和谐共生作出了全面部署。习近平主席在出席领导人气候峰会时发表重要讲话，首次提出构建人与自然生命共同体。中国法院坚持以习近平新时代中国特色社会主义思想为指导，深入贯彻习近平生态文明思想和习近平法治思想，积极探索生态环境司法保护的中国经验。中国法院秉承中国特色的生态环境司法保护理念，坚持人民至上、生态优先、系统治理、最严密法治，切实维护生态环境民生福祉，促进人与自然和谐共生，推动生态环境协同治理，加强生态环境法治保障。

周强介绍了中国法院在健全环境司法工作机制方面的举措。一是构建专门化环境资源审判体系，设立环境资源专门审判机构，完善环境司法裁判规则，加强环境司法专业人才培养和基础理论研究。二是深化环境司法公众参与机制，依法保

---

* 《周强：推进生态环境司法治理　促进人与自然和谐共生》，载最高人民法院官网 2021 年 5 月 26 日，http://www.court.gov.cn/zixun-xiangqing-305331.html。

障公众对环境司法的知情权、参与权、监督权，推动绿色生产生活方式成为全社会共同行动。三是提升信息化司法服务能力，将人工智能、大数据、区块链等信息科技成果同审判工作深度融合，深入推进智慧法院建设，为环境资源审判提供有力科技支撑。

周强指出，中国法院充分发挥审判职能作用，不断深化生态环境司法治理的中国实践。通过严格公正司法，积极维护生物多样性，切实加强对珍贵、濒危野生动植物保护，加强对野生动植物生存环境的风险预防。加大环境污染治理力度，依法审理污染大气、水、土壤等案件，服务打好蓝天、碧水、净土保卫战。服务绿色发展，全面贯彻民法典确立的绿色原则，依法审理环境资源新类型案件，促进形成绿色生产生活方式，为高质量发展培育新动能。

周强表示，建设美丽家园是人类的共同梦想，中国法院愿同与会各方深化环境司法交流合作，携手推进全球生态环境司法治理，为建设美丽世界、推动构建人类命运共同体贡献更多智慧和力量。

杨临萍:发挥环境司法职能作用 服务保障美丽中国建设*

2021 年 5 月 26 日下午,中华人民共和国二级大法官、最高人民法院副院长杨临萍参加世界环境司法大会“司法在全球环境治理中的作用”专题研讨并发言。

杨临萍指出,近年来,中国法院坚持以习近平新时代中国特色社会主义思想为指导,深入贯彻习近平生态文明思想和习近平法治思想,不断深化环境司法改革创新,努力为建设美丽中国、推动构建人类命运共同体提供更加有力的司法服务和保障。加强生态环境司法保护的具体经验做法有三个方面:

一是构建中国特色专门化环境资源审判体系,设立专门环境司法机构,推进环境资源案件“三合一”审理,推动环境案件跨行政区划集中管辖,深化环境治理协同联动和多元共治,加强国际交流合作,不断提升审判能力水平。

二是完善生态环境保护全方位诉讼体系,依法审理涉环境污染、生态破坏和自然资源开发利用的刑事、民事、行政诉讼案件及公益诉讼案件、生态环境损害赔偿诉讼案件,有力维护国家生态安全、社会公共利益和人民群众生命健康。

三是健全环境权益保护法律适用规则体系,贯彻《民法典》绿色原则,实行损害担责,落实全面赔偿,注重预防优先,深化公众参与,完善证据规则,丰富恢复性裁判执行方式,充分保障人民群众在健康、舒适、优美生态环境中生存和发展的权利。

---

* 《杨临萍在世界环境司法大会作专题发言时表示:发挥环境司法职能作用　服务保障美丽中国建设》,载最高人民法院官网 2021 年 5 月 26 日,http://www.court.gov.cn/zixun－xiangqing－305351.html。

世界环境司法大会昆明宣言

2021 年 5 月 26 日至 27 日，世界环境司法大会在中华人民共和国云南省昆明市举行。来自 27 个国家最高法院、宪法法院、最高行政法院的院长或首席大法官、大法官以及地方法院法官，国际组织代表和驻华使节共计 160 余人参加会议。与会者在友好、务实的气氛中，围绕“发挥司法作用　促进生态文明：共建地球生命共同体”的主题，就司法在全球环境治理中的作用、环境司法的裁判原则、生物多样性司法保护、气候变化司法应对等议题开展了富有成效的交流，探讨了法院、法官在促进环境法治中的地位与作用，分享了与会各国在环境司法保护中的建设成果与成功经验。

地球是人类的共同家园。当前全球生态环境前景状况不容乐观，我们的地球正在经历多重环境危机，气候变化不利影响日益加剧，生物多样性持续丧失，环境污染未能得到有效控制，人类生存和发展面临严峻挑战。

法治在全球环境治理中具有不可替代的重要作用。正如世界很多国家所认可的，应通过公开透明、公正高效、可获得、可负担的司法过程，确立裁判规则，维护公众环境权益，优化环境公共政策，完善环境治理体系，维护人与自然和谐共生。为此，有必要秉持生态文明理念，持续深化环境司法领域国际合作交流，携手应对全球环境危机，尤其是气候变化、生物多样性丧失和环境污染，共同推动绿色低碳循环经济和可持续发展，为共建人与自然可持续发展的共同未来作出努力。

兹宣告：

——加强全球环境危机的司法应对

1. 应对气候变化及其影响。秉持公平、共同但有区别的责任及各自能力原则，为当代人和后代人的利益，在各自国家国情的基础上，依据各国国内法及其参加或缔结的国际条约依法审理节能减排、碳交易、低碳技术、绿色金融等相关案件，促进气候变化减缓和适应，推动实现碳达峰、碳中和目标。

2. 保护生物多样性。坚持保护和可持续利用自然资源的原则，依法惩治野生动植物非法贩运与贸易，依法审理涉濒危物种、生态破坏和生物遗传资源流失等相关案件，加强对遗传多样性、物种多样性和生态系统多样性的司法保护，遏制生物多样性丧失和生态系统退化趋势，维护生态安全。

3. 防治环境污染。遵循损害担责原则，依法审理涉大气、水、土壤、海洋、固体废弃物污染等相关案件，遏制环境恶化趋势，促进维护人类健康和经济社会可持续发展。

——倡导运用多样化司法措施

4. 积极采用预防性司法措施。贯彻预防原则，运用禁令、诉前保全等多样化措施，预防生态环境损害的发生和扩大。

5. 优先适用恢复性司法措施。树立恢复性司法理念，落实以生态环境修复为中心的损害救济制度，探索有利于受损环境恢复的裁判和执行方式，以司法手段促进受损生态环境及时有效恢复。

6. 探索完善公益诉讼制度。加强司法公开、公众参与，发挥行政机关、社会组织等提起环境公益诉讼的作用，通过依法审理公益诉讼案件，保障公众环境权益。

7. 鼓励运用多元化纠纷解决方式。拓展环境纠纷解决方式，完善调解、协商、仲裁等替代纠纷解决机制，推动行政机关、专家、社会组织等主体参与环境纠纷解决。

——推动环境司法专业化发展

8. 提升环境司法专业能力。加大环境司法培训力度，采取比较案例研究、实地考察、跨国司法实习及常态化专业培训等创新方式，培养既精通环境法专业领域又熟悉相关经济、社会以及环境科学知识的专家型法官，提升环境司法专业化水平。

9. 加大信息技术应用。充分运用人工智能、大数据、区块链等信息技术，探索以更加智能的方式预防和解决环境纠纷，促进信息技术与环境司法深度融合，提升环境司法便捷性、高效性和透明度，推进环境法治建设。

10. 深化国际合作交流。秉承全球合作精神，加强环境领域的国际司法协作，建立并促进常态化国际环境司法交流互访,协力构建环境司法案例、司法经验的多元化共享平台,促进相互借鉴和共享,发挥司法作用,传播生态环境保护理念,共建地球生命共同体。本宣言用中英文写成,于 2021 年 5 月 27 日在中国云南昆明通过。

最高人民法院相关负责人就《世界环境司法大会昆明宣言》接受记者专访

2021年5月27日下午，世界环境司法大会通过《世界环境司法大会昆明宣言》（以下简称《昆明宣言》）。会后，最高人民法院相关负责人就《昆明宣言》接受记者专访。

问：2021年5月27日，世界环境司法大会通过了《昆明宣言》，请介绍一下宣言通过的背景。

答：2021年5月26日至27日，世界环境司法大会在中华人民共和国云南省昆明市举行。来自27个国家最高法院、宪法法院、最高行政法院的院长或首席大法官、大法官以及地方法院法官，国际组织代表和驻华使节共计160余人参加会议。国家主席习近平向世界环境司法大会致贺信。习近平主席在贺信中指出："地球是我们的共同家园。世界各国要同心协力，抓紧行动，共建人和自然和谐的美丽家园。中国坚持创新、协调、绿色、开放、共享的新发展理念，全面加强生态环境保护工作，积极参与全球生态文明建设合作。中国持续深化环境司法改革创新，积累了生态环境司法保护的有益经验。中国愿同世界各国、国际组织携手合作，共同推进全球生态环境治理。"中国国家主席向大会致贺信，充分肯定本次大会的重要意义，是对本次会议的巨大鼓舞，为与会各方加强环境司法交流合作、促进世界环境法治指明了方向。与会者在友好、务实的气氛中，围绕"发挥司法作用　促进生态文明：共建地球生命共同体"的主题，就司法在全球环境治理中的作用、环境司法的裁判原则、生物多样性司法保护、气候变化司法应对等议题开展了富有成效的交流，探讨了法院、法官在促进环境法治中的地位与作用，分享了与会各国在环境司法保护中的建设成果与成功经验。

最高人民法院与联合国环境规划署共同举办世界环境司法大会，作为联合国《生物多样性公约》第十五次缔约方大会迈向昆明相关活动，为迎接缔约方大会召开增添了法治元素。此次大会强化环境司法治理，分享与会各方环境司法经验，探讨环境问题解决方案，立足司法职能，持续拓展司法合作的广度和深度，广泛凝聚环境司法保护国际共识，对推进国际环境法治发展，推动构建人与自然生命共同体具有重要意义。

问：请谈谈《昆明宣言》通过的重要意义。

答：最高人民法院作为《昆明宣言》起草单位，坚持以习近平新时代中国特色社会主义思想为指引，深入贯彻落实习近平生态文明思想和习近平法治思想，以传播生态文明理念、确立环境法治规则、推动构建人与自然生命共同体为目标，总结中国环境司法的原则、规则、经验和做法，达成国际环境司法的"最大公约数"。《昆明宣言》提出了环境司法的三大原则、四大措施和三个着力点，共10条内容。与会各方多次磋商，聚同化异，相向而行，一致认为法治在全球环境治理中具有不可替代的重要作用，应当共同致力于强化司法在环境治理中的作用，传递出加强国际交流合作的积极信号。在与会各方的共同努力下，大会通过了《昆明宣言》。《昆明宣言》倡议秉持生态文明理念，持续深化环境司法领域国际合作交流，携手应对全球环境危机。《昆明宣言》必将成为国际环境司法领域的重要文件，为建设美丽世界、推动构建人类命运共同体发挥积极作用。

问：《昆明宣言》有哪些亮点？

答：《昆明宣言》参考环境领域国际公约写法，采用"序言 + 正文"的结构。正文包括加强全球环境危机的司法应对、倡导运用多样化司法措施、推动环境司法专业化发展三个部分，提出司法应对三大环境危机的基本原则，环境司法四大裁判措施，以及推动环境司法专业化、信息化、国际化的三个着力点。

1.《昆明宣言》是在司法领域推动构建人与自然生命共同体的宣言。人类文明的发展与良好的自然生态密不可分，各国相互联系、相互依存，全球命运与共、休戚相关。面对共同的环境问题，与会各方有必要进一步深化合作，携手应对。为此，《昆明宣言》以构建人与自然生命共同体为目标，倡导进一步深化环境司法国际交流合作，共同推动绿色低碳循环经济和可持续发展，为共建人与自然可持续发展的共同未来作出努力。

2.《昆明宣言》是国际环境权益保护的宣言。良好的生态环境是最普惠的民生福祉，各国均应保护人民的环境权益。《昆明宣言》注重环境权益保护，提出应通过公开透明、公正高效、可获得、可负担的司法过程，确立裁判规则，维护公众环境权益，促进人类健康、生态安全和经济社会可持续发展。

3.《昆明宣言》是国际环境司法的法治宣言。《昆明宣言》贯彻创新、协调、绿色、开放、共享的新发展理念，在加强全球环境危机的司法应对方面，提出了司法解决方案。《昆明宣言》体现了保护优先、预防为主、综合治理、公众参与、损害担责的环境法原则，倡导运用法治手段推进全球生态文明建设，努力推动构建公平合理、合作共赢的全球环境治理体系。

问：2021 年 2 月中旬，联合国环境规划署发布了一份题为《与自然和平相处》的报告，向大众阐述环境领域气候变化、生物多样性丧失和污染三大危机。《昆明宣言》在司法应对三大危机方面，确立了什么样的原则？

答：《昆明宣言》正文第一部分针对三大环境危机，提出司法遵循的基本原则。

一是公平、共同但有区别的责任及各自能力原则。《昆明宣言》第 1 条在应对气候变化领域，提出秉持公平、共同但有区别的责任及各自能力原则，为当代人和后代人的利益，在各自国家国情的基础上，依据各国国内法及其参加或缔结的国际条约依法审理节能减排、碳交易、低碳技术、绿色金融等相关案件，促进气候变化减缓和适应，推动实现碳达峰、碳中和目标。

二是保护和可持续利用自然资源的原则。《昆明宣言》第 2 条在保护生物多样性领域，提出坚持保护和可持续利用自然资源的原则，依法惩治野生动植物非法贩运与贸易，依法审理涉濒危物种、生态破坏和生物遗传资源流失等相关案件，加强对遗传多样性、物种多样性和生态系统多样性的司法保护，遏制生物多样性丧失和生态系统退化趋势，维护生态安全。

三是损害担责原则。《昆明宣言》第3条在防治环境污染领域，提出遵循损害担责原则，依法审理涉大气、水、土壤、海洋、固体废弃物污染等相关案件，遏制环境恶化趋势，促进维护人类健康和经济社会可持续发展。

问：在保护环境权益、解决环境纠纷方面，《昆明宣言》有哪些相关司法措施？

答：《昆明宣言》正文第二部分"倡导运用多样化司法措施"，总结提炼司法实践经验，提出环境司法四大措施。

《昆明宣言》第4条提出，积极采用预防性司法措施。贯彻预防原则，运用禁令、诉前保全等多样化措施，预防生态环境损害的发生和扩大。例如，会议中被多次提到的云南保护濒危野生动物"绿孔雀"环境民事公益诉讼案，就是中国法院审理的预防性环境公益诉讼，也为国际环境司法提供了有益经验。

《昆明宣言》第5条提出，优先适用恢复性司法措施。树立恢复性司法理念，落实以生态环境修复为中心的损害救济制度，探索有利于受损环境恢复的裁判和执行方式，以司法手段促进受损生态环境及时有效恢复。

《昆明宣言》第6条提出，探索完善公益诉讼制度。加强司法公开、公众参与，发挥行政机关、社会组织等提起环境公益诉讼的作用，通过依法审理公益诉讼案件，保障公众环境权益。

《昆明宣言》第7条提出，鼓励运用多元化纠纷解决方式。拓展环境纠纷解决方式，完善调解、协商、仲裁等替代纠纷解决机制，推动行政机关、专家、社会组织等主体参与环境纠纷解决。

问：环境司法具有高度专业性特点，《昆明宣言》在推动环境司法专业化发展方面，提出了哪些倡议？

答：《昆明宣言》正文第三部分就"推动环境司法专业化发展"提出了三个着力点。

《昆明宣言》第8条提出，提升环境司法专业能力。加大环境司法培训力度，采取比较案例研究、实地考察、跨国司法实习及常态化专业培训等创新方式，培养既精通环境法专业领域又熟悉相关经济、社会以及环境科学知识的专家型法官，提升环境司法专业化水平。

《昆明宣言》第9条提出，加大信息技术应用。充分运用人工智能、大数据、区块链等信息技术，探索以更加智能的方式预防和解决环境纠纷，促进信息技术与环境司法深度融合，提升环境司法便捷性、高效性和透明度，推进环境法治建设。

《昆明宣言》第10条提出，深化国际合作交流。秉承全球合作精神，加强环境领域的国际司法协作，建立并促进常态化国际环境司法交流互访，协力构建环境司法案例、司法经验的多元化共享平台，促进相互借鉴和共享，发挥司法作用，传播生态环境保护理念，共建地球生命共同体。

环境司法 2020：推进中国环境司法体系不断成熟定型*

吕忠梅

摘　要：2020 年，全国司法系统在习近平法治思想和习近平生态文明思想的指导下，不断提升环境司法治理效能。环境司法专门化体系夯实公平正义基础，环境司法专门组织体系更加健全，环境司法机制更加优化，环境司法规则更加完善，环境司法队伍能力更加提升，环境司法理论基础更加厚实。环境资源案件质量彰显专业化建设成效，环境民事审判彰显专门化建设成效，环境行政审判专业化程度有所提升，环境刑事审判呈现明显年度特征，环境公益诉讼凸显中国特色，生态环境损害赔偿制度向精细化发展。环境司法重点领域体现专门化专业化发展趋势，绿色原则功能作用初显但需认真对待，长江流域环境司法的流域性特征更加明显，医疗废物处置不当引发环境污染案件值得关注。环境司法尚须在把握新发展阶段、贯彻新发展理念、构建新发展格局中继续努力，坚持环境司法专门化道路不松懈，坚定环境审判专业化方向不偏离，加快探索生态环境保护新领域司法保护步伐，为实现“美丽中国”目标不懈奋斗。

关键词：环境司法专门化　环境司法专业化　环境司法体系　环境审判

2020 年，全国司法系统在习近平法治思想和习近平生态文明思想的指导下，认

---

* 本文为最高人民法院环境资源司法研究中心与清华大学环境资源与能源法研究中心联合课题组完成的《中国环境司法发展报告(2020)》的总报告部分。感谢总报告资料提供者中南财经政法大学法学院教授张忠民，博士生侯志强、张琪以及各分报告撰稿人的贡献。

真贯彻落实“用最严格制度最严密法治保护生态环境”，紧紧围绕服务绿色发展战略，以打赢防污攻坚战、防疫攻坚战、脱贫攻坚战“三大战役”作为环境司法工作的出发点，在《民法典》“绿色原则”的实施、充分发挥司法在抗击新冠肺炎疫情中的法治功能、促进长江经济带建设落实“生态优先、绿色发展”原则和黄河高质量发展等方面积极探索，不断提升环境司法治理效能，推进环境治理体系和治理能力现代化。

在课题组持续发布《环境司法专门化：现状调查与制度重构》①《中国环境司法发展报告（2015－2017）》②《中国环境司法发展报告（2017－2018）》③《中国环境司法发展报告（2019）》④的基础上，我们对2020年中国环境司法状况进行了全方位观察，既持续跟踪环境司法专门化和专业化进展情况，也对年度热点、焦点予以特别关注，形成《中国环境司法发展报告（2020）》，此文为对2020年环境司法现状的总体观察。

一、环境司法专门化体系夯实公平正义基础

“十三五”期间，环境司法专门化建设蹄疾步稳，各项改革渐次展开并不断深化。根据对“环境司法组织、环境司法机制、环境司法规则、环境司法队伍、环境司法理论‘五大’哨点”的连续观察，可以明显看出环境司法专门化体系从无到有、从单兵突进到整体发展的过程。2020年，环境司法专门组织体系更加健全，环境司法机制更加优化，环境司法规则更加完善，环境司法队伍能力更加提升，环境司法理论基础更加厚实。

（一）环境司法专门组织体系更加健全

2020年度，环境司法专门组织建设在良好基础上继续推进，更加注重系统化、协调性，基本形成法院、检察院、行政部门各司其职又有机衔接的组织体系。特别是环境资源审判专门机构进一步优化调整，专门化特征更加突出。地方检察机关

① 吕忠梅等：《环境司法专门化：现状调查与制度重构》，法律出版社2017年版。

② 吕忠梅等：《中国环境司法发展报告（2015－2017）》，人民法院出版社2018年版。

③ 吕忠梅等：《中国环境司法发展报告（2017－2018）》，人民法院出版社2019年版。

④ 吕忠梅等：《中国环境司法发展报告（2019）》，法律出版社2020年版。

公益诉讼机构建立步伐加快，环境公益诉讼检察专门化进程加速。

1. 环境资源审判专门机构稳健发展

各级法院按照中共中央办公厅、国务院办公厅《关于构建现代环境治理体系的指导意见》的明确要求，积极推进“在高级人民法院和具备条件的中基层人民法院调整设立专门的环境审判机构”。[①] 与过去环境资源审判机构多为既有业务审判机构调整设立不同，2020 年，全国新设立的环境资源审判机构数量增加，基本形成“高级法院普遍设立、中基层法院按需设立”的格局。与此同时，各地法院积极推进内设机构的优化整合，保障环境资源审判庭独立建制、统一环境资源审判庭名称，环境资源审判专门机构建设更加有序、更加规范。截至 2020 年 12 月，全国 31 个省、自治区、直辖市共有环境资源审判专门机构 1993 个，其中环境资源审判庭 617 个、合议庭 1167 个、人民法庭（巡回法庭）209 个。[②]

与 2019 年相比，[③]全国环境资源专门审判机构增长 47.30%，其中，环境资源审判庭增长 20.27%、合议庭增长 55.80%、巡回法庭增长 129.67%，新一轮环境资源审判机构调整设立的发展势头良好。（见图 1）

（1）地方环境资源专门审判机构实现全覆盖或基本覆盖的改革要求在大部分省份得到落实。贵州省进一步优化环境资源审判机构布局，根据不同需求在特定生态保护区域增设环境保护法庭，形成全省环境保护专门化审判组织体系。四川省高级人民法院和全省 21 个市州中级人民法院均设立环境资源审判庭或专门合议庭。

（2）跨区域环境资源专门审判机构增长较快，流域环境资源专门审判机构设立亮点纷呈。江西省高级人民法院在上饶市设立信江流域环境资源法庭和饶河流域环境资源法庭，分别集中管辖涉信江流域、饶河流域环境资源刑事、民事、行政一审案件；山东省高级人民法院在沿黄河 9 地市设立生态环境保护巡回法庭，推进黄河

① 中共中央办公厅、国务院办公厅《印发〈关于构建现代环境治理体系的指导意见〉》，载中国政府网，http://www.gov.cn/zhengce/2020-03/03/content_5486380.htm。

② 资料来源：最高人民法院环境资源审判庭统计报表。

③ 截至 2019 年 12 月，全国 31 个省、自治区、直辖区人民法院共设立环境资源审判专门机构 1353 个，其中环境资源审判庭 513 个，合议庭 749 个，人民法庭（巡回法庭）91 个。参见吕忠梅等：《中国环境司法发展报告（2019）》，法律出版社 2020 年版，第 6 页。

流域生态环境审判组织全覆盖。

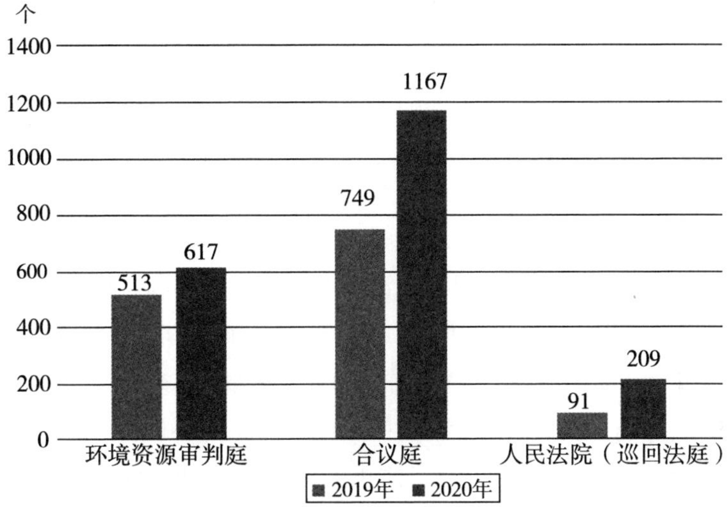

图1　2019 年、2020 年全国环境资源审判专门机构设置情况

(3)探索设立特殊环保法庭,加强保护生物多样性或专门生态系统。四川省在7个市州设立大熊猫国家公园专门法庭,服务濒危物种和生物多样性保护。贵州设立茅台特殊环境保护法庭,以保护重点产业生态系统。

2.环境公益诉讼检察专门机构设立步伐加快

各级检察院按照中央深改委《关于设立最高人民检察院公益诉讼检察厅的方案》提出的"构建配置科学、运行高效的公益诉讼检察机构,为更好履行检察公益诉讼职责提供组织保障"的要求,加快建设公益诉讼检察机构,[①]基本形成"省级检察院单独或合并设立公益诉讼检察机构、市县两级检察院按需组建公益诉讼专门机构或专门办案组"的格局。

① 按照全国人大常委会批准的检察机关设立公益诉讼专门机构的方案,公益诉讼检察机构可以提起涉及生态环境和资源保护、国有财产保护、食品药品安全等领域的公益诉讼,不限于生态环境和资源保护。但其从检察公益诉讼机构的性质上看,属于专门公益诉讼机构;从已开展的公益诉讼检察工作看,生态环境和资源保护也是最早开始、案件最多的领域。因此,从性质上,可以将检察公益诉讼机构称为环境公益诉讼检察专门机构。

(1)多数省级检察院设立公益诉讼检察机构,有的省开始探索推进生态检察工作“多检合一”机构建设。截至2020年12月,全国已有27个省级检察院(包括新疆建设兵团检察院)单独设立公益诉讼检察机构。天津、江苏、安徽、青海、宁夏5个省级检察院将行政检察和公益诉讼检察合并于一个机构中。福建省检察院设立第八检察部,统一行使提起环境公益诉讼与生态刑事诉讼工作职能,探索推进“多检合一”。

(2)市县级检察院按需设立公益诉讼专门机构或办案组。辽源市新设第六检察部专门负责公益诉讼工作,组建由辽源市检察院牵头、县(区)检察院骨干力量参加的检察机关公益诉讼办案指挥中心,成立全市公益诉讼办案组。① 湖南省华容县人民检察院组建负责公益诉讼检察工作的第五检察部。②

(3)设立专门检察机构,创新流域生态环境保护公益诉讼检察工作。重庆市五届人大常委会第十六次会议批准设立重庆市两江地区人民检察院,作为重庆市检察院的派出机构,主管长江干流和嘉陵江流域重庆境内的跨区域生态环境和资源保护行政公益诉讼案件。③

(二)环境司法机制更加优化

2020年,环境司法体制机制改革取得重大进展,体制机制的整体性、系统性、协同性进一步增强,为充分履行宪法法律赋予的司法职能,促进生态文明建设的作用奠定坚实基础。突出体现为司法管辖进一步呈现集约化、专业化特征;环境资源案件“三审合一”模式不断丰富和完善;多元化、多形式的司法协作机制基本形成,环境资源保护一体化进程加快推进。

---

① 参见于芯:《市检察院多举措提升公益诉讼工作质量》,载《辽源日报》2020年11月18日,第2版。

② 参见高远:《全新亮相!华容县人民检察院内设机构改革今日完成》,载华容县人民检察院网,http://www.hnhuarong.jcy.gov.cn/tpxw/202006/t20200629_2864411.shtml。

③ 重庆市人民代表大会常务委员会公告〔五届〕第80号:《重庆市人民代表大会常务委员会关于批准设立重庆市两江地区人民检察院的决定》,载《重庆日报》2020年3月7日,第1版。

1. 环境资源案件集中管辖机制不断发展

(1)健全环境资源案件审判管辖机制

探索指定集中管辖新模式,实现省(自治区、直辖市)域内案件跨行政区划集中管辖。上海市高级人民法院根据生态功能区规划建立统一标准,对环境资源民事、行政、刑事案件实行集中管辖,指定由金山、青浦、崇明、上铁四家法院进行审理。青海省高级人民法院发布《调整环境资源案件跨行政区域集中管辖的实施意见(试行)》,规定全省 8 个中级人民法院各指定 1 个辖区内基层法院为环境资源案件集中管辖法院,受理该市州内一审环境资源案件。

创新流域重大环境资源案件集中管辖机制。贵州、四川两省法院联合召开赤水河流域生态环境保护司法协作会议,贵州遵义市、毕节市中级人民法院和四川泸州市中级人民法院以及云南昭通市中级人民法院签署《关于建立赤水河全流域环境资源审判跨省域司法协作机制的意见》,建立赤水河流域重大环境资源案件跨省域协商管辖机制。对于流域重大环境资源案件,受诉法院认为沿岸其他法院审理更为适合的,经协商后可移送管辖。①

(2)创建检察公益诉讼案件集中管辖机制

建立与公益诉讼审判管辖相协调的案件集中管辖机制。甘肃省人大常委会发布《关于加强检察公益诉讼工作的决定》,要求检察机关加强跨行政区域公益诉讼工作,建立与审判管辖相协调的案件集中管辖机制。②

探索检察公益诉讼案件集中管辖、跨省办理制度机制。北京市委办公厅、市人民政府办公厅联合发布《关于深入推进检察公益诉讼工作的意见》,强调利用跨行政区划检察院的优势,健全检察公益诉讼案件集中管辖机制,探索建立跨省检察公益诉讼案件办理制度机制,加强京津冀检察协作。③

---

① 参见汪怡潇、董彬:《云贵川三省四市为保护赤水河开展司法协作》,载中国法院网,https://www.chinacourt.org/article/detail/2020/08/id/5424651.shtml。

② 参见《甘肃省人大常委会审议通过〈关于加强检察公益诉讼工作的决定〉》,载甘肃省人民检察院网,http://www.jcy.gansu.gov.cn/info/1002/27585.htm,最后访问日期:2021 年 4 月 2 日。

③ 参见中共北京市委办公厅、北京市人民政府办公厅《印发〈关于深入推进检察公益诉讼工作的意见〉的通知》,载北京市人民政府网,http://www.beijing.gov.cn/zhengce/zhengcefagui/202012/t20201211_2161899.html。

有地方检察机关探索建立检察公益诉讼案件跨区域管辖机制。深圳市人大常委会发布《深圳经济特区生态环境公益诉讼规定》，规定人民检察院可以对跨部门、跨领域、跨区域的重大生态环境民事公益诉讼案件以及生态环境刑事附带民事公益诉讼案件提起诉讼。①

2. 环境司法审判机制日渐成熟

(1)完善环境司法审判体系

设立环境资源案件“三审合一”专门法庭，促进环境资源审判机制“闭环”运行。辽宁省高级人民法院成立运行刑事、民事、行政“三审合一”审判模式的环境资源审判庭。深圳市成立环境资源案件“三审合一”专门法庭。

实现环境资源案件归口审理全覆盖。山东省三级法院均已完成环境资源案件归口专门审判庭或人民法庭审理改革，建成环境资源案件集中审判体制机制。② 浙江已建成省市县三级全覆盖的环境资源审判体系，形成省高级人民法院环境资源审判庭“三审合一”归口审理、中级人民法院环境资源审判机构全覆盖、地市级生态环境主管部门所在地基层法院集中管辖为主和重点流域(生态功能区)基层法院环保专业法庭集中管辖为辅的审判格局。③

构建多层次立体化审判体系。江苏省在“三审合一”基础上，建立了以南京环境资源法庭为核心、9个生态功能区法庭为依托的“9+1”环境资源审判体系，以消除地方保护弊端，统一环境资源案件裁判标准。甘肃省因地制宜，以“点”统筹全省、以“线”连接林区保护区、以“面”实现跨域集中管辖，建立了“点、线、面”相结合的立体式环境资源审判体系。④

(2)丰富环境资源案件审判工作方式

为保障案件集中管辖和“三审合一”审判模式高效运行，贵州省黔南州中级人

---

① 参见王森:《为公益诉讼立法提供“深圳样本”》，载《深圳特区报》2020年9月1日，A03版。

② 参见闫继勇:《山东:环境资源专门化审判体系覆盖全省》，载《人民法院报》2020年6月8日，第8版。

③ 参见余建华:《践行“两山”理念护航绿色发展　浙江加强生态环境司法保护》，载《人民法院报》2020年8月30日，第1版。

④ 参见刘强:《甘肃法院:“点、线、面”结合守护黄河上游生态环境》，载《人民法院报》2020年12月13日，第1版。

民法院创新审判工作方式,建立了以公开巡回审理为常态、不公开审理为例外的环境资源案件就地办理工作制度。山东曲阜市中级人民法院以环境资源案件专门工作小组为依托,搭建环境资源审判工作平台,集中审理环境资源案件。①

(3)探索建立恢复性司法案件执行机制

积极推进恢复性司法实践,探索建立"恢复性司法实践+社会化综合治理"审判结果执行机制。陕西省高级人民法院建立"青山+"的环境资源司法替代性修复裁判和执行模式,对无法复原的环境资源破坏案件和资源不可再生的案件,引导当事人采取异地补植等方式进行替代性修复。贵州省高级人民法院牵头起草《关于在环境资源犯罪案件中全面实行生态环境修复的意见(试行)》,构建生态恢复性司法案件执行机制。河南洛阳市中级人民法院协同洛阳香江万基铝业在新安县建立生态环境修复基地,做实恢复性司法案件的社会化治理执行机制。

3. 环境司法协作机制多层次广泛建立

(1)充实多方环境司法协作机制

形成跨区域法院协作机制。最高人民法院组织"司法护航美丽长江"活动,推动重庆、四川、贵州、云南四省(市)高级人民法院签署《长江上游跨区域环境资源审判协作机制框架协议》,建立长江上游环境资源案件审判协作机制。②

建立法检协作机制。青海省高级人民法院、青海省人民检察院联合印发《关于环境资源刑事案件集中管辖及归口办理的通知》,建立法检协同办案机制,确保环境资源刑事案件的集中管辖和归口办理。③ 四川阿坝州、甘肃甘南州、青海果洛州法院和检察院签订《黄河上游川甘青水源涵养区生态环境保护司法协作框架协议》,建立黄河上游川甘青水源涵养区生态环境司法法检协作机制。④

强化检行衔接机制。安徽省人民检察院与省生态环境厅联合出台《关于加强

---

① 参见汪有生、卢金:《曲阜法院多措并举积极推进环境资源审判工作》,载中国法院网,https://www.chinacourt.org/article/detail/2020/06/id/5264274.shtml。

② 参见胡建兵:《加强跨区域环境审判协作》,载《人民法院报》2020年9月29日,第2版。

③ 参见徐鹏:《青海三大机制健全生态环境司法保护》,载法制网,http://www.legaldaily.com.cn/index/content/2020-04/06/content_8163227.htm。

④ 参见吴光于:《黄河上游三省签订水源涵养区生态环境保护司法协作框架协议》,载中央人民政府网,http://www.gov.cn/xinwen/2020-07/06/content_5524545.htm。

生态环境领域公益保护协作配合推动生态文明建设的意见》，明确检察机关与生态环境部门在加强生态环境领域公益保护的职责分工、协作配合等工作机制。① 大连市普兰店区检察院与生态环境分局共同发布《关于打造生态环境领域行政执法和公益诉讼协同示范区的意见（试行）》，建立和完善生态环境领域案件线索的实时共享和协商研判制度，形成保护生态环境和维护社会公益的合力。②

（2）加长环境司法协作配套链条

落实保障措施。南京市中级人民法院制定《〈长三角地区人民法院环境资源司法协作框架协议〉工作方案》，落实跨省域重大案件一体处理制度、跨域案件移送审理制度、协作区域内法院审判资源和信息共享制度的具体措施，开展协作区域内环境资源案件审判技术交流、业务培训等工作。③

创建新型配套制度。福建省高级人民法院开始在漳州市中级人民法院试点生态环境技术调查官制度。四川省雅安、阿坝、甘孜、凉山、成都、眉山、乐山、宜宾 8 个市州中级人民法院与四川省生态环境科学研究院、中国电建集团成都勘测设计研究院签订《岷江流域生态环境资源保护“8 +2”司法协作框架协议》，建立大要案研讨等制度，为岷江流域生态环境资源司法协作机制提供配套技术支持。④

（三）环境司法规则更加完善

2020 年，以《民法典》颁布为契机，最高人民法院对相关司法解释进行了全面梳理和修订，环境资源案件相关司法规则进一步完善。为贯彻落实全国人大常委会《关于全面禁止非法野生动物交易、革除滥食野生动物陋习、切实保障人民群众生命健康安全的决定》，服务保障打赢污染防治攻坚仗、长江生态环境修复攻坚战行动计划、黄河流域生态保护和高质量发展，最高人民法院出台相关司法政策、发

---

① 参见《长江大保护中的公益诉讼检察“安徽实践”》，载安徽省人民检察院网，http://www.ah.jcy.gov.cn/jcyw/202103/t20210302_3144345.shtml。

② 参见《加强检察公益诉讼协作　共建生态环境领域公益诉讼保护协同示范区》，载大连市普兰店区人民检察院网，http://www.lnpulandian.jcy.gov.cn/jcxw/202010/t20201026_2997332.shtml。

③ 参见《市中院制定〈长三角地区人民法院环境资源司法协作框架协议〉，18 条新规画出“施工图”》，载南京审判网，http://www.njfy.gov.cn/www/njfy/index.htm，最后访问日期：2021 年 3 月 29 日。

④ 参见刘春华：《岷江流域 8 市州开展司法协作保护生态环境》，载《四川日报》2020 年 6 月 5 日，第 2 版。

布典型案例和司法白皮书，建立相关案件办理尺度、规范案件办理程序、明确裁判规则，向社会说明司法规则。

1. 环境资源司法政策和司法解释功能作用不断增强

2020 年，最高人民法院、最高人民检察院发布司法政策和司法解释 7 件（见表 1），为服务保障国家战略、保障《民法典》顺利实施提供司法规则，充分发挥了司法的政策形成功能和规范社会行为功能。

表 1 2020 年最高人民法院发布的环境资源司法解释情况

序号	名称	发布单位	时间
1	《为黄河流域生态保护和高质量发展提供司法服务与保障的意见》	最高人民法院	2020 年 6 月
2	《长江三角洲区域一体化发展提供司法服务和保障的意见》	最高人民法院	2020 年 7 月
3	《关于审理生态环境损害赔偿案件的若干规定（试行）（2020 修正）》	最高人民法院	2020 年 12 月
4	《关于审理环境民事公益诉讼案件适用法律若干问题的解释（2020 修正）》	最高人民法院	2020 年 12 月
5	《关于审理环境侵权责任纠纷案件适用法律若干问题的解释（2020 修正）》	最高人民法院	2020 年 12 月
6	《关于审理矿业权纠纷案件适用法律若干问题的解释（2020 修正）》	最高人民法院	2020 年 12 月
7	《关于检察公益诉讼案件适用法律若干问题的解释（2020 修正）》	最高人民法院、最高人民检察院	2020 年 12 月

（1）发布服务国家战略司法文件

最高人民法院为服务保障长江经济带建设和黄河流域高质量发展战略发布两个司法文件：《为黄河流域生态保护和高质量发展提供司法服务与保障的意见》要求各级法院树立绿色司法理念、发挥审判职能、建立流域司法机制，为服务黄河流域生态保护和高质量发展提供司法政策指引；《长江三角洲区域一体化发展提供司法服务和保障的意见》,以落实《长江三角洲区域一体化发展规划纲要》为目标,提出建立长江三角洲区域环境资源审判业务、审判资源配置、司法保护强度一体化的具体要求,推动建立长江三角洲区域的司法协作机制。

(2)修订环境资源案件相关司法解释

为保障《民法典》顺利实施,最高人民法院先后发布修正后的司法解释4件,与最高人民检察院联合发布1件。其中,《关于审理生态环境损害赔偿案件的若干规定(试行)(2020修正)》,根据《民法典》第1234条、第1235条,具体规定了生态环境损害赔偿案件的起诉主体、管辖法院、证明责任等内容;《关于审理环境民事公益诉讼案件适用法律若干问题的解释(2020修正)》,根据《民法典》第1234条,细化生态环境修复费的使用问题,进一步明确环境民事公益诉讼案件的审理程序和裁判规则;《关于审理环境侵权责任纠纷案件适用法律若干问题的解释(2020修正)》根据《民法典》第1171条、第1172条,明晰环境侵权连带责任的具体构成与承担方式;《关于审理矿业权纠纷案件适用法律若干问题的解释(2020修正)》,根据《民法典》第527条、第1234条、第1235条,进一步完善了矿业权转让、环境公益诉讼和生态环境损害赔偿诉讼规则。

2. 环境资源典型案例示范效应日益彰显

2020年,最高人民法院、最高人民检察院共计发布十批120个典型案例(见表2),内容聚焦国家治理与社会治理重点、热点,广泛涉及野生动物、流域、海洋、文物和文化遗产等方面。根据全国人大常委会《关于全面禁止非法野生动物交易、革除滥食野生动物陋习、切实保障人民群众生命健康安全的决定》,最高人民检察院发布检察机关《野生动物保护公益诉讼典型案例》;回应打赢污染防治攻坚仗的司法需求,最高人民检察院适时发布《全国检察机关服务保障打好污染防治攻坚战典型案例》《"守护海洋"检察公益诉讼专项监督活动典型案例》;贯彻落实习近平总书记关于长江经济带建设"生态优先、绿色发展"和促进黄河流域生态保护和高质量发展的重要论述,最高人民法院发布《长江经济带生态环境司法保护典型案例》《黄河流域生态环境司法保护典型案例》《长江流域水生态司法保护典型案例》,最高人民检察院发布《服务保障长江经济带发展典型案例(第三批)》等典型案例。这些案例在充分发挥示范效应的同时,也起到了统一司法规则、规范司法行为的指导作用。

表 2　2020 年发布的环境资源典型案例

序号	文件名	发布单位	时间
1	长江经济带生态环境司法保护典型案例	最高人民法院	2020 年 1 月
2	野生动物保护公益诉讼典型案例	最高人民检察院	2020 年 2 月
3	生态环境损害赔偿磋商十大典型案例	生态环境部	2020 年 4 月
4	2019 年度人民法院环境资源典型案例	最高人民法院	2020 年 5 月
5	“守护海洋”检察公益诉讼专项监督活动典型案例	最高人民检察院	2020 年 5 月
6	黄河流域生态环境司法保护典型案例	最高人民法院	2020 年 6 月
7	长江流域水生态司法保护典型案例	最高人民法院	2020 年 9 月
8	全国检察机关服务保障打好污染防治攻坚战典型案例	最高人民检察院	2020 年 10 月
9	服务保障长江经济带发展典型案例(第三批)	最高人民检察院	2020 年 12 月
10	检察机关文物和文化遗产保护公益诉讼典型案例	最高人民检察院	2020 年 12 月

注:本表按典型案例发布时间排序。

特别值得关注的是,2020 年,生态环境部办公厅首次发布《生态环境损害赔偿磋商十大典型案例》,不但扩大了环境资源典型案例的范围,而且对于建立健全生态环境损害赔偿案件的行政与司法衔接机制、统一程序和规则,具有重要的示范价值。

3. 环境资源审判白皮书的质量明显提升

2020 年,全国各级法院发布环境资源审判白皮书 16 件。(见表 3)较为全面地展示了各级法院环境资源审判工作的情况和成效,既有效保障了社会公众的知情权,也有利于积累环境资源审判经验、归纳司法规则。尤其是最高人民法院和省级法院发布的白皮书,总结司法规律、提炼审判规则的司法指引作用更为明显。各级法院高度重视白皮书的功能和作用,不断提高白皮书质量。

2020 年,最高人民法院在连续四年发布《中国环境资源审判》白皮书的基础上,首次发布《长江流域生态环境司法保护状况》专项白皮书,全面展示流域环境资源的司法现状。

表 3　2020 年全国法院发布环境资源审判白皮书情况

序号	名称	发布单位	时间
1	《中国环境资源审判(2019)》	最高人民法院	2020 年 5 月 8 日
2	《长江流域生态环境司法保护状况》	最高人民法院	2020 年 9 月 25 日
3	《甘肃环境资源审判(2019)》	甘肃省高级人民法院	2020 年 1 月 8 日
4	《2019 年广西法院环境资源审判白皮书》	广西壮族自治区高级人民法院	2020 年 6 月 4 日
5	《天津法院环境资源审判白皮书》	天津市高级人民法院	2020 年 6 月 5 日
6	《2019 年度环境资源审判工作白皮书》	江苏省高级人民法院	2020 年 6 月 5 日
7	《内蒙古环境资源审判白皮书(2017—2019)》	内蒙古自治区高级人民法院	2020 年 6 月 5 日
8	《2019 年度环境资源司法保护状况白皮书》	安徽省高级人民法院	2020 年 6 月 5 日
9	《广州市中级人民法院环境资源审判(2015.02—2020.05)》	广州市中级人民法院	2020 年 6 月 4 日
10	《德阳法院环境资源审判白皮书》	德阳市中级人民法院	2020 年 6 月 4 日
11	《2016 至 2019 年度环境资源审判白皮书》	西安铁路运输中级人民法院	2020 年 6 月 4 日
12	《2019 年环境资源审判白皮书》	成都市中级人民法院	2020 年 6 月 5 日
13	《邢台市环境资源审判白皮书》	邢台市中级人民法院	2020 年 6 月 5 日
14	《昆明法院环境资源司法保护状况(2018—2020)》	昆明市中级人民法院	2020 年 6 月 5 日
15	《四川省内江法院生态环境司法保护状况审判白皮书》	内江市中级人民法院	2020 年 6 月 5 日

续表

序号	名称	发布单位	时间
16	《上海市崇明区人民法院环境资源司法保护状态(2019 年 1 月至 2020 年 8 月)》	上海市崇明区人民法院	2020 年 9 月 17 日

资料来源:本表数据通过网络等途径收集整理,由于搜索条件限制,可能存在疏漏。

各地方法院延续了在发布的环境资源审判白皮书的同时,发布典型案例的做法。2020 年,内蒙古自治区高级人民法院、广州市中级人民法院首次发布环境资源审判白皮书和环境资源审判典型案例。上海市崇明区法院连续四年发布环境资源审判白皮书。

(四)环境司法队伍能力更加提升

2020 年,各级人民法院在加强环境司法专门审判队伍能力建设的同时,高度重视环境司法审判支持系统建设,环境司法专门化能力建设有了新发展。

1. 通过多种方式提高环境司法专门审判队伍的能力和水平

(1)加大环境资源审判法官培训力度

各级法院努力克服疫情影响,认真贯彻落实最高人民法院《法官教育培训工作条例》,创新培训方式方法,采取网络教学、视频交流等方式开展法官培训,圆满完成各项培训任务。河南组织全省三级法院从事环境资源审判业务的法官参加现场教学与网络直播相结合的培训,提高业务水平。① 沈阳铁路运输中级人民法院以视频会议的形式开展环境资源审判业务培训,解答环境资源审判的相关问题以及疑点难点问题。②

(2)创新培训内容和方式

通过举办司法实务与理论研讨会方式,以会代训、会训结合,既讲授学习《民法典》等新法知识,也结合实际总结环境司法规律、交流环境司法经验。2020 年,各级法院单独或联合举办多场环境司法研讨会、环境资源司法研究基地和实践基地

---

① 参见魏琪:《全省法院环镜资源审判培训班在河南法官学院开班》,载河南法官进修学院网,https://hnfgjxxy.hncourt.gov.cn/public/detail.php? id=560,最后访问日期:2021 年 5 月 16 日。

② 参见《沈铁中院开展环境资源审判业务培训》,载沈阳铁路运输中级法院网,http://sytlzy.chinacourt.gov.cn/article/detail/2020/10/id/5552571.shtml。

课题研讨会。为贯彻实施《民法典》，结合相关司法解释修订工作，最高人民法院环境资源审判庭与中国法学会环境资源法学研究会、《法律适用》编辑部联合举办“贯彻民法典绿色条款司法实践与理论研讨会”，会前征集到全国法院系统和环境法理论研究者的论文200多篇，多家地方法院环境资源审判庭组织参会论文；会议采取线下主会场与线上分会场方式，既请专家学者系统解读《民法典》绿色规则，又结合适用“绿色原则”案件的司法实践进行认真研讨交流、还针对《民法典》实施和相关司法解释修正进行理论引导。网上参会人数达到数千人，取得了理论研讨与教育培训有机结合、相互促进的良好效果。

2. 加快环境司法审判支持队伍建设

为更好应对环境资源审判中的专业性、复杂性，各级法院在建立环境资源审判专家库的基础上，进一步推进审判支持队伍建设，建立多领域、广覆盖专家遴选和动态调整机制。

2020年，最高人民法院提出了组建专家库、专家咨询委员会的要求，明确了在评估、鉴定、修复方案确定、专业事实查明等事项中充分发挥专家辅助人、专家陪审员、技术调查官的作用。安徽省高级人民法院制定《环境资源审判咨询专家工作办法》，聘请23名专家为环境资源审判专家库成员。广东省高级人民法院成立第二届环境资源审判咨询专家库，疫情来自水污染治理、淡水养殖水体修复、土壤污染修复、大气污染控制、动物保护等多个领域的专业技术人员和环境法学者加入。上海市第三中级人民法院聘任环境法、环境资源规划等方向的专家以及来自大气、水、固体废物处理、噪声研究以及环境监测等技术领域的专家共同组成专家库。北京市第四中级人民法院邀请来自法律政策和环境专业的专家学者共同组成环境资源审判技术专家库。

环境资源审判领域的人民陪审员队伍建设不断加强。上海市在环境公益诉讼案件中采取“3名法官+4名人民陪审员”共同组成合议庭的模式，法律效果与社会效果十分显著。[①] 四川省高级人民法院和重庆市高级人民法院签署《成渝地区双城经济

① 王嘉旖：《上海生态之城建设如何蹄疾步稳？他们审议了这份报告！》，载上海人大网，http://www.spcsc.sh.cn/n8347/n8483/u1ai219885.html，最后访问日期：2021年5月17日。

圈环境资源审判协作框架协议》，建立川渝两地环境资源审判共享专家库，两地法院可在专家库中聘请相关专家担任人民陪审员、特约调解员或进行技术咨询。①

（五）环境司法理论基础更加厚实

2020年，环境司法理论研究主题更加集中，研究方法切合司法实务需求，研究成果对司法实践支撑作用更加明显。各类研究基地充分发挥带动作用，促进研用结合，将理论研究成果转化为司法实践效能。

1. 环境司法理论研究更加关注司法实务问题

2020年，环境司法理论研究成果数量同比稍有回落（见图2），但随着《民法典》的颁布，民法研究从立法论转向解释论，对环境法理论研究方法多元化具有积极影响，环境司法理论研究的主题更加集中、研究方法更加务实，研究成果对解决司法实务问题的引领和支撑作用进一步加强。

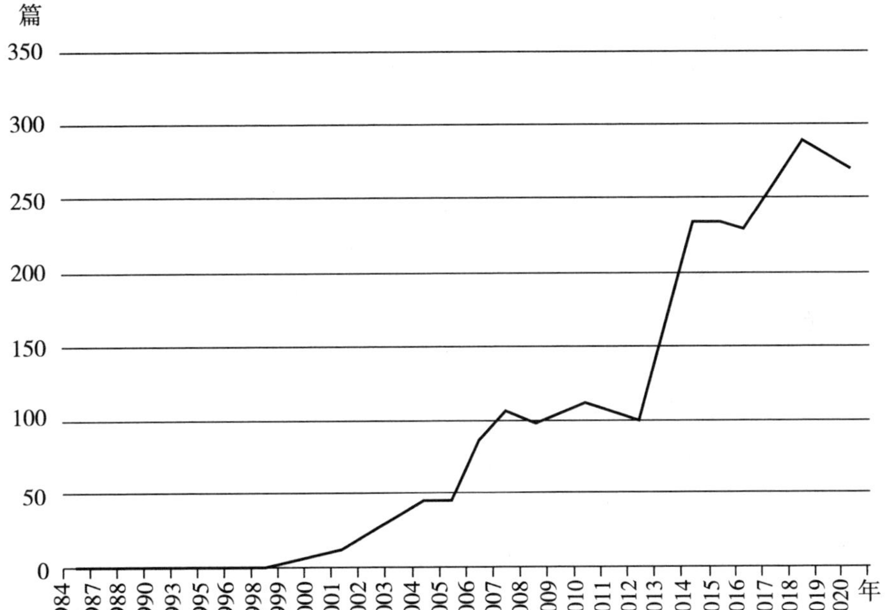

图2 环境司法研究成果趋势

① 参见黄乔：《川渝两地高院签署协议 七方面开展生态环境司法保护协作》，载《重庆日报》2020年6月1日，第3版。

利用中国知网数据库，以“环境司法”为主题对2020年度发表的研究成果进行文献模糊检索，搜索到论文273篇，其中，硕士、博士论文58篇。研究主题集中分布在环境损害、司法鉴定、司法适用、环境公益诉讼、司法保障等方面。（见图3）与之前相比，研究内容更加聚焦中国环境司法实践提出的理论问题，研究方法更加注重解释司法现象和司法过程，研究成果更加倾向于提出解决问题的实务方案，研究广度与理论深度都有进一步提升。

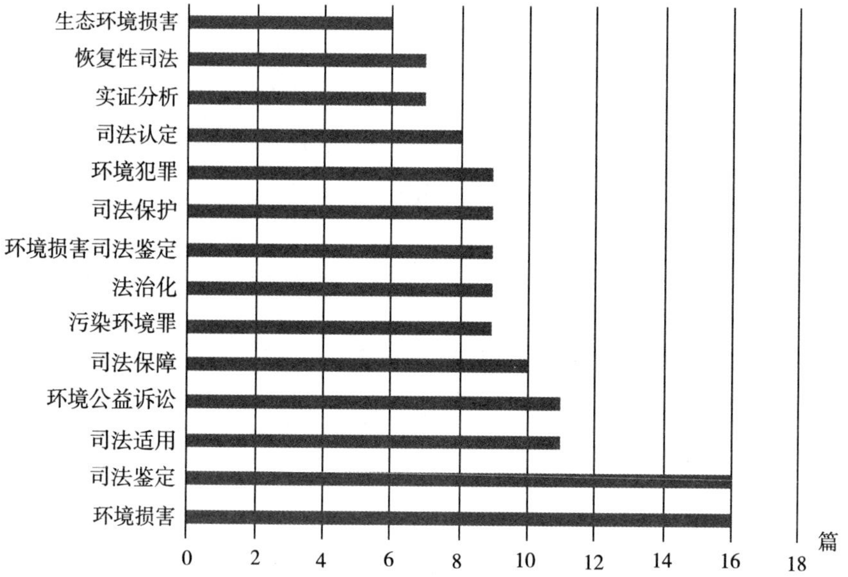

图3　2020年环境司法研究主要课题成果分布

2. 环境司法研究基地建设成果丰硕

（1）促进理论研究基地与实践基地联动

2020年，最高人民法院环境资源司法研究中心积极推动理论研究基地与实践基地联动试点工作。武汉大学理论研究基地与贵州清镇市法院实践基地联合，完成《环境刑事附带民事公益诉讼制度研究：现状、问题及对策建议》课题研究；漳州市中级人民法院实践基地与天津大学理论研究基地合作，完成调研课题《刑事附带民事公益诉讼制度研究》。

(2)发挥司法机关与高校两个积极性

2020年,全国多家法院、检察院与高校联合成立环境司法理论与实务研究基地,开展环境司法实务理论研究。山东省高级人民法院先后联合山东大学、中国石油大学(华东)、山东师范大学、山东科技大学、山东建筑大学等高校设立环境资源司法理论研究基地;①甘肃矿区法院与兰州理工大学合作共建"甘肃省环境审判专门化理论与实践基地";②江西南昌县法院与江西财经大学法学院共建"环境资源司法理论研究与教学实践基地"。③ 广东省人民检察院与华南理工大学、暨南大学合作共建"广东省检察公益诉讼研究基地"。④

(3)推进理论研究成果向司法实践转化

2020年,中国法学会环境资源法学研究会环境纠纷多元解决机制专业委员会举行"检察环境公益诉讼理论与实践"研讨会;最高人民法院环境资源审判庭、中国法学会环境资源法学研究会指导,上海市高级人民法院、上海市法学会举办"第四届崇明世界级生态岛环境司法研讨会";湖南省法学会环境资源法学研究会举办"洞庭湖生态环境司法保护理论与实务研究高峰论坛"。这些由理论研究机构与司法实务部门联合举办的理论研讨会,更加注重面向司法实践选题、研究和开展研讨,更加注重会议成果在司法实践中的运用。

二、环境资源案件质量彰显专业化建设成效

2020年,与全国法院案件数量呈现下降拐点不同,环境资源民事、行政、刑事案件和环境公益诉讼、生态环境损害赔偿诉讼案件数量均有上升,全国法院系统共受理环境民事、行政、刑事案件和环境公益诉讼、生态环境损害赔偿诉讼案件256,905

---

① 参见闫继勇:《山东:环境资源专门化审判体系覆盖全省》,载《人民法院报》2020年6月8日,第8版。

② 参见李红军:《甘肃省环境审判专门化理论与实践基地揭牌》,载中国甘肃网,http://gansu.gscn.com.cn/system/2020/06/05/012398983.shtml。

③ 参见李昱璇:《南昌县法院与江西财经大学法学院合作共建环境资源司法理论研究与教学实践基地》,载江西政法网,http://www.jxzfw.gov.cn/2020/0617/2020061723136.html? from = singlemessage。

④ 参见韦磊、赵一瑾、黄金琳:《广东:与高校共建公益诉讼研究基地》,载最高人民检察院网,https://www.spp.gov.cn/spp/dfjcdt/202011/t20201129_487668.shtml。

件(见表4),其中,环境民事案件、环境行政案件、环境刑事案件、环境公益诉讼案件、生态环境损害赔偿案件一审收案量同比增长98.69%、6.88%、17.30%、68.05%、48.98%。环境公益诉讼案件与生态环境损害赔偿案件增幅明显,检察机关提起环境公益诉讼成为"绝对主力",公益诉讼的中国特色十分鲜明。

表4　2018年至2020年全国法院受理一审环境资源案件情况

单位:件

项目	2018年		2019年		2020年	
	收案数	结案数	收案数	结案数	收案数	结案数
环境民事案件	91,787	82,194	80,058	80,484	159,070	162,411
环境行政案件	42,235	41,725	50,387	51,231	53,854	53,092
环境刑事案件	26,481	25,623	32,088	31,750	37,641	37,783
环境公益诉讼案件	1802	1252	2488	1947	4181	3557
生态环境损害赔偿案件	20	8	49	36	73	62
合计	162,325	150,802	172,160	172,620	254,819	256,905

资料来源:最高人民法院环境资源审判庭统计。同时参见吕忠梅等:《中国环境司法发展报告(2017－2018)》,人民法院出版社2019年版,第7页;吕忠梅等:《中国环境司法发展报告(2019)》,法律出版社2020年版,第22页。

(一)环境民事审判彰显专门化建设成效

据最高人民法院环境资源审判庭统计,全国法院2020年受理环境民事一审案件159,070件,审结162,411件,与去年相比,收案量与结案量同比增长98.69%、101.79%。(见图4)

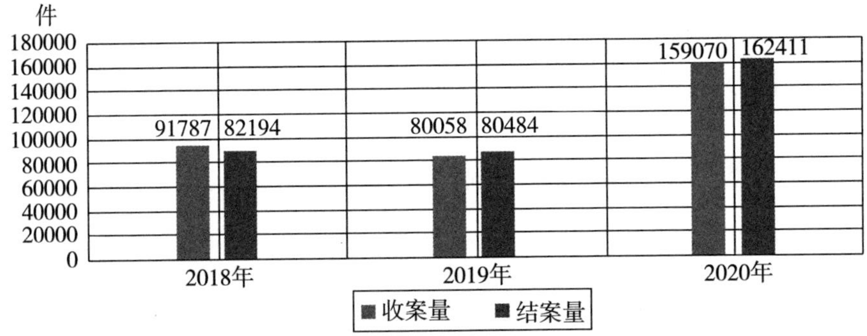

图4　2018～2020年全国环境资源民事一审案件数量

资料来源:最高人民法院环境资源审判庭统计。

课题组对环境污染案件的141件民事判决书、194件民事裁定书进行分析，主要从案件的地域分布、原被告、上诉人与被上诉人主体的类型、污染的种类、责任形式、争议焦点、污染受害人胜败诉情况、裁定书的主要内容八个方面对2020年全国环境侵权案件进行系统梳理和多维检视，观察到一些新现象。①

第一，与2019年相比，山西、福建、内蒙古、广西的环境民事裁判文书“从无到有”，海南、宁夏则是“从有到无”；值得注意的是，上海、甘肃、青海、西藏四省（自治区、直辖市）已连续两年未发现环境民事裁判文书。裁定书中，准予撤诉占比高达65.73%，虽然形式上多表现为原告自愿撤诉，但是否有案外因素影响，应予关注。

第二，环境民事案件依然以水污染、大气污染、土壤污染纠纷为主，水污染案件数量最大。值得关注的是，水、大气、土壤污染交叉发生导致的混合型污染案件明显增加；也开始出现了诉电子显示屏造成光污染等新型污染案件。（见图5）

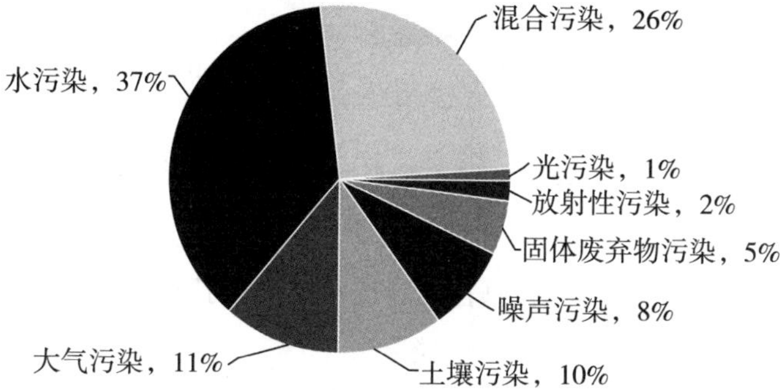

图5 环境侵权案件污染类型分布情况

资料来源：参见《中国环境司法发展报告（2020）》分报告，刘超、吴晓斌：《环境侵权案件的多维检视与重点剖析》。

第三，环境民事案件依然以损害赔偿为主要诉讼请求，争议焦点集中于赔偿责任分配及承担、被告侵害事实及因果关系等方面。值得注意的是，开始出现新的争

① 研究样本主要来源是“中国裁判文书网”数据库，辅之以“无讼”数据库，检索对象为各级人民法院2020年审结的环境污染民事责任案件的裁判文书，案由为“环境污染责任纠纷”，时间为2020年1月1日至12月31日。

议焦点，如是一般侵权，还是环境责任纠纷、合同的法律效力、污染类型等。

第四，一审案件环境污染受害人胜诉率为13.24%，二审案件环境污染受害人胜诉率为4.11%，一审、二审案件完全胜诉率为8.51%。受害人败诉的主要原因是：无法证明初步因果关系、无法证明存在污染事实、无法证明具体损失以及侵权人已履行义务。值得注意的是，是否属于环境侵权纠纷的性质认定以及污染受害人占有土地合法性是否影响受害人胜诉。（见图6）

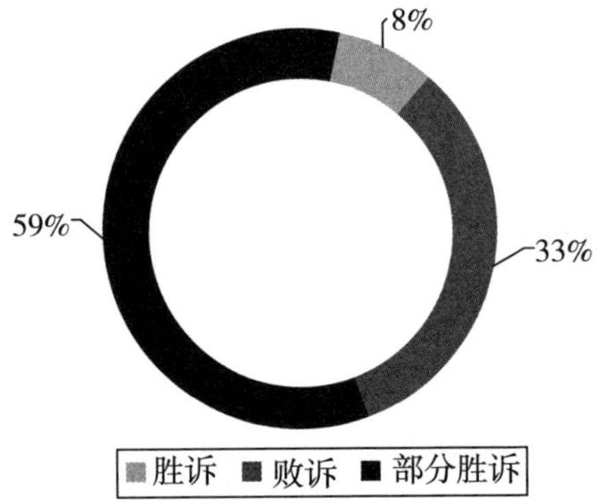

图6　2020年一审、二审环境侵权案件胜诉情况

第五，二审改判率为17.8%，绝大多数为部分改判，全部改判仅为0.02%。改判理由主要有案由确定不准确、原告未达到“初步证明”标准、损害鉴定结论不同等，因此，改判内容大多集中在损害赔偿金额。

总体上看，2020年环境民事案件审判情况良好，案件质量有了进一步提升。这在很大程度上得益于《民法典》编纂，虽然当时《民法典》尚未实施，但已经实施的《民法总则》“绿色”原则和《民法典》草案已建立的“绿色”规范体系，对环境民事审判产生了积极影响。与此同时，2020年修改的最高人民法院《关于民事诉讼证据的若干规定》，也为环境民事审判提供了更为明确的证据适用规则。实践中，法官在环境民事案件审理过程中，缺失具体法律规范时，能够更多、更好地运用民法基本原则裁判案件，体现了环境司法的政策形成功能，展示了环境司法专门化、专业化的建设成效。

（二）环境行政审判专业化程度有所提升

据最高人民法院环境资源审判庭统计，2019 年至 2020 年，全国法院受理环境行政案件数量为 53,854 件，收案量同比增长 6.88%；审结环境行政案件数量为 53,092 件，结案量同比增长 3.63%。（见图 7）

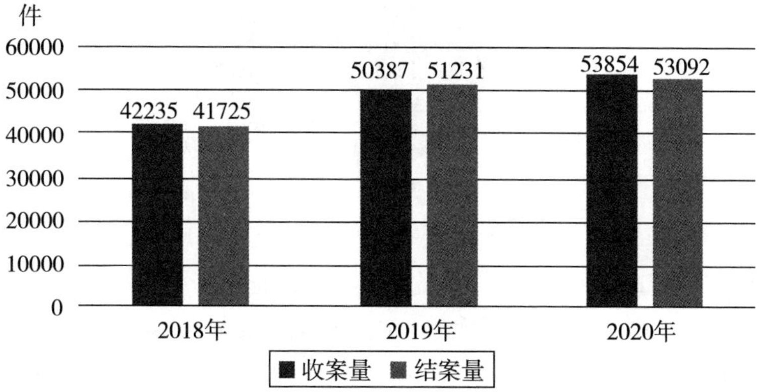

图 7　2018～2020 年全国环境行政一审案件数量情况

资料来源：最高人民法院环境资源审判庭统计。

课题组对 95 份环境行政案件二审判决书进行了分析，[①]通过环境行政案件的类型化情况，重点在于观察环境行政案件归口到环境资源审判庭受理后，是否需要以及如何确立新的案由及案件分类方法问题。由此，可以看到环境行政案件审判的一些变化。[②]

第一，作为样本的环境行政案件主要是行政处罚、行政许可、行政命令等行为导致的行政纠纷，其中行政处罚类案件占比最高。（见图 8）环境行政案件以环境污染防治中的行政争议为主，以水污染、大气污染、噪声污染等环境行政案件领域居多。

---

① 研究样本源于北大法宝网司法案例数据库，检索案由“环境保护”，检索对象为二审判决书，检索日期为 2020 年 1 月 1 日至 12 月 31 日。“环境保护”是按照“行政管理范围”划分的具体案由，虽不准确但基本可以涵盖环境保护类行政争议案件，包括以地方人民政府为被告的环境管理争议案件。限定“二审”是考虑到经过上诉的案件更具有典型意义，同时为了减少样本数量。

② 参见《中国环境司法发展报告（2020）》分报告，刘长兴：《环境行政案件类型化的现在与未来》。

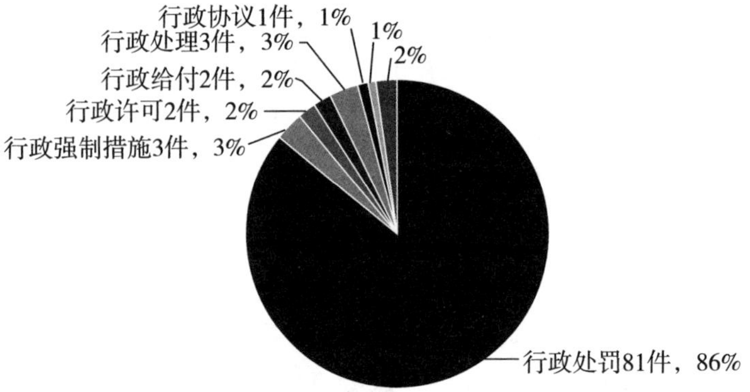

图8　环境行政案件类型

第二，环境行政案件审理呈现一定的实质性倾向。不少环境行政案件在审理过程中更加注重考虑环境行政的特殊性，将风险性、技术性、程序性等问题纳入司法审查的考量，加大了合理性审查的力度。例如，在环境行政许可案件中，将风险作为衡量许可行为合理性的重要考量。

第三，环境行政案件的分类标准考虑将环境行政行为类型与实质性环境行为相结合，并非仅以“行政管理范围”或者以“被告身份”来确定案件类型，将一些缺乏实质性生态环境保护内容的“环境行政案件”排除在专门审判之外。例如，有的法院在建立“三审合一”法庭或制定规则时，对一般性行政案件与环境行政案件进行了一定程度区分。

总体上看，环境行政案件归口到环境资源审判庭主管，一定程度上解决了环境资源案件归口审理，促进“行”“民”交叉案件的统一审理问题；客观上也增加了环境资源审判庭的案源。但是，由于目前依然按照《行政案件案由规定》中以“行政行为”为一级案由、二级案由按照行政行为种类划分的标准，实践中难以明确区分环境行政案件与一般行政案件的问题依然没有得到很好解决。与此同时，环境行政案件涉及生态环境保护的广泛领域和多个行政管理主体，如何合理类型化也是一个有待破解的难题。这些问题如果得不到很好解决，不利于环境司法专门化、专业化的顺利发展。

（三）环境刑事审判呈现明显年度特征

据最高人民法院环境资源审判庭统计，2020 年，全国法院受理环境资源刑事一审案件 37,641 件，审结 37,783 件。与 2019 年相比，收案量与结案量同比增长 17.30%、19.00%。（见图 9）

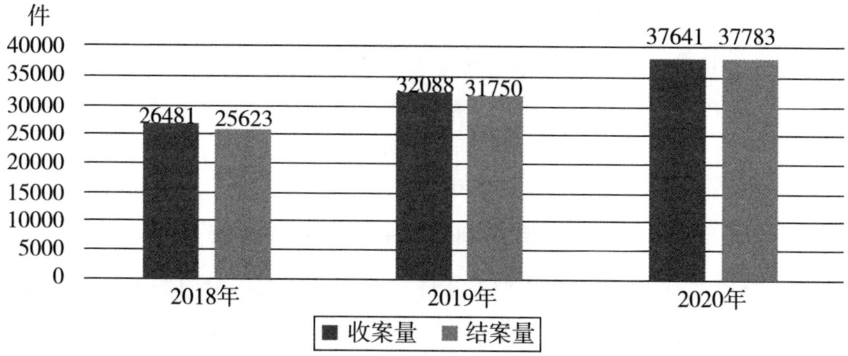

图 9　2018～2020 年全国环境刑事案件数量

资料来源：最高人民法院环境资源审判庭统计。

课题组对 24,193 件①涉及 13 个罪名的一审环境刑事裁判文书进行分析，②从案件数量的整体分布、分罪名统计、司法样态等角度观察到环境刑事审判的一些新动态。③

第一，2020 年度，环境资源刑事案件数量为 24,193 件，环境资源刑事案件数量超过 1000 件的有 11 个省，其中，处于前五位的为河南、云南、广西、湖南、江西。案

① 研究样本主要源于"中国裁判文书网"数据库，检索对象为各级人民法院 2020 年审结的一审环境刑事案件的裁判文书，案由为"危害环境资源犯罪"，时间为 2020 年 1 月 1 日至 12 月 31 日。

② 我国刑法规定的危害环境资源犯罪共有 15 个罪名，包括污染环境罪，非法捕捞水产品罪，非法猎捕、杀害珍贵、濒危野生动物罪，非法收购、运输、出售国家重点保护的野生动物、珍贵、濒危野生动物制品罪，非法狩猎罪，非法占用农用地罪，非法采矿罪，破坏性开采罪，非法采伐、毁坏国家重点保护植物罪，非法收购、运输、加工、出售国家重点保护植物、国家重点保护植物制品罪，盗伐林木罪，滥伐林木罪，非法收购、运输盗伐、滥伐的林木罪，非法处置进口的固体废弃物罪，擅自进口固体废弃物罪。因中国裁判文书网中没有收集到非法处置进口的固体废弃物罪，擅自进口固体废物罪两个罪名的司法文书，故本报告只分析了 13 个罪名。

③ 参见《中国环境司法发展报告（2020）》分报告，焦艳鹏：《环境资源刑事的案件分布与司法样态》。

件数量 200～1000 件的有 10 个省(市)。数量在 200 件以下的有 10 个省市,其中,数量最少的是西藏、宁夏、海南、北京、青海。值得高度重视的是,有的刑事案件数量较少省份,近年来发生了严重破坏生态环境的重大恶性事件。(见图 10)

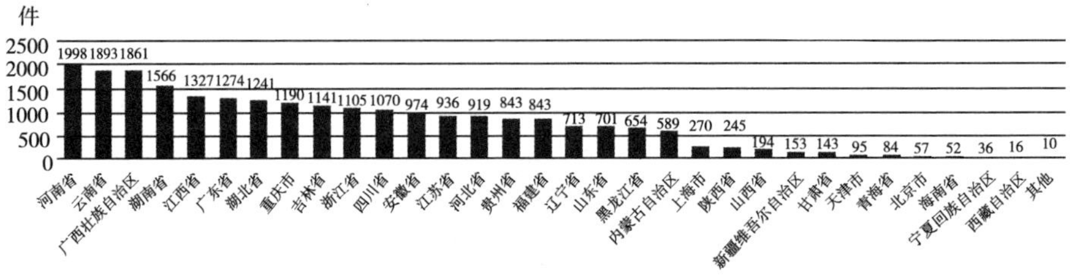

图 10　环境刑事裁判文书在全国分布情况

第二,总体上看,环境资源类刑事案件大大超过环境污染刑事案件。环境资源刑事案件中发案数量排名前五的分别为滥伐林木罪、非法捕捞水产品罪、非法采矿罪、非法占用农用地罪、非法狩猎罪,这五个罪名的案件数量占到了一审判决文书的 72.6%。(见图 11)

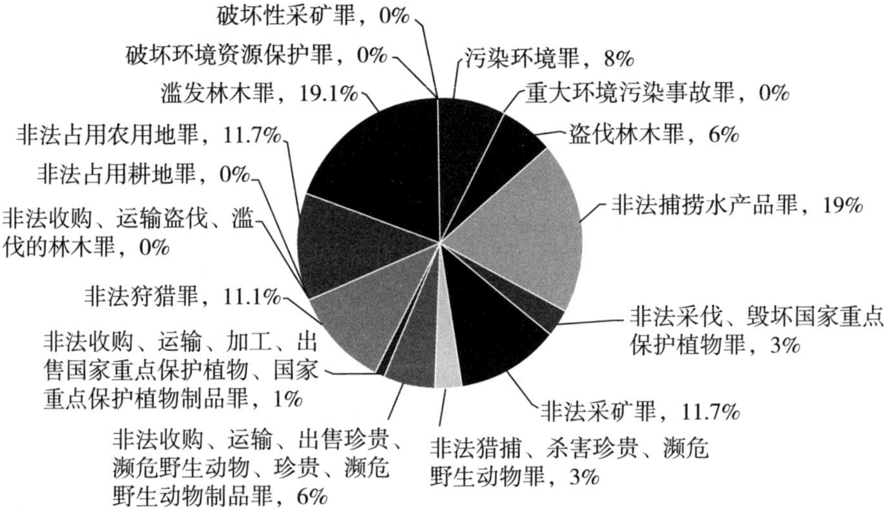

图 11　环境刑事裁判文书显示的案件类型

资料来源:中国司法大数据研究院。

第三，污染环境犯罪案件的时空分布发生显著变化，中部地区省份发案数量明显升高，污染环境犯罪有从东部地区向中西部地区转移的态势。近年来，东部地区省份案件数量呈相对下降态势，而中部地区省份则有显著上升，河南省、安徽省、江西省等中部地区省份污染环境罪案件数量出现较大幅度的增加。

第四，野生动物资源犯罪案件中，非法收购、运输、出售野生动物罪案件超过了非法猎捕、杀害珍贵、濒危野生动物罪、珍贵、濒危野生动物制品罪的 2 倍多。非法猎捕、杀害珍贵、濒危野生动物犯罪发案数量较多省份为云南、四川、广东、江西、贵州、青海、河南、陕西、重庆、湖南。非法收购、运输、出售野生动物犯罪案件数量较多的除上述各省外，浙江、江苏、天津、上海等地的该类犯罪案件的数量明显多于本行政区域内的非法猎捕、杀害珍贵、濒危野生动物罪的数量，值得关注。

2020 年，与抗击新冠肺炎疫情与打赢污染防治攻坚战、长江保护修复攻坚战相适应，全国法院系统也加大了对野生动物资源犯罪、非法捕捞水产品罪、非法采砂罪、污染环境罪等案件的审判力度，紧密配合国家生态文明建设和社会治理现代化需求，充分发挥了司法服务保障功能，环境刑事审判的相对平稳态势呈现明显的年度特色。同时，我们也可以看到，党的十八大以来，有关部门督办处理一批环境污染和生态破坏大案、要案，形成强有力的震慑，通过惩罚犯罪教育了犯罪人与潜在的犯罪人，生态环境犯罪的“防火墙”初步建立；生态文明体制改革后，国土空间规划制度、生态红线制度、生态补偿制度、生态环境损害赔偿制度、生态环境党政同责制度、生态环境督察制度等开始发挥制度效能，减少了后端刑事案件的发案率；生态扶贫政策的落实，在一定程度上改变了贫困地区居民对待山林、野生动植物等的态度，生活条件的改善也降低了贫困地区居民对自然资源的非法利用，从而在一定程度上降低了环境资源违法犯罪行为。这些也都是坚持用最严格制度最严密法治保护生态环境所取得的明显成效。

（四）环境公益诉讼凸显中国特色

据最高人民法院环境资源审判庭统计，2020 年，全国法院共计审结环境公益诉讼一审案件 3557 件，同比增长 82.69%。（见图 12）

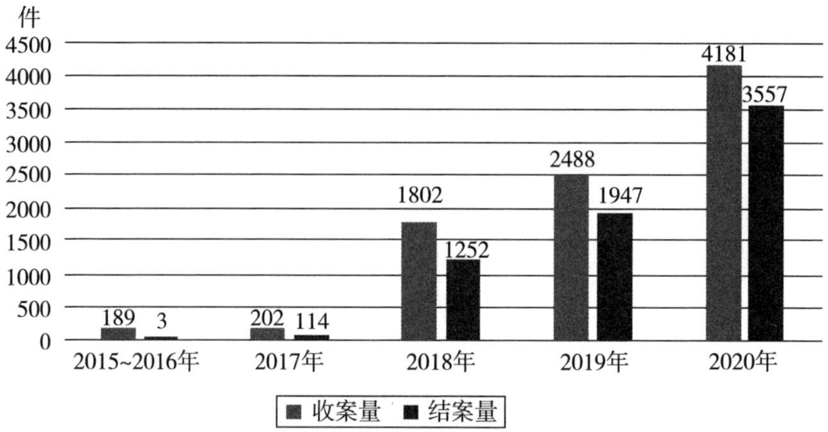

图12　2015～2020年环境公益诉讼一审案件数量情况

注:2015年至2017年数据源于吕忠梅等:《中国环境司法发展报告(2019)》,法律出版社2020年版,第29页;2018年至2020年数据源于最高人民法院环境资源审判庭统计。

课题组对2015年以来,检察机关提起环境公益诉讼的案件进行了全面梳理,从检察机关提起环境公益诉讼案件的数量、地域分布、案件类型、结案方式等进行了观察,较为系统观察了环境公益诉讼的发展态势。①

第一,检察机关成为提起环境公益诉讼的绝对主力。总体上看,检察公益诉讼制度试点期间,全国检察机关提起环境公益诉讼增长为452件;②2017年检察公益诉讼制度全面实施以来,全国检察机关提起环境公益案件占检察机关提起全部公益诉讼案件的69.39%。③ 2015年7月1日检察机关提起公益诉讼试点之前,社会

① 参见《中国环境司法发展报告(2020)》分报告,黄凯:《检察机关提起环境公益诉讼的探索发展与完善建议》。

② 最高人民检察院民事行政检察厅编:《检察机关提起公益诉讼实践与探索》,中国检察出版社2017年版,第71页。

③ 《最高人民检察院关于开展公益诉讼检察工作情况的报告》,载最高人民检察院网,https://www.spp.gov.cn/spp/tt/201910/t20191024_435925.shtml。

组织提起环境民事公益诉讼裁判文书仅 6 份;[①]试点改革以来,检察机关提起环境民事公益诉讼裁判文书 663 份,提起环境刑事附带民事公益诉讼裁判文书 5905 份,而各类社会组织提起环境民事公益诉讼裁判文书仅 115 份,二者比例为 98.3∶1.7。[②] (见图 13)

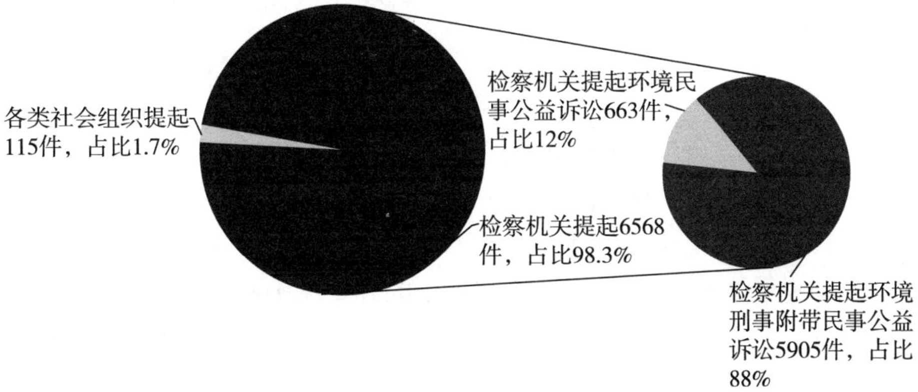

图 13　检察机关与社会组织提起环境民事公益诉讼裁判文书情况

第二,提起诉讼案件区域分布不平衡。31 个省份的检察机关和新疆生产建设兵团检察院均有提起环境公益诉讼案件。但提起环境公益诉讼案件分布广而不均衡(见图 14)。其中,安徽、四川、贵州、湖南、湖北、广东、江西、江苏、浙江、云南 10 个省份检察机关提起的环境公益诉讼案件数量约占全国检察机关提起诉讼案件总量的56.37%。北京、上海、天津、山西、青海、海南、宁夏、西藏 8 个省市检察机关和新疆生产建设兵团检察院提起诉讼案件数量约占全国检察机关提起诉讼案件总量的 4.92%。

---

① 这 6 份社会组织提起环境民事公益诉讼裁判文书分别为:江苏省高级人民法院(2014)苏环公民终字第 00001 号民事判决书;北京市高级人民法院(2014)高民终字第 692 号民事裁定书;福建省高级人民法院(2015)闽民终字第 2060 号民事判决书;广州市中级人民法院(2015)穗中法民一终字第 3804 号民事判决书;南平市中级人民法院(2015)南民初字第 38 号民事判决书;镇江市中级人民法院(2015)镇民公初字第 00002 号民事判决书。

② 研究样本主要源于“中国裁判文书网”数据库,检索对象为各级人民法院 2015 年 7 月 1 日至 2020 年 12 月 31 日审结的环境公益诉讼案件,案由为“环境公益诉讼”。

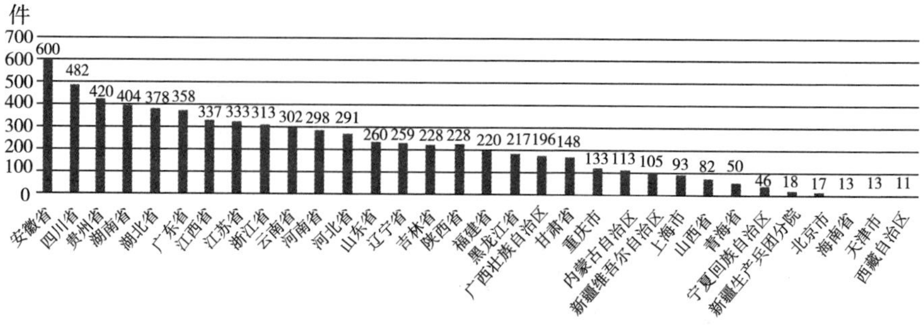

图 14　检察机关提起环境公益诉讼案件分布情况

第三，检察机关提起环境公益诉讼法案件，环境刑事附带民事公益诉讼案件“一支独大”，检察机关提起环境民事公益诉讼案件是提起环境行政公益诉讼的16.5倍，“民重行轻”特征明显。从办案方式看，环境行政公益诉讼大多以诉前程序解纷为主，检察机关通过诉前磋商、公开宣告送达检察建议、召开圆桌会议、组织听证等方式，督促行政机关在诉前程序阶段主动履职整改。

第四，检察机关保护环境公益的范围和方式逐渐拓展。2020年9月18日，最高人民检察院印发《关于积极稳妥拓展公益诉讼案件范围的指导意见》，以规范和引导全国检察机关办理公益诉讼新领域案件，各地检察机关探索办理了一些生物安全、文物和文化遗产保护等新型案件。除提起公益诉讼外，检察机关积极探索采取支持（社会组织）起诉或督促（政府）启动生态环境损害赔偿程序等方式，维护生态环境公共利益。

总体来看，检察公益诉讼制度试点以来，全国检察机关充分发挥检察职能作用，聚焦“美丽中国”国家战略，践行生态检察恢复性司法理念，加强检察公益诉讼办案机构专业化建设，依托“专项行动”推动重点工作，充分运用检察一体化办案机制，建立公益诉讼内外协作机制，针对生态环境和资源保护领域存在的突出问题办理了一批环境公益诉讼案件。以建立体现中国司法制度特点的检察公益诉讼制度为核心，积极推进检察公益诉讼工作，积累了丰富的实践经验，有力地推动了有中国特色的环境公益诉讼制度的成熟定型。

（五）生态环境损害赔偿制度向精细化发展

自2019年最高人民法院制定《关于审理生态环境损害赔偿案件的若干规定

（试行）》（以下简称《若干规定》）以来，特别是《民法典》《土壤污染防治法》《固体废物污染防治法》《森林法》等法律对生态环境损害赔偿制度作出实体法规定后，生态环境损害赔偿诉讼案件在2020年出现了转折性变化。从生态环境损害赔偿制度改革整体看，全国已经初步构建起“责任明确、途径畅通、技术规范、保障有力、赔偿到位、修复有效”[①]的生态环境损害赔偿制度。从生态环境损害赔偿诉讼制度来看，生态环境损害赔偿案件数量有大幅增加，质量也有很大提高，尤其是在诉讼制度与行政磋商衔接机制方面进行了富有成效的探索。

课题组对2019～2020年度立案66件生态环境损害赔偿案件进行分析，[②]从生态环境损害赔偿诉讼案件审判的角度观察相关变化。[③]

第一，2020年度生态环境损害赔偿案件的数量有所增加，同比上升172%，案件分布于全国一半以上省份，各地纷纷涌现“第一起”“首个”生态环境损害赔偿案件。生态损害赔偿案件涉及的赔偿权利人或诉讼原告呈现多元性。

第二，磋商结案的案件明显增多。这是《若干规定》将磋商确定为强制性前置程序后出现的显著变化。2020年度审结的36件生态损害赔偿案件中，磋商结案案件21件，占70%。磋商成功但未申请司法确认的案件4件，占整体磋商案件的19%；磋商成功且申请司法确认的案件17件，占整体磋商案件的81%。（见图15）

① 参见中共中央办公厅、国务院办公厅《生态环境损害赔偿制度改革方案》“一、总体要求和目标”。

② 数据源于最高人民法院环境资源审判庭、最高人民法院及地方法院发布的典型案例、生态环境部网站、中国裁判文书网、北大法宝网等，搜索时间为2019年1月至2021年1月。经过筛选和汇总，共搜集到案例66件。以立案时间为准，2019年案例共31件，2020年案例共35件。

③ 参见《中国环境司法发展报告（2020）》分报告，冀鹏飞、孟昱含、李鑫潼：《生态环境损害赔偿诉讼的创新与发展：以磋商程序为重点》。

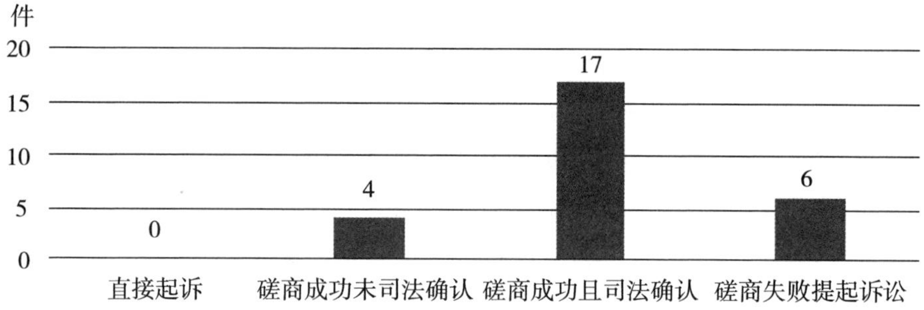

图 15　生态环境损害赔偿案例程序分布

资料来源:中国司法大数据研究院。

第三,生态环境损害赔偿行政磋商过程中的第三方参与明显增加,表明《生态环境损害赔偿制度改革方案》关于“创新公众参与方式,邀请专家和利益相关的公民、法人、其他组织参加生态环境修复或赔偿磋商工作”的改革措施正在落地。实践中,参与磋商的第三方主要有司法机关、相关方(如鉴定评估机构、公安局、执法大队等)、调解机构、专业人士(技术、法律专业人士等)。(见图 16)

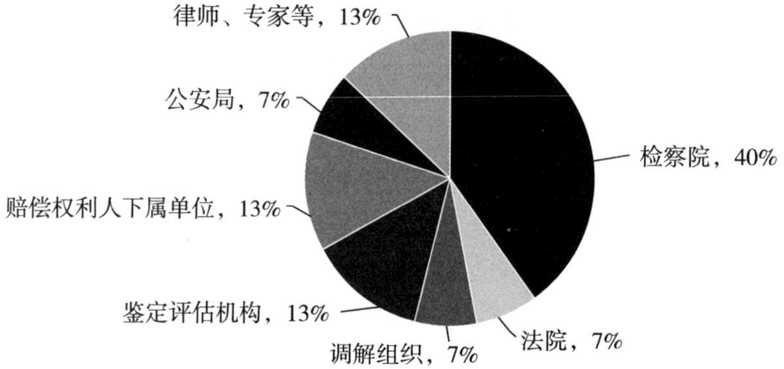

图 16　磋商中第三方参与情况

第四,生态赔偿金的范围与管理相对规范。实践中,生态环境损害赔偿金主要包括三个方面:一是因修复行为产生的量化金额;二是生态环境提供服务功能受损的量化金额;三是为救济生态环境损害而产生的合理费用。与此同时,生态环境损害赔偿金分别纳入地方国库、地方财政账户和赔偿权利人账户管理。(见图 17)

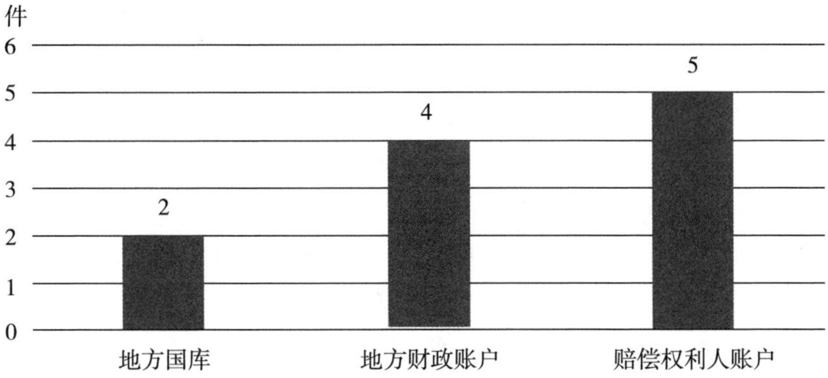

图 17　生态损害赔偿金管理模式及其数量分布

总体上看,2020 年生态环境损害赔偿制度开始向纵深发展。随着顶层设计不断完善,生态环境损害赔偿诉讼与相关程序的衔接更加顺畅,尤其是诉讼与磋商的衔接实现了法律效果、社会效果与政治效果的有机统一。在生态环境损害赔偿诉讼案件的审判实践中,各级法院不断探索创新,在赔偿责任承担方式、损害赔偿类型、简化鉴定评估程序等方面都有积极进展。

三、环境司法重点领域体现专门化专业化发展趋势

2020 年,《民法典》颁布、长江生态修复攻坚战和抗击新冠肺炎疫情是具有年度重大意义的事项,且对环境司法具有深远影响。课题组对这三个领域的相关案件进行了重点观察。目前,这些领域的案件不多,审判还存在各种各样的难点、堵点,但其所具有的特殊性,影响着环境司法专门化、专业化发展的未来。其中,原《民法总则》中“绿色原则”在司法实践中的适用情况,对于《民法典》实施后更好处理和解决司法实践中的相关问题,保证“绿色规则”体系的正确适用大有裨益;[①]对长江流域相关案件情况的分析对于保证《长江保护法》的正确实施,正确把握流域案件集“流域性”“社会性”“空间性”于一体、建立“系统性”“协同性”“整体性”司

① 参见吕忠梅:《〈民法典〉“绿色规则”的环境法透视》,载《法学杂志》2020 年第 10 期。

法理念意义重大①。对医疗废弃物处置相关案件的分析，对于司法合理介入公共安全事件应急管理，充分发挥司法政策形成功能，促进公共安全事件治理体系和治理能力现代化具有重要作用。

（一）绿色原则功能作用初显但需认真对待

《民法总则》自2017年10月1日实施以来，“绿色原则”开始在司法实践中运用。课题组收集到相关裁判文书1230件，②通过对这些裁判文书的全面观察，可以发现《民法典》实施后值得关注的一些动向。③

第一，适用“绿色原则”裁判案件的案由几乎涵盖所有民事案件，以合同纠纷、物权纠纷和侵权责任纠纷为主。在各类案件中，合同纠纷占比最高，合同纠纷中房屋买卖合同纠纷占比最高。侵权纠纷中，恢复原状和排除妨害纠纷占比最高。（见图18）

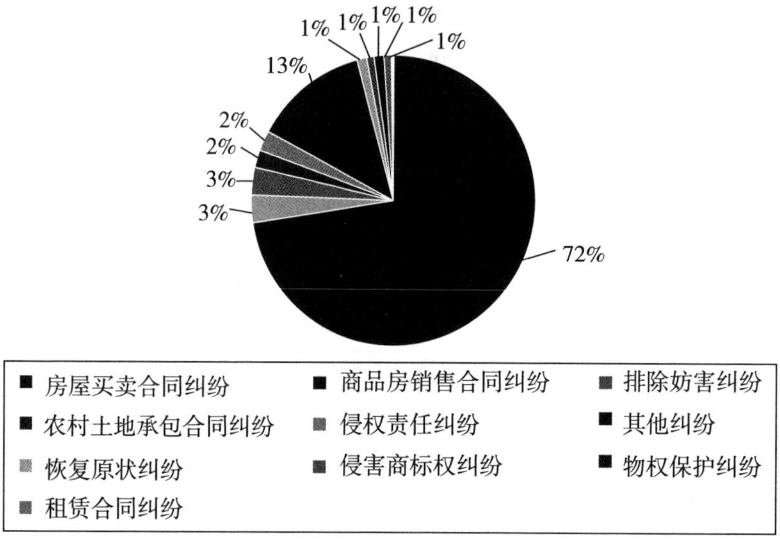

图18 适用“绿色原则”案件的案由分布

① 参见吕忠梅：《〈长江保护法〉适用的基础性问题》，载《环境保护》2021年第Z1期。

② 研究样本主要源于中国司法大数据研究院，搜索关键词为“民法典第九条”，时间为2017年10月1日至2020年12月31日。

③ 参见《中国环境司法发展报告（2020）》分报告，欧恒、袁明、李文贺：《民法典绿色原则司法适用的裁判总览与规则检讨》。

第二，适用“绿色原则”案件，大多由基层法院受理且适用简易程序较多。在1230件案件中，适用普通程序的849件，占比69%；适用简易程序的381件，占比31%。（见图19）

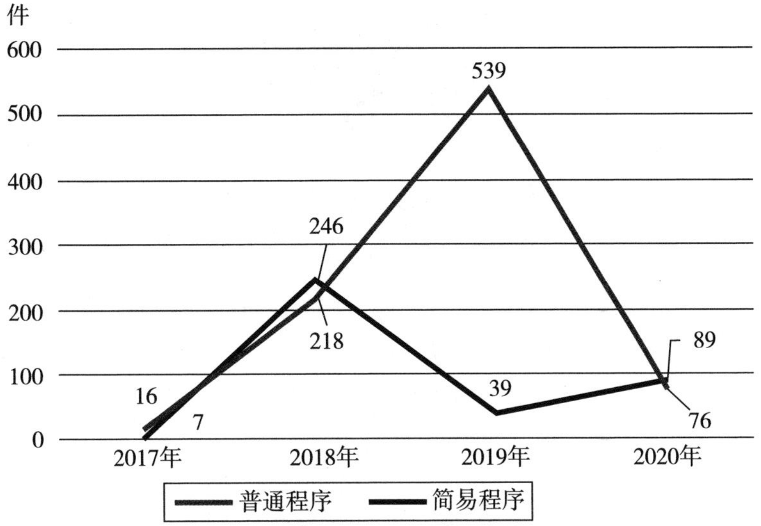

图19　适用“绿色原则”案件的审理情况

第三，“绿色原则”在具体案件的适用中，大多能够体现价值宣示、补强说理和规范补充功能。直接作为判决依据的较为少见，仅有少量案件与其他实体法依据并列适用。对201份裁判文书的内容进行分析发现，[①]有些案件能够较好体现此三种功能，也有一些案件对于“绿色原则”的适用缺乏合理性或有牵强附会之嫌，我们将其称为“适用原因不明”。（见图20）

---

① 课题组在1230份裁判文书中，选择了要件完备的201份判决书进行了认真阅读并做了分项统计。

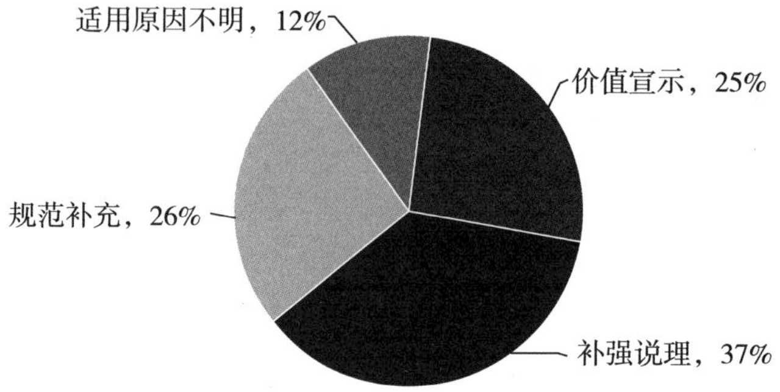

图 20　基本原则功能发挥情况

第四，对 201 份裁判文书的内容进行分析发现，适用“绿色原则”补强说理的案件存在两种样态：一种是将“绿色原则”与案件事实结合进行整体的解释适用，将资源节约和环境保护综合进行结合说理，另一种则表现将“绿色原则”的部分内容与案件事实结合说理。在部分说理案件中，出现了“生态环境”“生活环境”“自然资源”“生活资源”等不同解释。（见图 21）

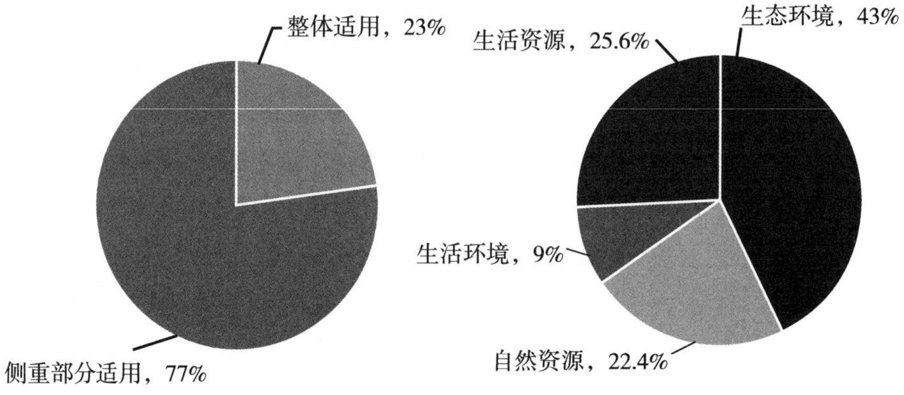

图 21　“绿色原则”适用情况

总体上看，“绿色原则”在司法中的适用，能够正常发挥民法基本原则的价值宣示、补强说理和规范补充功能。“绿色原则”在资源类案件中的适用多于环境污染类案件，一定程度上与环境保护立法中的污染防治类法律相对健全有关。法官较少运用“绿色原则”作为判决依据，与司法实践中法官直接运用法条更“安全”的心理有关。“绿色原则”适用中的一些问题，当时也与《民法典》尚未全部实施，仅适用《民法总则》导致对“绿色原则”的体系性解释存在一定障碍。但是，司法实践中，“绿色原则”大量适用于合同纠纷，并且主要是房屋买卖纠纷，且主要在基层法院的简易裁判程序中适用，值得高度关注，课题组已经发现个别案件有“向一般条款逃逸”问题。

《民法典》已于2021年1月1日实施，民法学亦从立法论时代转向解释论时代。“绿色化”中国《民法典》的立法亮点，也是中国《民法典》的适用难点。“绿色原则”作为《民法典》基本原则，将对整个民事活动产生限制性影响，①迫切需要对其解释方法和适用规则予以统一。“绿色原则”与物权编、合同编、侵权责任编中的相关“绿色条款”的解释与适用，也需要从民法与环境法两个方面加以研究，形成相互衔接的解释方法和适用规则。为此，应在及时总结“绿色原则”司法实践情况的基础上，加快相关司法解决方案的供给，保证《民法典》的正确适用。

（二）长江流域环境司法的流域性特征更加明显

2020年是长江保护修复攻坚战行动计划实施的关键之年。课题组收集到2020年非法捕捞水产品和非法采砂两类具有典型流域性特征的民事、行政、刑事裁判文书1655份，②对这些裁判文书的分析对推动《长江保护法》的实施具有重要的意义。③（见图22）

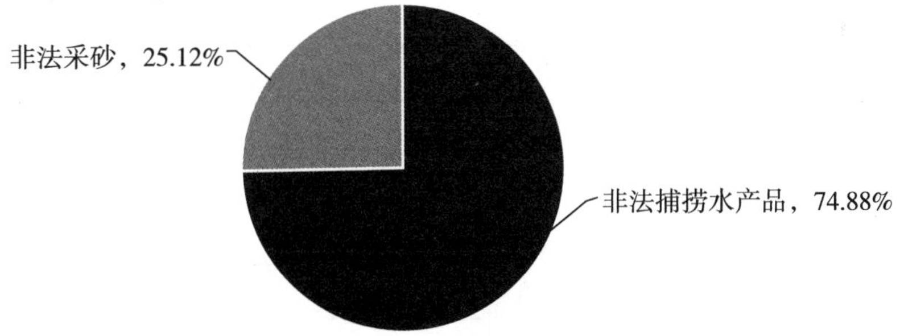

图22　非法捕捞水产品和非法采砂案件分布比例

① 参见侯国跃、刘玖林：《民法典绿色原则：何以能及如何展开》，载《求是学刊》2019年第1期。

② 数据源于中国司法大数据研究院。本数据为2020年长江流域非法捕捞水产品、非法采砂案件的裁判文书，其中，2019年立案2020年结案的有62件，2020年立案和结案1593件。

③ 参见《中国环境司法发展报告（2020）》分报告，罗文君、邱秋：《长江流域环境司法的主要特征与建设方向：以非法捕捞水产品和非法采砂案件为样本》。

第一，两类案件发案率较高，且具有明显的跨区域作案特征。2020年长江流域的非法捕捞水产品案件达到1239件，其中刑事案件1221件，占比为98.54%，历史上单年度发生率最高，也是流域2020年第一大高发案件。非法采砂违法犯罪行为长期屡禁不止，2020年达416件，其中，刑事案件366件，占比87.98%，属于长江流域2020年第二大高发案件。非法捕捞水产品与非法采砂行为不但对生态环境的破坏触目惊心，而且引发了买卖、借贷、运输、人身侵权等广泛的纠纷，社会危害十分严重。更为严重的是，在暴利的诱惑和驱使下，目前已经形成了“盗捕盗采、运输、销售”的违法犯罪地下产业链条，其专业化程度不断提升。各地频现多艘渔船有组织地进行非法捕捞作业的情况，甚至出现鱼贩组织渔民专门从事非法捕捞的情形。① 非法采砂案件则往往与涉黑、诈骗等案件交织在一起。有一起非法采砂案件涉及重庆、四川、江苏、湖北、湖南、江西、安徽、河南、福建9省36地市，涉案金额过亿元。②（见表5、表6）

表5　长江流域非法捕捞水产品和非法采砂案件被告人数分布

单位：件

被告人数	非法捕捞水产品案件	非法采砂案件	总计
1	564	139	703
2	453	116	569
3	196	88	284
4	119	104	223
5	40	92	132
6	42	72	114
7	14	77	91
8	24	32	56

① 参见陈烺：《非法捕捞形成地下产业链！“长江十年禁渔”第一年，犯罪团伙依然铤而走险》，载劳动观察网，https://www.51ldb.com/shsldb/sz/content/017728ed2a0ac001cdf35726d09c04be.html，最后访问日期：2021年5月20日。

② 参见马媛：《横跨9省案值过亿　长江非法采砂案挖出9个“保护伞”》，载中国新闻网，http://www.chinanews.com/sh/2019/11-28/9019177.shtml，最后访问日期：2021年5月21日。

续表

被告人数	非法捕捞水产品案件	非法采砂案件	总计
9	16	18	34
10	0	40	40
11	11	33	44
12	0	12	12
13 ……	0	13	13
18	0	18	18
19 ……	0	40	40
22	0	22	22
23	23	0	23
人数不详	10	120	130
合计	1512	1036	2548

表 6　长江流域非法捕捞水产品和非法采砂案件被告人数区间

单位:件

被告人数区间	非法捕捞水产品案件	非法采砂案件	总计
1	564	139	703
2 ~ 9	904	639	1543
10 ~ 20	11	116	127
20 ~ 23	23	62	85
总计	1502	956	2458

第二,流域司法协作成效明显。针对两类案件流域作案特征明显,但存在线索发现难、调查取证难等问题,长江流域司法机关普遍开展了流域司法协作。通过跨区域、跨部门联合执法,行刑衔接打击流域性犯罪已成为常态。在发现犯罪线索阶段,流域性公安机关长江航运公安局发挥了重大作用,通过与地方行政机关加强协作,长江流域各地方农业农村、水上交通运输、海事等执法部门提供了大量案件线

索。在侦查犯罪、调查取证阶段,公安机关与法院加强行刑衔接,就案件的移送加强配合。针对跨界作案,案件发生地、销售地市场销售价格不同导致执法和司法认定难等突出问题,相关部门出台损害定价规则等,统一办案标准与流程。

第三,探索流域恢复性司法实践方式,促进生态环境修复与生产发展转型。长江流域各级法院在惩治非法捕捞水产品犯罪时,充分考虑流域渔业资源和生物多样性保护的需要,创设增殖放流、收取渔业资源损害及恢复费用、生态修复费等方式,并将有关情况作为酌情从轻、减轻等量刑情节考虑。在处理非法采砂犯罪案时,探索适用补植复绿、社区效正、劳务代偿、生态修复金等方式,并将其作为行为人认罪悔罪的量刑情节考量,通过这些创新方式引导行为人生产发展转型。

观察两类案件,可以明显地看到针对流域性特征明显案件所制定的司法政策和司法解释正在发挥积极作用,流域环境司法协作也取得了实质性进展,成效显著。但也存在对案件的流域性特征把握不准、流域性案件司法规则供给不足,司法协作形式化、短期性与非稳定性等问题。在《长江保护法》实施过程中,应加强对流域性司法规律的探索和总结,及时出台相关司法解释,明确司法规则;进一步加强环境司法协作的规范化和制度化建设,保障司法协作机制健康稳定运行。

(三)医疗废弃物处置不当引发环境污染案件值得关注

在疫情防控常态化的形势下,医疗废弃物收集、运输、无害化处理问题引起社会各方面高度关注,其中,医疗废弃物处置不当可能引发的环境污染既是热点,也是难点。因为2020年尚在新冠肺炎疫情期间,与当年医疗废弃物处置相关的环境污染案件还不会集中进入法院,但我们可以通过对近年来已经发生的案件进行分析,为未来可能发生的案件提供处理经验和教训。

近年来,我国的医疗废弃物产生量一直处于上升状态。根据生态环境部《全国大中城市固体废物污染环境防治年报》公布的相关数据,课题组对2013年以来的医疗废弃物产生量进行统计,其中,根据生态环境部2020年5月发布的疫情期间医疗废弃物产生量可推算2020年度医疗废弃物全年产生量为同比增加20%。(见图23)

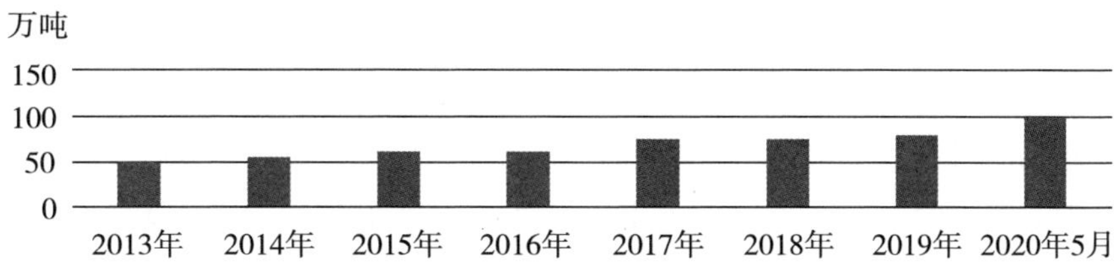

图23　我国大中型城市医疗废弃物产生量

注：生态环境部2020年5月23日通报的全国医疗废弃物处置的情况，2020年1月20日至5月23日全国已产生39.8万吨医疗废弃物，接近2019年全年度产量半数，预计2020年全年约有20%的涨幅。

因为新冠肺炎疫情影响，2020年上半年，一些地方法院尤其是疫情集中暴发地区法院基本处于案件受理停止状态，加之案件发生本身具有一定滞后性，无法准确观察2020年度相关案件的实际情况。因此，课题组收集了2017年至2020年的相关裁判文书232份，[①]作为对与医疗废弃物处置相关环境污染案件的分析样本。[②]（见表7）

表7　医疗废弃物处置相关环境案件裁判文书年度情况

单位：件

年份	民事案件	行政案件	刑事案件	总计
2017	1	10	26	37
2018	2	19	33	54
2019	37	23	33	93
2020	9	16	23	48
总计	49	68	115	232

从已有样本看，这类案件涉及民事、行政、刑事案件中的多种案由，且未明确实行归口审理，因此，很难看到相关案件审判的全面情况。但从中也可以发现此类案

---

① 此部分分析样本以关键词检索与人工筛查为方法。在“最高人民法院信息中心”数据库与“威科先行”法律信息库中筛选，时间为2017年1月1日至2020年12月31日，裁判文书中同时包含“医疗废弃物”与“污染”两个关键词的医疗废弃物处置案件。

② 参见《中国环境司法发展报告（2020）》分报告，赵珂、王雅琪：《疫情背景下医疗废弃物处置裁判的实证检视与对策建议》。

件的一些明显特征。

第一,涉及医疗废弃物处置的环境污染行政案件,以行政处罚类案件为主,公益诉讼占比较高。在68件行政案件中,有22件由检察机关提起的行政公益诉讼案件,被告涉及卫生和计划生育局、卫生健康局、环境保护局、生态环境局、住房和城乡建设局以及人民政府等;被告怠于履行监管职责主要表现为,所监管医疗机构无污水处理设施或将医疗污水直接超标排放至城市污水处理系统。(见图24)

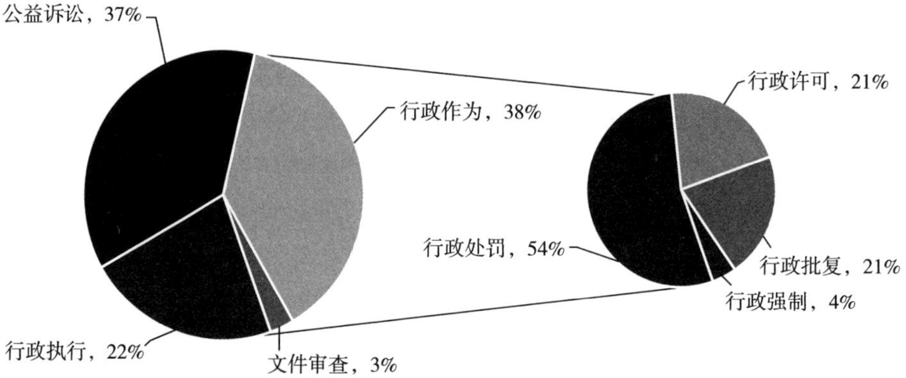

图24　涉及医疗废弃物处置的环境污染行政案件情况

第二,刑事案件以“污染环境罪”为主(占),犯罪后果主要是“严重污染环境”,“后果特别严重”的案件较少。115份刑事裁判文书中,污染环境罪的裁判文书112份,占97.4%;确认为“严重污染环境”的98份,占85.2%。刑罚以“轻型”为主,判处罚金较多。115份裁判文书中,适用1年以下与1年至2年有期徒刑的超过半数,判处3年以上有期徒刑刑罚的仅为15%,适用缓刑为27.5%;判处罚金高达98.9%,且罚金数额普遍较低。(见图25)

第三,涉及医疗废弃物处置环境污染的民事案件,以合同纠纷为主。课题组收集的49件医疗废物处置民事裁判文书中,有39件为合同纠纷,占比79.6%;其他为侵权纠纷。39件合同案件的争议标的均为不履行原被告签订的《医疗废物处置合同》,涉及合同效力的认定、政府采取集中处置措施是否可以终止合同履行或解除合同等内容。

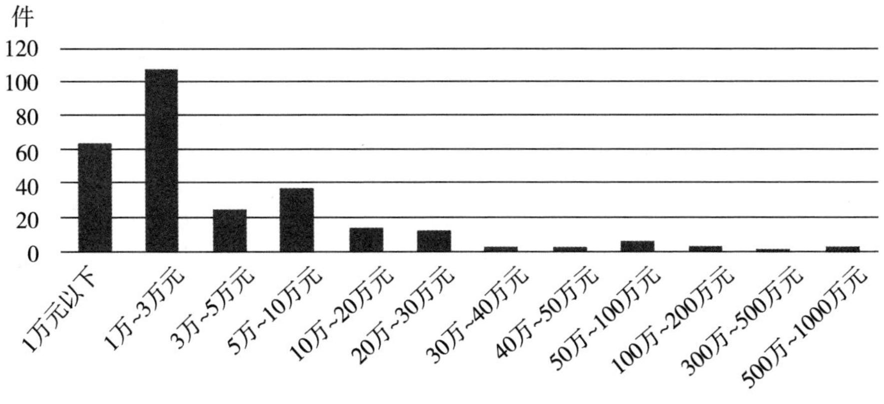

图 25　涉及医疗废物处置的环境污染刑事犯罪罚金适用数额

总体上看,涉及医疗废弃物处置污染环境案件的上诉率高且改判、重审率高。115 份裁判文书中,二审文书改判率(包括改判与部分改判)民事案件为 25%、行政案件为 23.6%、刑事案件为 19%;二审行政裁判文书中发回重审的占 24%。这些数据都远远高于人民法院同期案件的平均水平。一方面,反映出相关案件处理的法律依据不够充足,导致审判中的事实认定和法律适用困难,各类案件的上诉率、改判率、发回重审率较高;另一方面,也折射出执法监管存在一定问题,相对来看,行政公益诉讼案件比较集中且多个职能部门成为被告,至少表明监管主体、法定职责、严格执法等方面都有短板和弱项,不能满足维护公共利益的需求。

因为受到多方因素限制,目前的观察比较初步,判断也基于对现状的初步分析。但现有案件中反映出来的问题值得高度重视,课题组也将继续跟踪,以期通过更深入的研究,对解决这一领域的司法问题提出有价值的意见建议。

四、为环境治理体系和治理能力现代化贡献司法力量

"十三五"期间,中国生态文明建设取得了历史性成就。"十三五"主要污染物排放总量大幅减少,9 项约束性指标超额完成,生态环境明显改善,人民群众环境获得感显著增强,生态环境保护水平同全面建成小康社会目标相适应,污染防治攻坚战阶段性目标任务圆满完成。这些成绩的取得,司法机关发挥了不可替代的作用。各级司法机关认真学习贯彻习近平生态文明思想,深入贯彻落实"两山"理念,

严格履行宪法法律赋予的职责，坚持司法为民宗旨，结合司法改革任务参与环境治理体系建设，为环境治理体系和治理能力的现代化积累了宝贵的经验。但是，与“十四五”和2035年远景规划擘画的“人与自然和谐共生”的现代化目标相比，环境司法尚须在把握新发展阶段、贯彻新发展理念、构建新发展格局中继续努力，坚持环境司法专门化道路不松懈，坚定环境审判专业化方向不偏离，加快探索生态环境保护新领域司法保护步伐，为实现“美丽中国”目标不懈奋斗。

（一）坚持环境司法专门化道路不松懈

在我国环境司法专门化体系基本建成的基础上，继续补短板、强弱项、增活力、上水平，完善和健全环境司法专门化体系。

1. 持续优化专门组织体系机构，夯实环境司法专门化基础

深化环境资源审判机构建设。认真总结现有环境资源审判组织建设的经验教训，切实解决跨区域集中管辖、流域管辖后各类专门法庭面临的新情况、新问题，落实环境资源审判机构分类指导机制。① 构建专业法庭、巡回法庭、集中管辖法院既相互配合又分工明确的审理格局。深化检察公益诉讼机构建设。在现有机构布局的基础上，加大公益诉讼案件集中办理以及“多检合一”机构建设力度，建立与绿色司法需求相适应的检察公益诉讼专门组织体系。加快公安机关环境资源案件侦查专门体系建设步伐，力争公、检、法绿色专门化体系早日建成。

加快形成专业人才培养机制。从体系化、系统性角度对环境司法人才培养进行顶层设计，建设跨学科人才培养平台，注重培养具有生态环境与法律多元知识结构、理论与实践双重能力素质的复合型专业人才，不断充实环境司法队伍。加强对在职法官、检察官、执法人员和法律服务人员的培训力度，提升环境司法队伍的综合能力。高度重视培养具有全球视野、国际化知识的涉外环境司法人才，为引领全球生态环境治理新格局储备优质人才资源，争取更多进入国际环境司法领域机会。

2. 不断完善环境司法机制，健全环境司法专门化程序

优化环境资源案件管辖制度。健全环境资源案件跨区域集中管辖制度，以及

① 《中共中央办公厅　国务院办公厅印发〈关于构建现代环境治理体系的指导意见〉》，载中国政府网，http://www.gov.cn/zhengce/2020-03/03/content_5486380.htm。

与诉讼管辖相适应的检察公益诉讼案件办理制度。进一步理顺跨区域集中管辖与非集中管辖、区域管辖的关系,合理设置跨省域集中管辖或对接机制。明确环境资源跨区域管辖标准,探索建立环境资源案件集中管辖裁量基准和程序。

完善环境资源案件的类型划分标准。认真落实《环境资源案件类型与统计规范(试行)》,以正确适用法律为目标,积极探索环境资源案件的类型化方案,进一步完善环境资源案件案由规定,优化环境资源案件受案范围,探索差异性适用规则。

改革环境资源案件审判模式。在继续推进环境民事、行政、刑事"三审合一"归口审判模式的基础上,加大对环境民事与行政交叉案件、环境刑事附带民事公益诉讼案件、生态环境损害赔偿与公益诉讼案件审判模式的创新研究,确立相应审判原则、统一审判方式与裁判标准,推动环境资源审判模式的深拓与革新。

3. 继续强化环境司法协作机制,健全环境司法专门化体系

继续推进环境资源审判协作机制建设。不断完善环境资源刑事、民事、行政审判和立案执行等业务部门既分工负责又密切合作的协同审判工作机制。理顺上下级法院之间业务对口关系,加强环境资源审判业务对口指导和监督。加大检察机关内部公益诉讼检察业务部门与相关业务部门的协同工作机制,优化上下级检察院之间的业务指导和工作监督机制。

加强环境司法执法协同机制建设。建立生态环境行政执法机关与司法机关、审判机关与检察机关的信息共享、案情通报、案件移送制度,健全行诉对接、行检协调、法检协同机制。实现诉前行政内部预警、司法外部督促,诉中联动转化证据,诉后执行信息共享。① 积极推进建立"恢复性司法实践 + 社会化综合治理"审判结果执行机制。

加快促进环境纠纷多元解决方式的协同运行。积极推动成立包括司法机关、行政主管机关、人民调解组织、行业调解组织、仲裁机构在内的综合性纠纷调处中

---

① 参见王雅琪、张忠民:《现代环境治理体系中环境司法与行政执法协作机制的构建》,载《中国矿业大学学报(社会科学版)》2021 年第 1 期。

心。[1] 构建起衔接顺畅、协调有序的环境纠纷解决新格局。探索建立类案检索抗辩机制，充分保障社会公众的知情权、参与权，积极探索环境司法接受公共监督的新机制。

（二）坚定环境审判专业化方向不偏离

在环境审判专业化已经取得不俗成绩的基础上，加深对环境资源案件审判的特殊性、规律性认识，不断提高审判质量，将环境司法专门化制度优势转化成为实现社会公平正义的治理效能。

1. 加强《民法典》实施中的环境资源审判研究，推动形成民法与环境法有机结合的司法解释与法律适用规则体系

精准把握《民法典》“绿色原则”对民事活动的整体性限制功能，建立“绿色原则”合理解释体系，明确“绿色原则”适用规则，确保绿色原则司法适用的严谨性、正当性。明确《民法典》物权编、合同编、侵权责任编相关制度与“绿色原则”的关系，探索建立《民法典》绿色制度的民法理论与环境法理论有机结合的体系性解释方法。[2]

正确把握《民法典》侵权责任编建立的生态环境责任的“生态恢复论”基础与传统侵权责任“损害补偿论”的根本差异，[3]探索满足生态环境责任承担的司法解释路径与综合性解释方法，真正建立恢复性司法机制。

继续完善环境民事案件审理规则、证据规则、裁判规则，切实解决环境损害鉴定机构规范化、损失认定标准化问题。

2. 完善环境行政案件审判规则，建构行政行为合理性审查的绿色标准

准确界分环境行政案件案由。建立以管理部门为基础、以环境执法内容为补充的双重界分标准，探索环境行政案件四级案由制，合理区分一般性行政案件与环境行政案件，切实解决行政案件“归口审理”不“专业”问题。

---

① 参见游劝荣：《践行习近平法治思想　推进非诉讼纠纷解决机制建设》，载《人民法院报》2020年12月28日，第2版。

② 参见吕忠梅：《〈民法典〉“绿色规则”的环境法透视》，载《法学杂志》2020年第10期。

③ 参见吕忠梅、窦海阳：《以“生态恢复论”重构环境侵权救济体系》，载《中国社会科学》2020年第2期。

强化司法审查的绿色导向。建立绿色原则适用于行政案件基本标准,将其作为合理性审查的一般原则,加强对行政行为的合理性审查力度。

完善环境行政案件的事实认定与法律适用规则。进一步明确证据规则、裁判程序规则、民行交叉案件证据采信规则,明确行政附带环境民事诉讼审判规则。

3. 优化环境刑事审判规则,强化刑事预防功能,精准打击环境刑事犯罪

加强对《刑法修正案(十一)》规定的与生态环境保护相关罪名的研究,加大对生物多样性保护、景观多样性保护、重点生态区域保护等生态类案件的司法保障力度,注重刑法的预防性功能,发挥刑法规范在环境犯罪治理中的作用。

探索环境资源犯罪的常态化治理机制。深化以审判为中心的刑事诉讼制度改革,落实环境刑事领域的能动司法和职权主义模式。完善刑事证据认定规则、刑事附带民事公益诉讼案件程序规则,适度降低环境刑事案件证明标准。

实现以行为标准作为认定环境犯罪的基准、以结果标准作为定罪的裁量标准,进一步明确生态环境保护的基本边界。降低入罪门槛,将以环境为介质而产生危害的行为纳入污染环境罪的适用范围。以《民法典》绿色原则为指导确立环境犯罪的保护法益,重视刑事责任与民事责任的衔接,统筹适用刑事、行政和民事责任。

4. 健全环境公益诉讼和生态环境损害赔偿规则,完善中国特色司法制度

面对检察机关成为公益诉讼绝对主力的现实,着力解决检察公益诉讼制度发展面临的问题和困难。一方面,结合中国司法体制实际,适时推动公益诉讼专门立法。另一方面,加强实践探索,明确检察机关"公益诉讼代表人"的诉讼地位,在"国家利益和社会公共利益"的实体权益享有者为国家和社会公众的情况下,通过立法将"国家利益和社会公共利益"诉权权益赋予检察机关。与此同时,大力加强检察公益诉讼专业化建设,树立恢复性司法、整体环境治理、最严格环境责任等绿色司法理念,加强办案团队专业化、办案人员专业化建设;通过扩大解释或者修改立法的方式探索建立检察机关提起预防性环境公益诉讼制度;着力推进解决生态环境损害鉴定难问题,进一步完善检察公益诉讼这一具有鲜明中国特色的环境司法制度。

认真总结《若干规定》实施以来的司法实践经验,结合《民法典》第 1234 条、第 1235 条及《土壤污染防治法》、《固体废物污染环境防治法》、《森林法》相关规定的

法律适用问题研究,推动修订形成正式生态环境损害赔偿案件审理规则,将司法实践的成熟经验固化为司法制度。着力解决生态环境损害赔偿诉讼案件审判中存在的赔偿主体、赔偿范围、赔偿方式以及赔偿程序、司法鉴定评估、赔偿资金管理、生态修复方案落实等不明确、不完善问题。积极推动完善行政磋商程序及与诉讼程序有效衔接问题,一方面,推动解决磋商程序中实质审查环节适用不足、赔偿义务人的认定环节相对薄弱、磋商的时限无明确规定等问题;另一方面,着力解决磋商与诉讼衔接机制建设,在将磋商确定为诉讼前置程序的情况下,进一步明确磋商失败的司法判断标准、磋商与诉中调解的衔接关系、磋商协议的司法确认规则等问题。巩固生态环境损害赔偿制度改革成果,更好地发挥其制度功能。

5. 高度重视新型环境案件,更好地发挥环境司法的政策形成功能

"十四五"规划纲要明确提出了"广泛形成绿色生产生活方式,碳排放达峰后稳中有降,生态环境根本好转,美丽中国建设目标基本实现"的目标。将碳达峰、碳中和纳入生态文明建设总体布局是中国应对气候变化的重大战略举措。为此,国家陆续出台了系列"双碳"政策并建立了碳汇交易制度,正在大力促进相关政策的落实。可以预见,随着各项节能降碳、减排降碳、增绿增汇政策的实施,碳汇交易市场的建立以及双碳技术发展,相关纠纷将会出现并可能呈现阶段性爆发。在目前并无明确法律规定的情况下,司法机关应及早研究并制定司法政策,适用《大气污染防治法》建立的"气候变化物质与污染物协同控制"机制以及相关法律,规范社会秩序,引领市场健康发展。

2021 年 3 月 1 日开始实施的《长江保护法》,是中华人民共和国成立以来的第一部国家流域立法。这部法律首次将传统的"保护法"与"促进法"相结合,形成了贯彻"生态优先,绿色发展"新理念的"保护法 + 促进法"新立法模式,并且为解决"流域性"问题创建了"国家流域协调机制"、创立了许多新制度。这些新理念、新体制、新制度的实施,有赖于司法机关的积极作为,建立适应流域司法需要的体制机制,出台有针对性的司法政策和司法解释,充分发挥典型案例、指导性案例的示范、规范作用,确保"共抓大保护,不搞大开发"成为社会共识和普遍行动,也为促进黄河流域生态保护和高质量发展积累司法经验。

随着经济社会不断发展和生态文明建设不断进步,一些新兴生态环境保护问

题开始呈现。在环境污染方面，一些由人类活动造成、目前已明确存在、但尚无法律、法规和标准予以规定或规定不完善、危害生活和生态环境的物质，如内分泌干扰物（EDCs）、药品与个人护理用品（PPCPs）、全氟化合物（PFCs）、溴代阻燃剂（BRPs）、饮用水消毒副产物、纳米材料、微塑料等新型污染物的影响正在引起国际、国内的高度关注。在生态保护方面，人兽冲突明显加剧，已经发生了不少事件；自然保护地体系建设、生物多样性保护领域也都出现了新情况、新问题。环境司法应高度重视新型生态环境保护问题，及时研究出台相关司法政策和裁判规则，充分发挥司法功能，巩固生态文明建设成果，保障人民群众环境权益。

2020 年，是“十三五”规划的收官之年，我们欣慰地看到，环境司法在构建“源头严防、过程严管、后果严惩”的生态文明制度体系，形成“全面加强党对生态环境保护的领导、压实地方责任、压实部门责任”的“大环保”格局中发挥了积极作用。我们期待，“十四五”规划开局之年，环境司法在构建“党委领导、政府主导、企业主体、社会组织与公众广泛参与”的现代生态环境治理体系，促进生态环境治理能力现代化，引领国际生态文明司法发展方面发挥更大的作用。

论我国环境仲裁的制度需求与构建

侯佳儒　孔梁成*

摘　要: 基于现有环境纠纷救济机制的不足、仲裁制度自身的优点和环境纠纷的特殊性,有必要立足我国国情构建环境仲裁制度。通过比较借鉴美国、日本、韩国、巴西等国家环境纠纷仲裁的成功经验,建议利用现存仲裁规则,在调解目标、基本原则、基本制度具体规则等方面实现环境仲裁专门化,构建符合我国国情的环境纠纷仲裁制度,以期为环境纠纷提供更专业、更高效的解决渠道。

关键词: 环境纠纷　环境仲裁　《仲裁法》

随着社会经济发展进入新阶段,我国进入了环境事故高发、风险防范形势严峻的时期。由此,我国环境纠纷日益增多。如何立足我国当下国情构建多元环境纠纷解决机制,如何填补、预防和恢复环境损害,如何保护利益相关人的人身、财产权益,是目前亟待解决的重要问题。现有的三种环境纠纷解决方式,即诉讼、调解和当事人自行和解,各有利弊,但相互之间未能有效协调衔接,无法充分满足环境纠纷解决的公正、高效之需。本文提出,可以考虑构建适合我国国情的环境仲裁制度,以此完善既有环境纠纷解决机制。为此,本文将重点探索在我国设立环境仲裁制度的必要性和合理性,并通过比较分析法,针对我国环境仲裁制度构建的核心问题提出完善构想。

---

* 侯佳儒,吉林大安人,中国政法大学教授,博士生导师;孔梁成,浙江东阳人,中国政法大学博士研究生。

一、设立环境仲裁制度的必要性

(一)既有救济机制的局限

目前,我国已经建立了一个以诉讼为主、以民间自行协商方式和调解方式为辅的多元化、综合性的环境纠纷解决机制。① 三种纠纷解决模式在实践中都有广泛运用。但因环境纠纷问题涉及面广、投诉量大,持续时间久而且类型繁多,三种模式在化解环境纠纷的具体适用方面还存在一些不足。

1. 诉讼机制的局限性

诉讼在各种纠纷解决中都居于核心地位。诉讼有益于公正实现,也具备执行力;且环境纠纷诉讼具有规范性、程序性、终局性等优势特点。② 但是,通过诉讼来解决环境纠纷仍有些局限性:(1)环境诉讼的成本较高。在环境污染、生态损害案件中,证明标准较高且证明程序复杂,需要耗费大量的人力、金钱和时间成本。另外,即使已经为此付出相应的成本,由于大部分环境纠纷涉及大量尚未为人类所知晓的科学知识,因果关系存在与否往往仍然难以认定。(2)法院审理环境诉讼的能力不足。现代环境纠纷往往"具有科学深知、经济效率、民主理念与分配正义等多重面相"③,具有较高的专业性。于此,对于环境纠纷的顺利解决,需要法官同时具备扎实的环境法律专业知识和丰富的自然科学知识。然而,在环境诉讼的司法实践中,这类全能型司法工作人员并不多见,大部分司法工作人员仍然不具有审理环境诉讼的能力。(3)环境民事诉讼原告资格过于严格。根据《民事诉讼法》第 119 条的规定,环境民事诉讼的原告必须是"与本案有直接利害关系的公民、法人和其他组织"④。足见,起诉资格的限定较为严格,排除了部分不具有起诉资格但志在保护环境利益的主体,在一定程度上不利于保护环境利益。再者,环境诉讼原告在胜诉情况下获得的经济利益较少,甚至于无,在通常情况下难以抵销诉讼成本带来

---

① 参见齐树洁:《论我国环境纠纷解决机制之重构》,载《法律适用》2006 年第 9 期。

② 参见张梓太、席悦:《生态环境损害赔偿纠纷解决机制分析与重构》,载《江淮论坛》2018 年第 6 期。

③ 叶俊荣:《环境政策与法律》,中国政法大学出版社 2003 年版,第 135 页。

④ 《民事诉讼法》第 119 条:"起诉必须符合下列条件:(一)原告是与本案有直接利害关系的公民、法人和其他组织;(二)有明确的被告;(三)有具体的诉讼请求和事实、理由;(四)属于人民法院受理民事诉讼的范围和受诉人民法院管辖。"

的经济不利益。从某种程度上看,符合起诉资格的原告提起环境诉讼的动力将大为减少。[1]

2. 调解机制的局限性

我国有深厚的调解文化,调解程序具有简单灵活、运行成本低等特点,被广泛适用于各类纠纷解决当中。但是,基于调解机制本身的局限性,其并不适合应用于解决环境纠纷:(1)关于民间调解。第一,环境纠纷双方当事人对于环境权利义务的认知存在较大的差异,难以达成调解。第二,环境纠纷涉及社会公共利益,在调解过程中,当事人的妥协和让步可能会导致社会公共利益的损害。第三,环境纠纷中利益相关主体的数量众多且不易确定,难以确保所有利害相关主体都参与到调解过程当中。(2)关于法院调解。第一,与环境诉讼类似,环境纠纷的解决对于司法工作人员的知识储备要求较高。第二,调解不会进行充分的事实调查。即使最终达成调解,但是由于引发环境纠纷的专门性问题尚未得到合理解决,当事人在法院下达调解书之后仍然可能反悔,进一步增加了环境纠纷解决的不确定性。[2](3)关于行政调解。第一,在绝大多数环境纠纷中,污染环境、破坏生态环境的一方主体大概率是当地的税收大户,地方政府出于维持 GDP 增长速度的政治动机,往往会忽视对环境利益的保护。第二,行政调解协议不具有强制执行力,如果一方当事人不履行或者违背协议的约定,只能诉至法院需求司法救济。从某种程度上看,这不但浪费了行政资源,而且付出了无效的成本。第三,行政调解本质上是政府行为的一种,具有高效的特点。在行政调解过程中,政府可能会为了追求纯粹的效率而导致采取不甚恰当的措施,容易激发新的矛盾,招致环境群体性事件的爆发。

3. 协商机制的局限性

协商机制简便易行,及时而又经济,不失为纠纷解决的可行方式,但是,由于我国环境保护团体力量薄弱,社会影响力不大,环保行政机关又没有合理引导群众积极运用集体谈判和协商手段维护合法权益,造成我国在利用协商方式解决环境纠纷方面的效果甚微。[3] 具言之,协商机制的局限性主要体现在三个方面:(1)当事

---

① 参见吴勇:《论环境纠纷仲裁》,载《环境资源法论丛》2005 年第 0 期。

② 参见吴勇:《论环境纠纷仲裁》,载《环境资源法论丛》2005 年第 0 期。

③ 参见齐树洁:《论我国环境纠纷解决机制之重构》,载《法律适用》2006 年第 9 期。

人协商达成的协议缺乏来自外部的制约,即和解协议没有强制执行的效力,即使不履行也不会有不利后果。(2)在协商过程中,污染环境、破坏生态的一方当事人由于在经济实力和信息获取方面占有优势,会主导协商的进程和结果,导致“廉价正义”。(3)与调解相类似,协商意味着妥协和让步,可能会导致社会公共利益的损害。

(二)环境仲裁制度的优越性

相比于诉讼、调解和和解,仲裁兼有契约性和司法性的双重性质,一方面,能在较短时间内为当事人提供更高效、更专业的纠纷解决机制;另一方面,设立环境仲裁制度能增进我国环境纠纷解决机制的多样化,给当事人更多的选择空间。在域外,部分国家的实践经验表明,环境仲裁是一种有生命力的环境纠纷化解手段。

第一,环境仲裁专业且权威。在环境仲裁机制的语境之下,环境纠纷的双方当事人可以选择具有与环境相关的科学知识和法律知识背景的人员出任仲裁员。值得注意的是,仲裁员的选聘不受地域的影响,因而可以突破诉讼、调解受到的地域限制,更充分地发挥仲裁在解决环境纠纷方面的专业优势。

第二,环境仲裁便捷高效。追根溯源,在于仲裁制度具有高效便捷的特点,这得益于当事人仲裁选择的自愿性,仲裁级别、地域管辖的不区分性,书面审理的可能性,以及仲裁的一裁终局性。①

第三,环境仲裁保密性强。环境纠纷的当事人一方大多是企业,具有维护自身社会形象的利益需求。原因在于,社会形象往往与企业对外融资、股票价格、产品销路等方面息息相关,一旦社会形象受到负面影响,可能会给企业带来巨大的经济损失。于此,企业在环境纠纷的解决过程中并不愿意公开环境纠纷审理过程中的细节,包括证据、裁决等内容。据此,仲裁具有保密性强的特点,常常被认为是仲裁相对于诉讼、调解、协商的最大优势。②

第四,环境仲裁比较灵活。相较于诉讼程序而言,仲裁程序的规则更为宽松。环境纠纷的解决需要更多利益关系的考量和权衡,仲裁员能够探寻到更为灵活的

---

① 参见孙建丽、余洋:《论矿业权仲裁制度的构建》,载《中国矿业》2019 年第 10 期。

② Alexis C. Brown, *Presumption Meets Reality*: *An Exploration of the Confidentiality Obligation in International Commercial Arbitration*, 16 American University International Law Review 969, 972(2001).

解决方案,最大限度地实现当事人利益和社会利益的最大化。特别地,虽然仲裁员应当依照法律以及一系列规范性文件,但是存有例外:在双方当事人选择共同的规则之后,仲裁员在不违背强制性规定的基础之上,应当遵守;在法律缺失的情况,仲裁员可以依照法理、惯例和常识等进行裁决。

(三)环境纠纷的特殊性

环境纠纷相比于传统类型纠纷具有特殊性,而这种特殊性决定了仲裁较其他纠纷解决机制更能满足环境纠纷化解的内在需求。按照美国学者劳伦斯·G. 塞图罗列出的清单,环境诉讼必然全部或者部分具备如下典型性特征:①

1. 有毒有害物质暴露于一定地理空间范围内;

2. 对数量众多或不确定的原告产生影响;

3. 历时长久,可能影响几代人;

4. 以各种不同途径、渠道、方式;

5. 很难建立一般性的因果关系链条;

6. 很难把某一特定被告的某一行为与某一原告的损害联系起来;

7. 难以计算潜在的、可能承担法律责任的被告数目;

8. 难以确定是否应对被告归责,即使应该归责;

9. 往往导致多重诉讼,这些诉讼对法院是极大负担,会产生巨额交易成本,包括数额巨大的诉讼费用;

10. 因这些诉讼的判决产生的罚金,如果按照传统法律规定,将使许多企业陷入财政危机。

上面的清单仅仅从法律技术层面概括了“环境侵权诉讼”的法律特征。如果从社会学层面考察,可以发现对于大规模的环境侵权诉讼案件而言,其诉讼过程之困难,远远不仅限于这些法律技术困难。环境诉讼当事人双方往往力量悬殊,一方往往是大企业,财力、人力、知识、社会资源丰富,而另一方往往是社会单一个体,相对而言在诉讼中经常居于弱势。但现实的诉讼过程往往是一场持久的战争,尤其在

---

① Lawrence G. Cetrulo, Toxic Tort Litigation Guide, 1 - 3/Chapter 1/Part 1, 40037302, 11/2002, Thomson West Groups.

公害领域，其周期可能更长，①因此在公害诉讼中赢得正义，艰难可想而知。从律师角度来看，要承办环境侵权诉讼案件，对其个人之专业能力、财务支持等要求极高，案件获胜率相比其他案件极低，成本效益考虑最不合算，因此对之往往望之却步。可见，通过诉讼化解环境纠纷非常困难，鉴于现代环境诉讼往往涉及巨大经济利益，事关社会的稳定与安全，还会涉及复杂的科学技术因素，调解和和解两种方式也捉襟见肘。相比而言，仲裁制度具有的优势就非常明显。

二、设立环境仲裁制度的可行性

(一)环境纠纷具有可仲裁性：设立环境仲裁的逻辑前提

可仲裁性，即纠纷当事人依据纠纷性质提请仲裁解决的可能性，其对于环境仲裁具有重要的意义。一般来说，可仲裁性包括主体的可仲裁性和客体的可仲裁性。

关于环境纠纷主体的可仲裁性。环境纠纷主体的可仲裁性要求，双方当事人具有平等性。在环境纠纷的司法实践中，其中一方当事人通常情况下是经济实力雄厚的企业，具有较高的社会地位。于此，环境纠纷双方当事人的差距较大，但是，从法律层面上看，双方当事人地位平等。另外，就生态环境损害纠纷而言，政府作为原告就被告污染环境、破坏生态的行为进行索赔，这一行为不是具体行政行为，因为政府在其中并未行使行政管理职能。因此，在这一类纠纷中，应当将政府视为民事主体，与被告具有平等的法律地位。

关于环境纠纷的可争讼性问题。从国外的立法例来看，对可仲裁的事项并未统一规定；《纽约公约》虽然承认了“不可仲裁事项”的概念，但并未给出准确定义。于此，在“可仲裁事项”和“不可仲裁事项”尚未明确的情况下，应当认为仲裁事项并不当然地局限于平等主体之间的合同或其他财产纠纷。《联合国国际商事仲裁

① 例如，印度博帕尔事件1984年发生，但直到25年后，12名法官才开始审理这一案件，法官听取178名目击者证词，审查超过3000份文件后作出判决，8名涉案人员因“玩忽职守”获罪。但这起事件仅截至1984年年底，就造成2万多人死亡，20万人受到波及，附近的3000头牲畜也未能幸免于难。在侥幸逃生的受害者中，孕妇大多流产或产下死婴，有5万人可能永久失明或终身残疾，余生将苦日无尽。再如，日本西淀川公害诉讼从1978年提起，直到1998年最终解决，双方角力20年之久，众多受害者早已离世。迟到的正义是否还是正义呢？

示范法》第 7 条第 1 款规定,仲裁适用于契约性或非契约性法律关系上的争议,仲裁的适用范围并不局限于"商事"或"合同"争议,佐证了前述的观点。在我国,主流观点认为法院的主管范围决定着纠纷的可仲裁范围,原因在于,只要属于法院主管范围,则法院会承认和执行仲裁裁决,实质上提高了仲裁裁决的强制执行力,有利于树立仲裁裁决的权威性,扩大环境仲裁的实质影响力,让环境纠纷的双方当事人选择通过仲裁程序解决环境纠纷。在《民法典》中,设专章规定"环境污染和生态破坏责任",并以"环境污染致人损害"为案由对环境民事纠纷案件进行审理。由此可知,环境纠纷具有可争讼性。

值得注意的是,环境仲裁是"一种可以产生公共后果的私人程序"①。因此,关于是否应当将仲裁引入环境纠纷的解决机制之中,存在不少反对的声音。他们认为,"社会公共利益不仅属于争议当事人,更属于社会公众。任何一方从未和社会签署仲裁协议,不是仲裁的一方当事人"。② 实质上,这是对环境纠纷当事人是否具有处分环境利益资格的质疑。从环境公共利益保护的角度来看,环境是全人类共同拥有的财富,任何人都无法拥有其所有权,那么这是否意味着任何人都无权保护已经或者可能遭受损害的环境利益呢? 这是极其荒谬的想法,十分不利于环境的保护。于此,任何人应当都享有保护环境利益的权力,可以基于保护社会公共利益的目的处分环境利益。当然,正因为环境纠纷涵盖社会公共公益,因此在制度设计上应当区别于传统的纯粹的民商事仲裁。

综上所述,环境纠纷具有可仲裁性,可以通过仲裁的方式解决发生在平等主体之间的合同或其他财产纠纷。

(二)国外环境仲裁模式考察:可借鉴经验

发达国家在工业化的进程中,已然经历了环境事故频发和环境争端爆炸式增长的阶段。在此背景之下,许多国家建立了一套以司法为核心,包括传统诉讼、调解、仲裁和行政处理等方式在内的综合性环境纠纷处理机制。③ 其中,在环境仲裁

① [英]艾伦·雷德芬、[英]马丁·亨特等:《国际商事仲裁法律与实践》,林一飞、宋连斌等译,北京大学出版社 2005 年版,第 147 页。

② 参见赵健:《国际商事仲裁的司法监督》,法律出版社 2000 年版,第 171 页。

③ 参见田洪鋆:《发达国家环境仲裁制度及对我国的启示》,载《环境保护》2012 年第 1 期。

方面，许多国家都有丰富的立法和司法经验。

1. 美国的仲裁与司法互动模式

早在1920年，纽约就颁布了第一部现代意义上的法律，以执行将未来发生的纠纷提交仲裁的仲裁协议；1925年美国通过了《统一仲裁法》，首次规定当事人约定将发生的争议提交仲裁的协议是不可撤回的。① 20世纪七八十年代，随着工业发展导致的环境纠纷逐年递增，美国开始出现"环境诉讼爆炸"问题。② 在这种背景下，1970年美国环境保护署（EPA）成立，并于1980年颁布了《综合性环境应变补偿及责任法》，明确授权环保署及其他机构根据本法对某些类型的环境纠纷进行仲裁。之后，为了充分发挥环境仲裁的作用，各个仲裁委员会专门制定环境仲裁规则和环境纠纷仲裁员名册。此时，美国环境仲裁还具有一个突出的特点，即环境纠纷当事人可视具体情况灵活变动，既可以选择诉讼，也可以选择仲裁，突破了传统意义上诉讼、仲裁二者只能择其一的做法。

2. 环境行政仲裁：日本、韩国的调整委员会模式

在日本，《公害纠纷处理法》规定了环境纠纷的解决可以适用仲裁程序。该法设置了双层管理体制，即设立公害调整委员会和都道府县的公害审查会，作为国家级的公害调整委员会，还设有专门的调整委员会、仲裁委员会和裁定委员会。③ 虽然公害调整委员会和都道府县公害审查会分别隶属于中央和都道府县，④但是二者之间并非上下级关系，各自具有独立性；就分工而言十分明确，管辖权限依据事件性质由法律分别规定。⑤ 具言之，公害调整委员会的仲裁管辖范围有如下特点：除裁定为其专属管辖的案件外，还包括对人体健康或生活环境造成严重危害，损害涉及人数众多的重大事件，整个事件跨越两个以上都道府县的或加害地、受害地跨越

① 参见胡立峰：《外国环境仲裁制度的实践及对我国的启示》，载《内蒙古社会科学（汉文版）》2008年第2期。

② 参见胡立峰：《外国环境仲裁制度的实践及其对我国的启示》，载《武汉科技大学学报（社会科学版）》2007年第6期。

③ 参见范兴嘉、潘凤湘：《我国建立环境仲裁法律制度的理论依据与现实基础》，载《环境保护》2018年第Z1期。

④ 都道府县是日本的行政划分，类似于我国的省市县乡。在日本，分为1都（东京都）、1道（北海道）、2府（大阪府、京都府）和43县，下设市、町、村。

⑤ 参见［日］原田尚彦：《环境法》，于敏译，法律出版社1999年版，第38～39页。

两个都道府县的广域事件；相较而言，都道府县公害审查会的仲裁管辖范围则要小得多，仅是负责处理公害调整委员会仲裁管辖范围之外的其他环境纠纷，而且如果环境纠纷当事人对都道府县公害审查会的处理结果有异议，当且仅当当事人同意的前提下，可以将环境纠纷交由公害调整委员会处理。①

在韩国，《环境污染受害纠纷调整法》规定仲裁可成为环境纠纷解决的方式之一。该法在环境部下设置了中央环境纠纷调整委员会和地方环境调整委员会来负责处理环境纠纷，可采用斡旋、调解和仲裁等方式，但是只有中央环境纠纷调整委员会能适用环境仲裁程序。关于环境仲裁的特点，主要有两个方面：第一，适用仲裁程序的申请既可由当事人提出，也可由委员会主动提出；第二，委员会作出的仲裁决议具有法律约束力，双方当事人不同意仲裁决议，可以在收到决议书的两个月内提出民事诉讼，既不起诉，也不表示是否接受仲裁决议，则视为接受。② 除此之外，本着快速解决环境纠纷的目的，当委员会在审理过程中认为调解比仲裁更合适于特定环境纠纷的解决，在双方当事人同意的前提之下，可将仲裁程序转为调解程序。③

3. 环境民间仲裁——巴西的环境仲裁法庭模式

20 世纪中期以来，巴西政府在亚马逊地区开展了一系列的经济开发活动，主要内容包括修建公路、建设电站、开采矿山和搬迁移民等。无可置疑，巴西政府的行为促进了当地经济的发展，却对当地环境产生了严重的破坏，导致大量的环境纠纷。2001 年，巴西在首都里约热内卢成立了全球首家环境仲裁院，旨在仅为环境纠纷提供仲裁解决的途径。院长阿尔福来多 · 罗德里格斯律师同时表示，环境仲裁院是一个民间机构，具有独立性，不隶属于任何司法机构，它只是"依据有关的法律"来处理环境纠纷，而且仲裁员均是环境保护领域的专家，裁决具有相当的权威性。

比较上述四个国家的仲裁机构，足见国情的重要性，即各国都根据自身国情设置不同形式的仲裁机构。依据仲裁员的来源和仲裁机构运行所遵循的法律，可以

---

① 参见侯茜、宋宗宇：《环境纠纷行政处理的国际实践与借鉴》，载《社会科学家》2005 年第 5 期。

② 参见黄锡生、邓禾：《韩国的环境纠纷行政解决制度及其借鉴》，载《环境保护》2004 年第 3 期。

③ 参见宋宗宇：《环境纠纷行政处理机制研究》，载《科技进步与对策》2006 年第 5 期。

划分为两大类：一类是以美国和巴西的为代表的仲裁机构，仲裁员主要来自民间、社会组织或团体，更具中立性，而仲裁机构的运行依据的是一般的仲裁法；另一类是以日本和韩国为代表的仲裁机构，通常情况下，仲裁员一般为行政机关人员，更具权威性和高效性，而仲裁机构的运行往往根据专门的调整法或者解决法。

（三）国内先期探索：环境仲裁设立的本土资源

目前，我国尚未建立起环境仲裁制度。但是，据前所述，环境仲裁制度对于我国环境纠纷的解决具有一定的意义。因此，从20世纪80年代起，我国就在开始探索环境仲裁制度的本土化。

1980年，苏州市环保局试行《环境保护仲裁条例》，[①]而1981年的苏州电器厂废水污染案和1986年的上海普陀区大气污染案则是环境仲裁制度的成功应用。2004年，厦门在环境纠纷的解决中引入仲裁机制，通过环保部门与仲裁机构的联合，体现了行政机关与民间仲裁机构的合作。2007年，江苏省东台市设立国内首家环境纠纷仲裁庭，成立东台市环境纠纷仲裁委员会，[②]出台《东台市环境纠纷仲裁暂行办法》，成功解决了部分环境纠纷。[③] 这是我国早期环境仲裁的典型案例，为今后环境仲裁制度的构建提供宝贵的实践经验。

环境仲裁制度的设立需要有足额的、专业的环境仲裁员储备。对于环境纠纷当事人而言，选择中立的专业人士作为仲裁人，可能是一个比较安全的方法。[④] 根据1994年《仲裁法》第13条、1995年国务院办公厅《重新组建仲裁机构方案》以及1996年国务院办公厅《关于贯彻实施〈中华人民共和国仲裁法〉需要明确的几个问题的通知》，各省、自治区、直辖市先后在其辖区内按照不同专业分别设置了仲裁员名册，为环境仲裁人员的选任奠定了基础、提供了初步便利。[⑤] 近些年，各地仲裁委员会在仲裁员的聘请方面突破地域、国籍限制，其他适格人员或外籍人员已然被纳入当地仲裁委员会仲裁员名册中，不仅满足了当事人对于环境纠纷仲裁解决的专

---

① 参见蔡守秋：《用仲裁方式解决环境纠纷的探讨》，载《中国环境管理》1983年第1期。

② 参见潘凤湘：《环境仲裁三种典型模式简论》，载《知识经济》2012年第21期。

③ 参见张梓太、席悦：《生态环境损害赔偿纠纷解决机制分析与重构》，载《江淮论坛》2018年第6期。

④ 参见吴勇：《论环境纠纷仲裁》，载《环境资源法论丛》2005年第0期。

⑤ 参见孙建丽、余洋：《论矿业权仲裁制度的构建》，载《中国矿业》2019年第10期。

业性需求，同时地域、国籍的突破更是为仲裁的公正上了一道保险。

与国内环境仲裁的法律环境相比，我国涉外环境仲裁制度较为完善。1988 年，《中国海事仲裁委员会仲裁规则》第 2 条第 1 款规定，该仲裁委员会可以通过仲裁的方式解决“关于海洋环境的污染损害的争议”，打开了环境仲裁的大门。之后，现行《中国海事仲裁委员会仲裁规则》又将海洋资源开发利用纳入受理范围。据此，涉外海洋环境污染损害赔偿案件（如海上排放污染物、海洋资源开发和利用等引起的争议）可以通过仲裁方式解决。① 需要注意的是，上述环境仲裁是以环境行政仲裁为主导。对此，法律未作强制的规定，这意味着环境民商事仲裁存在极大的发展空间。另外，国际环境纠纷的仲裁裁决通过 1958 年的《纽约公约》还可以获得成员国的承认和执行。② 对此，我国进行了商事保留，体现在最高人民法院发布的《关于执行我国加入的〈承认及执行外国仲裁裁决公约〉的通知》之中，即仅对按照我国法律属于契约性和非契约性商事法律关系所引起的争议适用该公约。③ 足见，域外因环境污染纠纷而生的仲裁裁决是可以在我国获得承认和执行的。

三、我国环境仲裁制度设立构想

（一）目标定位：私益平衡中的公益追求

环境纠纷的特殊性决定了其既需要面对环境公益保障诉求，同时也需要对私益保护予以回应，二者保护不能顾此失彼，而须全面兼顾，且需要在二者间达致平衡。由此，私益内部的平衡，以及私益与公共利益之间的平衡，成为环境仲裁的目标追求。鉴于环境仲裁仍须以私法制度以及私益保障为根本，环境仲裁也应当在私益平衡的基础上，寻求公益保障。

首先，私益内部的平衡。环境仲裁作为仲裁制度的特殊类型，其仍然应当遵循仲裁制度的一般准则。仲裁制度既以私主体之间的利益平衡为目标，则环境仲裁

---

① 参见刘姗姗：《我国环境纠纷解决机制实效评析》，载《安徽农学通报（下半月刊）》2011 年第 22 期。

② 参见田洪鋆：《发达国家环境仲裁制度及对我国的启示》，载《环境保护》2013 年第 1 期。

③ 参见薛源：《投资者与东道国争端仲裁与我国法律机制的衔接》，载《国际商务：对外经济贸易大学学报》2017 年第 5 期。

也应以此为利益保护准则，以处理平等私主体之间的利益纠纷、缓和私益间的紧张关系为要旨。事实上，在环境仲裁中，其主体主要涉及环境污染者或者开发者与受害者，二者虽在经济、社会地位等方面或有实际差距，但在法律上均处于平等地位，由此，环境仲裁须以私主体之间的权益平衡为首要目标。也正是因为此种权益保障诉求上的契合性，仲裁得以成为环境纠纷解决机制中之一种。①

其次，对环境公益的维护。环境纠纷往往以环境为中介，最终造成对“人”的损害，由此，也就必然涉及环境公益的保障——这也是环境仲裁与一般仲裁制度的区别之一，在传统仲裁制度中，一般并未将公共利益维护纳入考量范围内。相较而言，环境公益维护不仅是环境仲裁过程中必须予以考虑的面向，还往往在权益保障序列中居于更为优先的地位。而在环境纠纷中，环境公益的维护往往与私益诉求相互冲突，如生产者排污造成环境污染，此为私益与公益之间的第一层矛盾；若要求排污者承担环境治理费用，则由此产生的治理费用负担构成公益与私益之间的第二层矛盾。可见，公益保障在环境仲裁中的真正难点在于，如何与私益维护实现平衡。

总言之，环境仲裁需要妥善处理多种权益关系，如排污者与受害者之间的关系，以及排污者与环境公益享有者之间的关系等。因此，环境仲裁的主要任务，并不能简单地归以“给予一方责任”，而是需要在多种关联、冲突权益之间达致平衡。

（二）模式选择：行政仲裁介入模式

既然环境仲裁的目标是为在私益平衡中维护公共利益，则任何一种单一的仲裁制度——单纯的民间仲裁、单纯的行政仲裁，均无法全面解决环境纠纷；环境纠纷的妥善解决，需要将采撷多种仲裁模式的特点与优势，以综合性的仲裁模式回应综合性的权益保障诉求。鉴于行政仲裁独具优越性以及环境纠纷的现实需求，笔者主张，可尝试在民商事仲裁的基本框架内，采取行政仲裁介入的模式，双管齐下构建环境仲裁制度。至于行政仲裁存在的诸多问题，则可采取其他措施予以解决，如由法院进行监督等。

① 参见刘长兴：《论环境纠纷仲裁的模式》，载《郑州大学学报（哲学社会科学版）》2009 年第 1 期。

1. 仲裁再定位

一般仲裁的纠纷解决范围仅限于私主体之间的纠纷，如民商事纠纷、劳动纠纷等，但环境仲裁之环境公益保障面向、行政仲裁介入手段，便意味着其与传统仲裁制度表现出截然不同的特性，由此，便引发环境仲裁的制度定位之惑：其面向环境公益提供纠纷解决制度保障，是否具有合理性？

在美国的仲裁制度发展过程中，仲裁协会亦曾面对此问题——究竟仲裁协会是否可为不同人群依其特定需求而提供仲裁服务，抑或仅能限于既有传统民商事仲裁范围内。① 对此，美国仲裁协会认为，仲裁制度作为纠纷解决机制之一种，有其独立于司法诉讼制度之外的独特价值，"仲裁有自己独立于司法系统的生命"②，因此，仲裁应当具备一定程度的灵活性，在确保自身纠纷解决机制属性的同时，也应当赋予当事人以选择权，使其得依自由意志选择争端解决途径，至于纷争系属公益抑或私益纠纷，则在所不问。可见，在美国仲裁协会的实践下，仲裁成为一个开放的体系，当事人对于是否启动仲裁以及仲裁事由的选择，拥有充足的选择空间。

在大陆法系国家，仲裁制度同样发展为具有包容性、公私兼容的纠纷解决机制。以德国的仲裁制度为例，其仲裁制度区分为公法争议仲裁以及民事争议仲裁。对于前者，其启动条件为：其一，当事人对系争公法关系具有处分权；其二，在此公法纠纷中，公法契约有可能达成。因此，若以德国的仲裁制度为我国制度构建之对照样本，则既然行政主体对系争事由恒有处分权，且我国已规定经由磋商而达成的赔偿协议制度，环境行政仲裁在我国施行，亦具备制度基础。

2. 行政仲裁介入环境纠纷的意义

相较于一般纠纷，尤其是民商事纠纷，环境纠纷往往涉及环境公益。如前所述，环境纠纷的直接表现形式是环境污染或生态破坏，由此造成当事人的人身、财产损害，因此，环境要素在环境纠纷中作为中介而存在，是环境污染、生态破坏行为的直接作用对象，而当事人之私益损害，反而是间接受侵害对象。环境纠纷涉及环境公益，也衍生出一系列特殊效应，如环境纠纷的解决常以环境公益之维护为必

---

① 参见王岚：《论生态环境损害赔偿的仲裁》，载《江汉论坛》2017 年第 8 期。

② 王岚：《论生态环境损害赔偿的仲裁》，载《江汉论坛》2017 年第 8 期。

要，而无论是否属于私益纠纷解决途径（如环境侵权）；环境污染与生态破坏的作用机理复杂性、后果多变性等也意味着环境纠纷之解决对科学技术提出较高要求，科学家群体以其专业知识作出科学判断、介入纠纷解决便是回应此种科学诉求的表现之一；环境纠纷双方当事人的经济能力与社会地位往往悬殊，在信息获取上亦不对称；等等。可见，环境纠纷的解决既需要平衡多元利益诉求，还需要满足成本低廉、流程简便——寻求与之相适配的纠纷解决机制并非易事。而环境仲裁则恰恰具有满足前述要求的独特优势。

第一，专业优势。环境行政机关作为环境管理主体，其权力若需顺畅运行以达成管理目标，便意味着须具备一定与环境管理实践相适应的专业知识，亦须配备一定专业人员，如渔业行政执法人员需要具备对海洋污染情形的初步判断能力，如此方能及时发现海洋污染现象，并需要具备一定的应急处置能力，方能及时采取行动，收集、固定证据，且防止损害继续扩大。更何况，通过科学手段对环境污染与生态破坏现象予以预防、控制和处理，也是出于环境行政主体的法定职责之需。因此，行政主体在环境管理事务上的专业性，恰可填补环境仲裁中当事人在专业性问题上相对匮乏的状态。

第二，高效。此其一者，环境行政主体在环境管理事务的处理过程中已收集、保存一定证据，关于环境管理事项的处理亦有记录，因此，若采用行政介入模式，则在证据获取等环节上更具有便利性，也可以避免证据毁损、形状改变，有利于纠纷公正解决。二者，环境纠纷处理机关在进行仲裁时，也具有灵活性，尤其是在举证问题上更是如此，由此，便避免了模式僵化所带来的耗费时力问题。

第三，面向私益与公益保障，实现个别救济与一般救济的结合；面向环境纠纷的全过程，在事后救济的同时亦兼具事前预防的作用。[①] 在环境仲裁中，行政主体具有两重身份：既是环境管理主体，也是环境纠纷处理机关。因此，在环境仲裁中所出现的环境管理问题，也极有可能反映于环境管理中，促使环境行政主体或制定相关行政规章规则，以行政立法的方式固定相关制度；或在实践中加深认识，以更符合行政管理实践之需的方式安排预防、控制、处理事宜。换言之，借由环境行政

---

① 参见吴勇：《论环境纠纷仲裁》，载《环境资源法论丛》2005 年第 0 期。

仲裁,个别纠纷便有可能转化为一般性、具有普适性的行政执法共识,乃至行政管理制度——个案纠纷为制度设立或完善、为相关环境纠纷的根本解决提供了现实样本。就某种程度而言,这也是行政介入型环境仲裁的最大优势。①

3. 环境仲裁应选择普通民商事仲裁与行政仲裁并行双轨制

虽然环境行政仲裁有其独特的优势,对环境污染纠纷的解决具有很好的作用,但我们仍应立足于仲裁制度的本意,即根据《仲裁法》第2条的规定,采用商事仲裁模式解决环境纠纷。环境仲裁无法回避公共利益的保护问题,所以引入行政权力,但这是出于对商事仲裁在保护环境公益上不足的补充与完善,然其根本立足点仍应该在商事仲裁。因此,相较于传统仲裁制度限于私益保障,行政介入模式面向环境公益与私益维护,更适于环境纠纷中多元利益平衡与维护之需,在环境仲裁中具有功能发挥空间,也具有制度选择上的必然性。所谓行政介入型的环境仲裁模式,包括以下三方面内容:

第一,行政主体参与环境仲裁。在坚持以普通民商事仲裁为主的情况下,在遇到紧急、突发、重大的环境事故纠纷时,仲裁全过程应有行政主体参与其中的身影,环境仲裁机构应当设有专以行政主体工作人员担任的席位,如由行政主体工作人员担任仲裁委员会主任。值得注意的是,环境仲裁的相对独立性,以及避免地方政府出于地方经济发展原因为企业提供庇护的考量,均意味着有必要对介入环境仲裁的行政主体的权限作出明确限定。环境行政主体的主要职责在于确保环境公益保障在纠纷解决中得以兼顾,不至于因为私主体之间围绕私益的对话、谈判、妥协而受到忽视,其在环境仲裁中不具有对争议事项的绝对决定权。

第二,对重点污染源、重点污染单位引起的环境纠纷适用强制仲裁。不同污染物以及污染源对环境公益以及私益的损害效应并非完全一致;相反,不同种类的污染物、污染源各具特性,且在不同环境因素的影响下,亦表现出不同的叠加效应。事实上,大部分污染往往是由一小部分污染源造成的(如20%的管理对象可能造成80%的污染)。② 正因如此,我国《环境保护法》区分一般污染物与重点污染物,

① 参见贾小翠:《环境纠纷的行政处理机制探讨》,载《经营管理者》2009年第9期。

② 参见胡立峰:《外国环境仲裁制度的实践及对我国的启示》,载《内蒙古社会科学(汉文版)》2008年第2期。

对重点污染物之排放予以更严格的管控;[①]划分出了重点排污单位,并以专门规定予以规制。[②] 对重点污染物、重点污染源予以专门规定,实则也是优化配置优先仲裁资源、以较低成本实现较优结果的体现。因此,对重点污染物、重点污染源引起的环境纠纷课以强制仲裁的约束,既有制度基础,也有现实必要性与合理性。当然,对重点污染物、重点污染源引起的环境纠纷实行强制仲裁,并不意味着对于此种情形下的纠纷解决须以仲裁前置为必要——当事人仍应有选择权,得依其意愿径直提起诉讼。

第三,环境仲裁裁决应当具有较强执行力以及约束力。环境仲裁的执行力,意指若环境仲裁作出的裁决未得到当事人的有效履行,则应当得以强制执行,但鉴于仲裁机构不具有强制执行权,此时执行权力应当归属法院行使。但此种执行权形式应附有何种条件限制,则需要再做进一步讨论——毕竟仲裁机构区别于法院,并非法律专业从业者,较之司法者,其专业素养仍有欠缺;且仲裁中往往存在当事人之间的谈判与妥协,对双方而言并非必然公正,在涉及环境公益的情形下更未必利益公益保障。以日本为例,日本《公害纠纷处理法》规定环境仲裁强制执行的条件是"受害人另行向法院起诉取得执行名义"[③]。而我国台湾地区则规定"法院核定"作为法院强制执行的前置条件,不再以另行起诉为要求。[④] 无论是何种方式,均是对环境仲裁裁决赋予执行力,对我国环境仲裁制度之构建具有借鉴意义。

(三)环境仲裁设立路径

1. 完善顶层设计

第一,修订《仲裁法》,对环境仲裁之法律定位予以明确规定,妥善解决其与一般仲裁之间的关系。我国当前仲裁仍以民商事仲裁为主,环境仲裁并未被类型化为法定类型,由此,将导致环境仲裁实践于法无据。对此问题,自然应当交由我国仲裁法律领域的基本法律——《仲裁法》解决。我国若意在确定构建并发展环境仲

---

① 《环境保护法》第 44 条、第 60 条。

② 《环境保护法》第 42 条、第 55 条。

③ 参见胡立峰:《外国环境仲裁制度的实践及对我国的启示》,载《内蒙古社会科学(汉文版)》2008 年第 2 期。

④ 参见胡立峰:《外国环境仲裁制度的实践及对我国的启示》,载《内蒙古社会科学(汉文版)》2008 年第 2 期。

裁制度,则应当在《仲裁法》中对其法律地位作出立法确认,明确将其作为仲裁的特殊类型。为此,还需要明确其与一般仲裁的关系——二者在何种程度上可实现制度共享,环境仲裁又在何种情况下独具特殊的制度设计。以仲裁庭的组成为例,既然行政介入型环境仲裁模式更适于环境纠纷解决之需,则行政主体之介入亦属必然。于此,行政主体是否在所有环境仲裁中都应占有仲裁庭一席之位,还是仅在特殊情形下才有此必要;若反对行政主体作为仲裁庭一员,又是否须另设岗位以备其充分履行职责,都值得理论进一步探讨与通过立法明确。此外,环境纠纷既然对科学素养、科学知识提出较高要求,即便是行政主体也未必能完全胜任此专业角色,又是否需要引入科学家、环境专家以提供科学意见？若对此持肯定意见,则进一步还需探讨专家于仲裁中的法律地位、意见效力等问题;若对此持否定态度,主张可通过专家库组建等方式引入科学家群体,则相关配套制度亦须讨论。

第二,加快地方立法,支持地方实践先行探索制度完善路径。一方面,在我国《仲裁法》尚未将环境仲裁明确规定为法定仲裁类型,且欠缺配套制度的当下,地方可以《仲裁法》以及相关法律规范为依据,结合地方仲裁实践,通过地方立法的方式对环境诉讼予以细化规定,并充分利用地方立法的灵活性,应地方实践之需不断调整地方规范,以此探索最佳模式。另一方面,我国法律规范体系素有地方先行摸索立法,待经验成熟后上升为国家层面立法的传统。因此,各地方的立法实践不仅具有解决地方环境争端的意义,其地方经验成熟后更有进一步转化为更高效力层次立法的可能性。在此意义上,地方先行探索不仅是为了应立法空白而实践迫切的一时之需,更在于为环境仲裁法体系“自下而上”的完善提供长远轨道。

2. 环境仲裁的机构建设

关于环境仲裁的机构建设,首先需要解决的是机构设置问题,即环境仲裁机构应当依托既有机构体系,纳入既有体系中,充分利用现有制度资源;抑或依其特性,重新建立仲裁机构体系。前者实则是美国模式,后者则以日本为典型代表。

就我国的仲裁机构设置来看,我国已经具备较完备的机构体系。我国不仅在省、自治区、直辖市以及主要的大中城市均已设立仲裁委员会,且各仲裁委员具有符合职业要求的仲裁委员,也已摸索出较成熟的仲裁流程、仲裁经验。更有部分仲裁委员会因应社会事务复杂多变、专业分工之需,已开始逐步探索建立专业仲裁院,因此,我国环境仲裁的机构设置,亦有望借鉴此经验,采取设置专业仲裁院的方式。此外,对于涉外环境仲裁,如外国投资者在中国境内开展生产经营活动导致环境污染、生态破坏,还可依托国际常设仲裁机构进行仲裁,如国际商会(ICC)、国际投资争端解决中心(ICSID)、瑞典斯德哥尔摩商会仲裁院等。①

鉴于我国已形成功能完备、运行顺畅的仲裁机构体系,此种制度资源完全可为我国环境仲裁机构的设置提供基础,因此,可以将环境仲裁机构纳入既有体系中;但与环境法庭之设置同理,环境仲裁领域也可视具体情况而设置专门的环境仲裁院,以环境仲裁为专职。

3. 完善环境诉讼与仲裁的协调、沟通机制

环境诉讼与环境仲裁同为环境争端解决机制,二者共同服务于私益保障与公益维护这一目标,因此,从价值目标这一宏观视角来看,二者实则具有共通的可能性。而在现实中,仲裁与诉讼也是两种常见的争端解决方式——诉讼具有国家强制力支撑,具有国家司法队伍与制度保障;而仲裁则具有更大的自由选择空间、更强的灵活运行可能性——二者恰好实现互补。因此,对于环境纠纷这一涉及私益与公益维护与平衡的新型纠纷,如何处理仲裁与诉讼、自主自愿与强制的关系,便成为重中之重。从比较法的角度来看,美国的环境仲裁实践赋予当事人以选择权:当事人若在诉讼前已经签订仲裁协议或者达成仲裁条款,则相关内容将会从法院转移至仲裁;若在诉讼中,当事人产生仲裁意愿,纠纷同样可专由仲裁机构处理。②可见,美国在仲裁与诉讼的关系问题上,赋予当事人充分的选择空间,当事人不仅可以在诉讼与仲裁之间作出选择,还可以在任一时间(诉讼前、诉讼开始后)就任一纠纷事项作出决定。此种诉讼与仲裁模式之间的自由切换,实则对二者间的协调、沟通程序提出了极高要求,须以完善的转移程序为必要。相较而言,我国当前仲裁程序、诉讼程序均过于刚性,关于二者之间的协调程序更是缺乏规范。因此,我国若探索建立环境仲裁制度,还需要将诉讼与仲裁的协调程序纳入考虑范围。

---

① 参见田洪鋆:《发达国家环境仲裁制度及对我国的启示》,载《环境保护》2013 年第 1 期。

② 参见胡立峰:《外国环境仲裁制度的实践及其对我国的启示》,载《武汉科技大学学报(社会科学版)》2007 年第 6 期。

4. 给予适度裁量自由

环境纠纷中存在多元利益主体、复杂利益关系，且其中利益关系尤为紧张。而以一定预设情景为标准指定的法律规范，虽具有普适性、稳定性，却不利于回应特定情形下不同主体的特定利益诉求、不利于缓和复杂多样的利益冲突关系。在环境纠纷中，严格适用法律反而不利于实质公平结果的达成。正是基于此，笔者主张应在环境仲裁中，给予仲裁者适度的裁量自由。

此种裁量自由包括两层含义。在实体法层面，仲裁应当免受实体法的严格约束。换言之，在某些非以严格适用法律为必要的情形，仲裁庭可灵活裁决——于此，仲裁与诉讼可谓截然相反。主张仲裁可免受实体法约束的原因之一在于，环境仲裁中涉及私益纠纷，与民事法律关系之处理相同，应当充分尊重当事人之间的合意选择。而且，仲裁的特殊之处还在于双方当事人具有更充分的谈判空间，仲裁员亦是当事人选择、更为信任的专业人员。相较于诉讼等争端解决方式而言，仲裁将营造更友好的矛盾化解氛围，若采用灵活的裁决方式、避免严格遵循规范要求，以当事人的合意为优先，当事人间的矛盾有望在其中得到彻底解决。原因之二在于，对于立法空白，或是法律规定明显有不合理之处的，等待立法者完善、填补显然并非明智之举，于此，通过借鉴相关法律规范等方式应为上策。

当然，法治理念要求全体社会成员、所有法律适用环节皆以法律为准绳，因此，主张环境仲裁可以灵活适用实体法规定，并非主张环境仲裁完全不受实体法约束——最起码，对于涉及环境公益的事项，如当事人合意有损害环境公益之虞，仍然应当严格适用法律。

在程序法层面，环境仲裁在举证规则等程序上也应当更具灵活性，仲裁员与当事人均应有程序选择权。当然，此种灵活性仍需受到基本程序原则的约束，如程序变通不得违背自愿原则、处分原则等。

中国气候变化案件的诉讼路径探析

蒋博雅*

摘　要：近年来，全球变暖日益严重，极端天气更加频繁，气候变化已成为全球共同面临的巨大挑战与紧迫危机。以此为背景，气候变化相关诉讼也逐渐走进公众视野。近几年，全球范围内气候变化相关案件数量迅速增长，环境司法正逐步成为应对气候变化的重要途径。中国的气候变化诉讼尚处起步阶段，气候变化相关案件仍属环境司法中亟待探索与发展的新领域。目前，中国已经具备提起气候变化诉讼的所有关键要素，且司法实践中已有相关出现。结合域外经验与中国国情，提出环境影响评价类案件、大气污染案件、绿色金融案件、碳排放交易相关案件、能源转型相关案件等均为可行性较高的中国气候变化案件诉讼途径。

关键词：气候变化诉讼　环境影响评价　大气污染　碳排放　能源转型

气候变化诉讼是近年来环境司法领域的热点问题。在气候变化不断加剧的背景下，各国司法机关都在积极探索气候变化相关案件。司法实践中，中国也出现了相关案例。尽管气候变化诉讼在中国环境司法领域仍属亟待探索的新兴领域，但实际上，中国已具备提起气候变化诉讼的基本条件。从域外司法经验来看，气候变化相关案件并不仅仅指向以加剧气候变化为诉因的案件；相反，气候变化案件涵盖的范围广，囊括的案件种类多，这也为中国气候变化相关诉讼的探索提供了具有借鉴意义的新思路。本文将从中国气候变化诉讼现状切入，论证中国已具备开展气

---

* 蒋博雅，克莱恩斯欧洲环保协会（英国）北京代表处自然与气候律师。

候变化相关诉讼的基本条件，结合对域外司法实践经验的分析，探索中国气候变化案件的诉讼路径。

一、中国气候变化诉讼现状

在探讨气候变化案件诉讼路径之前，有必要先对气候变化案件的概念与范围进行阐释。本文采用了对气候变化案件的扩张性定义，即气候变化诉讼不单指狭义上的仅以加剧气候变化为直接诉因的诉讼，而是包含减缓气候变化、应对气候变化以及其他与气候变化相关案件的总和。事实上，最高人民法院于2020年5月发布的《中国环境资源审判（2019）》（白皮书）中已经给出了气候变化案件的定义。

《中国环境资源审判（2019）》指出，“依法审理在应对因排放温室气体、臭氧层损耗物质等直接或间接影响气候变化过程中产生的案件，包括气候变化减缓类案件和气候变化适应类案件”。针对气候变化减缓类案件，《中国环境资源审判（2019）》明确，“加强气候变化减缓类案件审理。通过案件审理，促使在可再生能源、能源效率、可持续交通、臭氧层消耗物质控制、土地利用变化和林业管理等领域减少或避免温室气体排放。依法打击包括走私木炭、硅砂等妨害环境资源保护的犯罪行为，或者非法生产、销售、使用、进出口消耗臭氧层物质的犯罪行为。妥善审理碳排放重点行业领域及新能源开发利用的节能减排案件，促进低碳发展。妥善审理碳汇交易纠纷，推动建设全国统一的碳排放交易市场”。针对气候变化适应类案件，《中国环境资源审判（2019）》强调“加强气候变化适应类案件审理。通过案件审理，推动在发展政策、规划、计划、项目和行动中促进迅捷和长期的适应措施，增强各种能力去更好地适应气候变化。依法审理涉及建设项目环境影响评价等适应气候变化案件，妥当适用国家节能减排相关法律、法规、规章和环境标准，降低气候变化对人身、财产以及公众健康带来的各种损失和影响”。

根据《中国环境资源审判（2019）》中的定义，可再生能源相关案件、臭氧层消耗物质控制类案件、碳排放相关案件、环境影响评价类案件等均属于中国语境下气候变化案件的范畴。基于此，中国的司法实践中已有气候变化相关诉讼出现。本文将以一起已审结的违法使用消耗臭氧层物质案和两起正在依法审理的“弃风弃光”案件为例,分析中国气候变化诉讼现状。

(一)消耗臭氧层物质案

2021年3月,“浙江检察”发布一则题为《全国首例!检察公益诉讼剑指消耗臭氧层物质大气污染》的新闻,通报了浙江省德清县检察院对一起在生产冰箱、冷柜过程中违法销售、使用“氟利昂”案件提起民事公益诉讼,法院当庭宣判支持检察机关生态损害赔偿请求的情况。此案即为具有里程碑意义的浙江省德清县人民检察院诉德清明禾保温材料有限公司违法使用消耗臭氧层物质案。

本案中,被告在明知三氯一氟甲烷系受控消耗臭氧层物质且国家明令禁止用作生产使用的情况下,仍非法购入和出售三氯一氟甲烷。此外,被告在生产过程中未采取有效污染防治设施,导致三氯一氟甲烷气体直接排放进入大气环境,对生态环境造成破坏,使社会公共利益受到损害。经对案件充分审理后,浙江省湖州市中级人民法院依法认定被告损害了生态环境与社会公共利益,判决被告赔偿生态环境损害费用并承担鉴定评估费用。

该案是中国首例涉及消耗臭氧层物质的民事公益诉讼案件。根据《中国环境资源审判(2019)》中的定义,该案更是中国检察机关提起的首例气候变化诉讼。此案彰显了中国司法机关在探索气候变化诉讼上的不懈努力。同时,本案的判决也意味着,尽管专门的应对气候变化法仍未出台,但法院在审理气候变化相关案件时,已经可以根据现有的环境法律体系依法作出判决,保护生态环境,捍卫社会公共利益。

(二)两起“弃风弃光”案件

据国家能源局的统计数据,2020年全国弃风电量达166.1亿千瓦时,全国弃光电达量52.6亿千瓦时。尽管与前几年相比,弃风弃光电量已经有了显著下降,但现有数字表明我国在风能和太阳能光伏发电方面仍有很长的路要走。针对此现象,北京市朝阳区自然之友环境研究所(以下简称自然之友)向国网甘肃电力公司和国网宁夏电力公司分别提起两起“弃风弃光”环境民事公益诉讼案件。这两起正在审理的案件是中国气候变化诉讼的有益探索,并被作为气候变化诉讼的典型案例收录在《中国环境资源审判(2019)》中。

在这两起案件中,自然之友主张国网甘肃和国网宁夏电力公司未按照可再生能源法的规定全额收购电网覆盖范围内风能和太阳能光伏并网发电项目的上网电量，相应所弃电量由燃煤发电所替代，导致排放二氧化碳、二氧化硫和氮化物等温室气体，从而造成环境污染，侵犯了社会公共利益，继而对电力公司提起环境民事公益诉讼。

自然之友诉国网甘肃电力公司一案，甘肃省兰州市中级人民法院一审裁定驳回自然之友的起诉，认为“环境民事公益诉讼是指对已经损害社会公共利益的后果或者具有损害社会公共利益重大风险潜在后果的污染环境、破坏生态的行为提起的诉讼。其中，‘已经损害社会公共利益或者具有损害社会公共利益重大风险’是诉讼前提；‘污染环境、破坏生态的行为’是受案范围限制，此二者共同构成环境民事公益诉讼起诉条件的审查基础。甘肃电力作为电力购销和调配电力供应的电网企业，并非发电企业，其本身并不能具体实施本案所指向的污染环境、破坏生态的行为。因此自然之友的起诉不符合环境民事公益诉讼起诉的条件，应予驳回”。而后，自然之友向甘肃省高级人民法院提起上诉，甘肃省高级人民法院终审裁定“本案有明确的被告及具体的诉讼请求和事实理由，属于人民法院应当受理民事诉讼的范围和受诉人民法院管辖，人民法院应当受理”。目前，自然之友起诉的两起“弃风弃光”案都即将进入实质审理阶段。

从两审法院的不同裁定结果可以看出，二审法院在面对破坏生态环境的行为或对生态环境与社会公共利益的损害有重大风险的行为时，采取了更为积极的态度。这种变化表明，中国司法机关在厉行环境法治、维护气候正义方面展现出愈加坚定的决心。

从上述三个案例可以看出，在生态环境公益诉讼中，检察机关、社会组织与法院都积极对气候变化诉讼进行探索。浙江臭氧层消耗物质一案是中国气候变化诉讼的良好开端。可以预见的是，未来中国的司法实践中将有越来越多气候变化诉讼涌现。

二、中国已具备开展气候变化诉讼的各项条件

尽管气候变化诉讼在中国才刚刚兴起，目前还尚未建立起系统的气候变化诉讼制度，但实际上，中国已经具备提起气候变化诉讼的所有关键要素。无论是政治

支持、体制机制建设，还是现有的环境法律框架，都足以支撑气候变化诉讼的探索与实践。

（一）政治支持已经到位

2020 年，习近平总书记在第七十五届联合国大会一般性辩论上向世界宣布了中国力争于 2030 年前二氧化碳排放达到峰值的目标，以及努力争取于 2060 年前实现碳中和的愿景，并在气候雄心峰会上进一步宣布国家自主贡献最新举措，彰显了中国应对气候变化的坚定决心。目前，国家层面和各地方层面都在积极制定碳达峰实施方案，中央更是成立了碳达峰碳中和工作领导小组。2020 年 9 月，生态环境部宣布要全面推进应对气候变化工作，坚定不移持续实施积极应对气候变化国家战略。2020 年年底，生态环境部赵英民副部长提出要加快气候变法立法工作。2021 年 1 月，生态环境部出台了《关于统筹和加强应对气候变化与生态环境保护相关工作的指导意见》，积极推动应对气候变化与环境治理、生态保护修复等协同增效。2020 年 2 月，国务院出台了《关于加快建立健全绿色低碳循环发展经济体系的指导意见》，要求强化应对气候变化的法律法规制度。由此可见，各有关部门都在积极呼吁并推动将气候变化纳入相关法律和政策中，让气候变化诉讼更加有法可依。中国在加速气候转型、积极应对气候变化方面所做的巨大努力举世瞩目。以此为背景，气候司法的探索与发展恰逢其时，对气候变化诉讼的探索正处于历史最好机遇期。

（二）公益诉讼机制已渐趋成熟

近年来，中国生态环境公益诉讼制度蓬勃发展，检察机关和符合条件的社会组织提起了大量的生态环境公益诉讼，为保护生态环境、维护社会公共利益作出了卓越贡献。值得一提的是，近六年实践中中国特有的检察公益诉讼制度在生态环境和资源保护等领域取得显著成效。目前，各级检察院均成立专门的公益诉讼部门。全国各级检察机关每年提起数万起公益诉讼案件，其中环境资源类案件约占 2/3。仅 2020 年，检察机关就提起了 8 万多起环境案件。截至目前，检察环境公益诉讼涉及的领域包括废物处理、大气污染、水污染、破坏自然保护区和生态红线、非法采砂、非法捕捞、过度放牧等。其中还不乏专门针对排污个人或单位提起的诉讼，比如前文所述的浙江臭氧层消耗物质案。检察机关在提起气候变化公益诉讼案件方面具有巨大潜力，中国特有的检察公益诉讼制度将为气候变化诉讼的发展提供强大的支持。

（三）法院系统已准备就绪

前文已提到，最高人民法院已在2020年5月发布的《中国环境资源审判（2019）》白皮书中对气候变化案件作出了明确定义。白皮书同时指出，要“注重运用多种司法裁判手段，促进减缓、适应两种应对气候变化手段的落地，推动构建国家气候变化应对治理体系”。2021年5月，最高人民法院与联合国环境规划署联合举办世界环境司法大会，会上发布了《世界环境司法大会昆明宣言》（以下简称《宣言》）。《宣言》强调加强全球环境危机的司法应对，其中第1条就是“应对气候变化及其影响”，提出“依法审理节能减排、碳交易、低碳技术、绿色金融等相关案件，促进气候变化减缓和适应，推动实现碳达峰、碳中和目标”。最高人民法院的一系列举措与表述均体现出，中国法院系统已做好审理气候变化相关案件的准备。

（四）现有法律框架已可提供支撑

尽管气候变化相关法律体系与框架仍需完善，专门的气候变化法仍在制定，气候因素仍须被广泛纳入其他关键法律中，但中国现有的环境法律体系已经能够为气候变化诉讼提供足够的法律支撑。如前文所述，现行的法律已经足以支持检察机关和社会组织提起气候变化诉讼。尽管专门的气候变化法律仍属缺位状态，但在浙江违法使用消耗臭氧层物质一案中，法院最终依据《环境保护法》、《大气污染防治法》、《侵权责任法》及最高人民法院《关于审理环境民事公益诉讼案件适用法律若干问题的解释》依法作出判决。这足以证明，法院可依据现有的法律体系审理气候变化案件。

下文也会提到，实际上，从国际司法实践来看，气候变化领域案件的诉讼与判决大多并非依靠气候专门立法，而是依照现行法律或判例。因此，中国司法机关也可借鉴相关经验，无须等待专门的气候法律出台，而是从现有的环境法律体系出发，依据《民法典》《环境保护法》《可再生能源法》《环境影响评价法》《排污许可管理条例》《大气污染防治法》《碳排放权交易管理办法》等提起诉讼或进行判决。

三、域外气候变化诉讼经验与启示

纵览全球,许多国家和地区已经进行了关于气候变化诉讼的大量探索。通过梳理这些案件的特点不难发现,目前域外气候变化诉讼路径主要包含提起大气污染类案件、环境影响评价类案件、绿色金融类案件、侵权类案件等诉讼。下文将分别对这些案件类型中具有代表性的案例进行概述与分析,希望为中国气候变化案件的诉讼路径提供一定借鉴。

(一)大气污染类案件

空气污染是世界上最大的单一环境健康风险,也是欧盟面临的最严重的环境健康风险。据统计,2018 年欧盟约有 379,000 起过早死亡的案例与颗粒物污染有关,54,000 起与二氧化氮污染有关,19,000 起与地面臭氧污染有关。超过 1/5 的欧盟城市人口暴露在超过欧盟限值的空气污染中。值得注意的是,大气污染和气候变化具有一定的同源性,即因化石燃料燃烧而释放出的颗粒物、二氧化碳、氮氧化物等大气污染物同时也是加剧气候变化的元凶之一。因此,防治大气污染、控制大气污染物的排放也将极大程度上助力温室气体减排和应对气候变化。

近年来,域外司法实践中出现诸多以控制大气污染物排放与主张气候变化损害赔偿为目的的气候变化案件。这些气候变化诉讼旨在敦促各国政府出台更加行之有效的措施控制大气污染、减缓气候变化。本文选取了欧洲环保协会(Client Earth)诉英国政府改善空气质量案和德国二氧化氮减排案两起案件进行阐述与分析。

1. 欧洲环保协会诉英国政府案

欧盟《关于欧洲环境空气质量及清洁空气的 2008/50/EC 指令》(以下简称《指令》)对室外空气污染水平进行了上限值的规定,如果一国的污染物浓度超过了限值,则该国应当制定空气质量计划,明确出台适当的措施控制大气污染、改善空气质量,并尽快消除这种违法状态。根据《指令》的规定,成员国将《指令》转化为国内法的最后期限是 2010 年 6 月 11 日。

然而,监测数据表明,英国诸多地区的二氧化氮浓度持续超出了《指令》规定的上限值,且英国政府未能在《指令》规定的最后期限内出台措施解决这一问题。科学研究显示,长期生活在二氧化氮超标的环境将导致居民心肺功能受损,并面临过早死亡的风险。目前,城市二氧化氮污染主要来自交通尾气排放,占整体二氧化氮排放的40%。其中,柴油车尾气排放又占到交通尾气排放的80%。因此,二氧化氮排放超标导致的污染主要来自柴油车尾气。而柴油车尾气排放除释放大量氮氧化物外,还将加剧臭氧污染与温室效应,并释放黑碳等加剧气候变化的气候污染物。因此,柴油车尾气减排成为降低二氧化氮排放、治理大气污染、改善空气质量、减缓气候变化的关键举措。

基于此,欧洲环保协会从二氧化氮减排入手,自2011年起对英国政府先后提起了三个诉讼,要求法院颁布宣告性判决和强制性命令,宣告英国政府未能控制二氧化氮排放限值的行为违法,并命令政府遵守欧盟法的要求,向欧盟申请延期并制定和发布空气质量计划。案件一路上诉至英国最高法院,有关问题还被提交到欧洲法院寻求先行裁决。欧洲环保协会在三起案件中均取得胜诉判决,英国最高法院对英国政府颁布了强制性命令,要求英国政府根据指令要求向欧盟委员会提交新的空气质量计划。

值得注意的是,在这一系列国内司法程序推进的同时,欧盟委员会也于2014年2月从欧盟层面对英国发起了“违规听证程序”(infringement proceedings),指控英国未能降低二氧化氮的超标排放。2017年2月,英国收到了欧盟委员会送达的理由意见书(reasoned opinion),而理由意见书是欧盟委员会在正式向欧洲法院起诉前的最后一份书面警告,同时收到警告的还有法国、德国、意大利和西班牙。这些理由意见书旨在督促成员国遵守欧盟法律,质询相关国家准备如何在欧盟委员会规定的期限内将二氧化氮排放降低至合法水平。

空气质量的改善并非一蹴而就,但这一系列案件通过司法压力迫使英国政府履行环境政策,有力督促了英国政府履行其空气治理职能,逐步改善空气质量,维护公民健康权益。

2. 德国二氧化氮减排行政诉讼

柴油车尾气污染在德国同样严峻,长期超标排放导致德国诸多城市的二氧化氮浓度始终高于欧盟标准。以此为背景,自2015年起,欧洲环保协会支持德国环境行动组织Deutsche Umwelthlife(DUH)在德国多个城市提起关于二氧化氮减排的行政诉讼,要求当局尽快出台具体计划,将空气污染控制在法律标准内,相关计划和措施包括限制柴油车上路、净化汽车尾气等。迄今为止，这一系列诉讼已经覆盖了40个城市，其中31起案件已经结案。同时，在欧盟层面，欧盟委员会也对若干成员国的违法问题向欧洲法院提起了诉讼。

目前，这些案件已经带来切实的改变，在法院的命令下，多个城市已经开始实施柴油车限令，德国汽车尾气排放的清洁化已经初见成效。法院判令在法兰克福、杜塞尔多夫、慕尼黑、斯图加特和亚琛等城市实施柴油车限制。2019年，斯图加特首先开始落实对柴油车的分区限制，欧四（Euro 4）及以下标准的柴油车被禁止进入特定街道。柏林、汉堡、斯图加特和达姆城开始对违反的机动车处以罚款。德国政府正在计划成立一个高达2.5亿欧元规模的基金来帮助城市交通减排。

除德国之外，欧盟委员会还对多个成员国启动了司法程序。2020年5月，欧盟委员会督促保加利亚和波兰尽快落实欧盟指令下公民和环保组织的诉权，使相关利益方有权就超标排放问题对政府提起诉讼，要求政府制订改善空气质量计划。欧盟委员会还相继向拉脱维亚、塞浦路斯、立陶宛、法国、匈牙利、丹麦、马耳他、克罗地亚、意大利、希腊、罗马尼亚等国送达了正式通知信和理由意见书，要求就空气污染问题尽快修正国内法，以和欧盟法保持一致，否则或将提交案件至欧洲法院进入诉讼程序。

欧盟及其成员国在控制空气污染，改善空气质量，进而应对气候变化上的努力值得中国借鉴。应当注意到，在这些案件中，除了欧盟委员会层面对各国政府的督促，各国环保组织自下而上所做的努力不容小觑。类比到中国，尽管符合条件的社会组织尚不能直接针对政府提起行政公益诉讼，但这些社会组织仍发挥着重要的监督作用，并可通过提起生态环境民事公益诉讼的方式助力大气污染的防治。中国的检察机关则可通过提起生态环境行政公益诉讼的方式，监督国家和地方行政机关积极履职，有效应对大气污染和气候变化。

（二）环境影响评价类案件

环境影响评价机制作为环境法律领域较为成熟的机制，通过在环境影响评价阶段纳入对气候变化影响因素的考量，阻止将加剧气候变化的项目上马，是开展气候变化诉讼的重要诉讼路径。域外司法实践中已有较为完整、成熟且效果良好的相关诉讼可供中国参考借鉴。

1. 澳大利亚露天煤矿案

本案中，格洛斯特资源有限公司（GRL）申请在格洛斯特镇附近建立一个露天煤矿项目，该项目计划在16年间开采2100万吨煤炭。当地居民强烈反对该项目，担心露天煤矿会产生包括环境恶化等诸多不利的社会影响，还将加剧气候变化。澳大利亚规划部长认为该项目与国家环境规划政策不符，驳回了GRL的环境影响评价报告，拒绝批准该项目。GRL因此向新南威尔士州土地和环境法院提出上诉。法院经审理认为该煤矿项目具有导致噪声污染、空气污染、光污染、视觉冲击、加剧气候变化等诸多不利的社会影响，侵犯社会公共利益，并强调这些不利影响将远大于该项目可能带来的收益。最终，法院驳回了GRL的上诉。

案件中，规划部长强调，该项目损害了社会公共利益、违背了生态环境可持续发展的原则，因为露天煤矿开采而直接或间接排放的温室气体将加剧气候变化。法院在裁决中也指出，该项目将成为温室气体的排放来源，不利于温室气体的快速与深度减排，进而阻碍《巴黎协定》中气候目标的实现，加剧全球气候变化。法院同时强调，项目所带来的经济利益必须和社会公共利益进行权衡，权衡时要考虑诸如包括环境成本在内的间接成本、预防性原则、代内公平、代际公平等多种因素。煤矿项目带来的经济利益仅存在于项目的生命周期（不到20年），但项目所带来的环境、社会和经济负担在项目结束后仍将长期存在。同时，煤矿及其煤炭产品所释放的温室气体将增加全球温室气体的总浓度，这与当前快速、深度减排温室气体以达成气候目标的要求相违背。

2. 波兰火电厂预防性公益诉讼

2011年7月，拟建装机容量高达1.6吉瓦的Polnoc燃煤电厂通过了环境影响评价并取得施工相关许可证。燃煤电厂的拟建计划一经公布就遭到当地居民的强烈反对，居民担心燃煤电厂将对他们的身体健康和周围农田造成严重影响。但政府对当地居民的意见置若罔闻，仍批准了该电厂的建设申请。该电厂一旦建成，将成为欧盟同类设施中规模中最大的燃煤电厂，每年将燃烧约370万吨煤，排放约800万吨二氧化碳，还将释放许多危险程度极高的排放物，例如甲烷、一氧化氮、二恶英和呋喃等，造成严重的空气污染并加剧气候变化。

以此为背景，欧洲环保协会根据在环境影响评价和许可证发放过程中存在的违规问题，针对拟建的燃煤电厂提起了预防性公益诉讼，希望能够阻止燃煤电厂的建设。欧洲环保协会主张，在环境影响评价和许可证发放的过程中，政府没有遵循公众咨询与监督程序。同时，该燃煤电厂的拟建地点靠近三个 Natura 2000 自然栖息地和野生动植物群保护网络下的自然保护区，将对生物多样性和物种栖息地造成极大影响。此外，燃煤电厂投产将释放大量温室气体，对气候变化具有严重的恶化作用。2019 年 6 月，经过多年的司法拉锯战，波兰最高法院作出了最终判决，拟建电厂被叫停，电厂的全部许可证和国家补贴均被撤销。在诉讼过程中，施工作业从未启动。这场通过对环境影响评价提出挑战而阻止燃煤电厂上马的预防性公益诉讼取得了最终的胜利。

从这两起案件来看，环境影响评价制度是提起气候变化诉讼的重要渠道。2021 年 5 月 30 日，中国生态环境部出台《关于加强高耗能、高排放建设项目生态环境源头防控的指导意见》（以下简称《意见》），明确提出将碳排放纳入环境影响评价体系。《意见》指出，要严格“两高”项目环评审批，严把建设项目环境准入关，“新建、改建、扩建‘两高’项目须符合生态环境保护法律法规和相关法定规划，满足重点污染物排放总量控制、碳排放达峰目标、生态环境准入清单、相关规划环评和相应行业建设项目环境准入条件、环评文件审批原则要求。”这意味着，在未来中国的司法实践中，“两高”建设项目上马将面临更加严格的限制。同时，包含了对碳排放进行考量的环境影响评价机制，将成为中国探索气候变化诉讼中的重点路径。

（三）绿色金融类案件

绿色金融是应对全球气候变化的重要政策工具。在应对气候变化的大背景下，全球经济活动也逐步向绿色、低碳、可持续的发展方向转型。司法实践中，绿色金融往往与企业信息披露和环境责任密不可分。

2018 年，欧洲环保协会向英国财务报告委员会（FRC）投诉了包括易捷航空公司（EasyJet）在内的四家公司，指控其未在向股东提交的报告中强调气候变化的趋势并释明由此带来的潜在风险。欧洲环保协会请求财务报告委员会命令这些公司修改其年度报告，以符合英国《公司法》中的要求。尽管这些公司均承认他们所带来的温室气体排放并承诺减排，但它们都没有明确气候变化和低碳转型趋势将给其业务带来何种风险。与此相应地，负责对这些公司进行审计的公司如普华永道、毕马威、德勤、安永会计师事务所等也受到审查，因为他们未能在审计报告中提出上述问题。而根据英国的法律，公司必须在年度报告中向投资者披露其业务面临的重要趋势和潜在风险，审计公司也必须在审计报告中对上述信息发表意见，从而为投资者提供可信度更高的投资信心。

以易捷航空公司为例，作为一家国际航空公司，其业务面临着与气候变化和低碳转型趋势相关的风险。这种风险已经得到包括投资者、政府、监管机构及其他同行企业的广泛认可。根据相关法律，易捷航空公司必须在年度报告和账目中披露其业务所面临的主要风险和不确定性，以及这些风险会对公司长期生存和发展带来何种影响。而在其公布的年度报告中，该公司仅在强制披露的要求下公布了由其造成的温室气体排放量，并简略叙述了其为减少碳排放所做的努力。除此之外，在其年度报告与账目中并未出现任何与气候变化或低碳转型相关的趋势、风险、不确定性及潜在影响等内容。因此，欧洲环保协会主张该公司未能履行其法律义务。目前针对上述公司的控诉仍在等待最终结果。

近年来，中国一直积极倡导绿色金融，并不断完善绿色金融顶层制度设计，已经发布了诸如《关于构建绿色金融体系的指导意见》等纲领性文件。2021 年 5 月 24 日，生态环境部印发了《环境信息依法披露制度改革方案》，旨在依法推动企业强制性披露环境信息。在推进“一带一路”的过程中，中国也一直强调在“一带一路”建设实践中要始终秉承绿色发展的理念。无论是在中国本土还是“一带一路”有关国家，低碳发展、绿色投资都显得越发重要。以此为背景，结合域外绿色金融、企业气候变化风险信息披露等司法经验，中国也可积极探索相关领域，使之成为可靠的气候变化诉讼途径。

（四）侵权类案件

域外气候变化诉讼的探索中还出现了基于侵权而提出的民事诉讼。与前几类案件相比，这类案件数量仍属极少数，但是却为气候变化诉讼提出了新思路。

较为典型的案例是 Luciano Lliuya 诉德国莱茵集团（RWE AG）案。Lliuya 是一位居住在秘鲁的当地农民，2015 年 11 月，他向德国埃森地方法院起诉了德国莱茵集团。莱茵集团是德国能源行业巨头，也是欧洲碳排放量最大的企业。原告主张，他位于 Palcacocha 湖洪水路径上的住所受到由德国莱茵集团造成的气候变化的威胁。原告认为，德国莱茵集团排放的大量温室气体加剧了气候变化，气候变化导致安第斯山脉 Palcaraju 冰川融化，冰川融化使 Palcacocha 湖水位上升、湖泊面积增加，进而使他的住所受到可能因严重的洪水泛滥而灭失的风险。据气候责任研究所（Institute of Climate Responsibility）估计，从 1751 年至 2010 年，德国莱茵集团的温室气体排放量约占全球总温室气体排放的 0.47%，因此，原告要求德国莱茵集团支付原告与地方政府建立防洪措施所需费用的 0.47%，即 14,250 英镑。

德国埃森地方法院以德国莱茵集团无须承担秘鲁当地防洪责任为由驳回了原告的诉讼。原告随后上诉到德国哈姆地区高等法院，该高等法院裁定本案应予受理。目前案件尚在进行中，法院将就德国莱茵集团的温室气体排放量、对气候变化和冰川融化造成的影响，以及责任承担问题进行审查。如果法院最终判决德国莱茵集团应对其温室气体排放导致的气候变化负责，这将是气候变化诉讼领域的又一里程碑案件，气候变化民事诉讼领域将获得重大突破。

四、中国气候变化案件的潜在诉讼路径

从中国现有的法律体系与生态环境公益诉讼制度出发，结合上文对域外气候变化诉讼司法实践的分析，目前中国气候变化案件的潜在诉讼路径主要有以下几种。

（一）环境影响评价类案件

近年来，中国的环境影响评价机制不断完善发展。正如前文所述，无论是从域外司法实践来看，还是基于中国本土法律土壤进行分析，环境影响评价类案件都将是中国气候变化诉讼的重要路径。结合生态环境部已明确将碳排放纳入环境影响评价的要求，若拟建项目的环评存在问题，如谎报、瞒报碳排放信息，或潜在碳排放将对气候变化产生不利影响等，则检察机关和符合条件的社会组织即可从环评入手，对其提起生态环境公益诉讼，阻止该项目上马。对已经在建或建成的项目而言，若事后发现其环评存在问题，也可对其提起公益诉讼，探索要求其对加剧气候变化承担环境责任的可能。

（二）碳排放相关案件

碳排放与气候变化具有直接的因果关系，因此，碳排放相关案件是中国探索气候变化案件时不可忽视的诉讼路径。针对在碳排放中非法获取或交易碳排放权配

额、未依法披露碳排放报告或相关信息、伪造碳排放数据等违法行为对应对气候变化的不利影响,可依据现行的《碳排放权交易管理办法(试行)》等法律提起诉讼。碳排放纳入环评体系后,也可将碳排放与环评结合起来,探索新的气候变化诉讼路径。

(三)大气污染类案件

如前文所述,大气污染与气候变化之间具有共同之处,大气污染案件所涉污染物可能与加剧气候变化的污染物相同。在此种情况下,在对所涉企业提起生态环境公益诉讼时,可探索将加剧气候变化纳入诉讼理由,从而使案件兼具防治大气污染与应对气候变化的双重功能。同时,结合域外司法实践来看,中国检察机关也可针对行政机关对改善空气质量和应对气候变化不作为而提起行政公益诉讼,督促政府积极履行环境治理与气候治理的职能。

(四)绿色金融与“一带一路”相关案件

随着“一带一路”建设的持续推进,中国银行和企业所面临的气候风险也不断增加。最高人民法院于2019年发布的《关于人民法院进一步为“一带一路”建设提供司法服务和保障的意见》中指出,要“依法保护绿色发展,贯彻《‘一带一路’绿色投资原则》,完善公益诉讼与生态环境损害赔偿诉讼制度……促进绿色基础设施建设、绿色投资、绿色金融,大力推进绿色‘一带一路’建设,保护好我们赖以生存的共同家园”“完善跨境贸易、投资中环境风险防范与应对机制,加强‘一带一路’矿业投资的环境保护示范法研究,共同打击跨境野生动植物犯罪,合作应对全球气候变化和跨国环境问题”。未来,可结合企业气候信息披露、绿色投资原则等在绿色金融和“一带一路”相关案件中进一步探索气候变化诉讼。

(五)能源转型相关案件

积极应对气候变化离不开能源转型与低碳发展。基于此,电力企业具有优先考虑可再生能源调度的法律义务也可作为气候变化诉讼的切入点,如前文提到的“弃风弃光”类案件。未来可对此类案件进行更为深入地探索。

值得注意的是,能源转型相关案件对检察机关而言也是可以探索的新思路。检察机关具有起诉政府的权力,因而从理论上来说,检察机关可针对政府支持削减可再生能源政策或者鼓励消费化石燃料的政策(如化石燃料补贴等)起诉涉案主管部门。2021年年初的中央环保督察指出,能源领域存在统筹推进能源发展与生态环境保护不够有力，政策体系体现生态环境保护要求不够等问题。实践中已有地方检察机关助力中央环保督察的先例。检察机关可以中央环保督察为契机，探索气候变化诉讼，督促修正现有政策体系，推动尽快出台绿色低碳的发展政策。

五、结论

气候变化诉讼作为未来环境司法发展的重要方向，亟待各方探索。尽管中国的气候变化诉讼才刚刚起步，但实际上中国已具备提起气候变化诉讼的各项关键条件。现有的环境法律体系和生态环境公益诉讼机制已可为气候变化诉讼的探索提供足够的法律支撑，中国作出碳达峰碳中和的庄严承诺也让探索气候变化诉讼恰逢其时。结合域外司法实践与中国环境司法的实际情况，环境影响评价类案件、大气污染类案件、碳排放相关案件、绿色金融与“一带一路”相关案件，以及能源转型类案件都是中国气候变化诉讼发展的重要路径。

参考文献

1. 中华人民共和国最高人民法院编：《中国环境资源审判(2019)》，人民法院出版社 2020 年版。

2. 德清县人民检察院、德清明禾保温材料有限公司侵权责任纠纷一审民事判决书，载裁判文书网，https://wenshu.court.gov.cn/website/wenshu/181107ANFZ0BXSK4/index.html?docId=e3f67c0fb1c745df904bad1700b01b97。

3. 北京市朝阳区自然之友环境研究所与国网甘肃省电力公司二审民事裁定书，载裁判文书网，https://wenshu.court.gov.cn/website/wenshu/181107ANFZ0BXSK4/index.html?docId=d82c88f673ec4788b21eaa4b007e5b29。

4. 龙迪、蒋博雅：《期待中国检察公益诉讼在应对治理气候变化中更有作为》。参见最高人民检察院官网，https://www.spp.gov.cn/spp/llyj/202106/t20210604_520414.shtml。

5. 欧洲环境署，2018 欧盟空气质量报告，载 https://www.eea.europa.eu/publications/air-quality-in-europe-2018，最后访问日期：2021 年 9 月 20 日。

6. 欧洲环保协会诉英国政府改善空气质量案英国最高法院判决，载 https://www.judiciary.uk/wp-content/uploads/2018/02/clientearth-no3-final-judgmentdocx.pdf，最后访问日期：2021 年 9 月 20 日。

7. 欧洲环保协会诉英国政府改善空气质量案欧洲法院判决，载 https://curia.europa.eu/ju-

ris/document/document. jsf; jsessionid = 2017B9589B5357D76D75C7DB61181067? text = &docid = 159801&pageIndex = 0&doclang = en&mode = lst&dir = &occ = first&part = 1&cid = 7641956,最后访问日期:2021 年 9 月 20 日。

8. 欧洲环保协会关于德国二氧化氮减排案的新闻,载 https://www. clientearth. org/latest/latest-updates/news/munich – air – pollution – case – further – failure – may – mean – prison – sentence – for – minister/,最后访问日期:2021 年 9 月 20 日。

9. 德国二氧化碳减排案进展,载 https://www. clientearth. org/latest/latest – updates/news/stuttgart – judge – demands – diesel – bans – from – 2018 – ruling – retrofits – will – not – tackle – pollution/,最后访问日期:2021 年 9 月 20 日。

10. 澳大利亚露天煤矿案判决,载 https://www. elaw. org/AU _ GloucesterResources _ 8Feb2019,最后访问日期:2021 年 9 月 20 日。

11. 路透社关于波兰 Polnoc 燃煤电厂案的相关新闻:波兰绿色运动者在法庭上赢得了对煤厂的胜利,Agnieszke Barteczko,载 https://www. reuters. com/article/poland – kulczyk – idUSL5N0BE9FU20130214,最后访问日期:2021 年 5 月 20 日。

12. “法院阻止波兰煤电厂,这是运动者的胜利”,Mengan Darby,载 https://www. climatechangenews. com/2016/12/06/court – blocks – polish – coal – plant – in – victory – for – campoaigners/,最后访问日期:2021 年 5 月 20 日。

13. 欧洲环保协会关于易捷航空案的分析,载 https://www. documents. clientearth. org/wp – content/uploads/library/2018 – 09 – 07 – complaint – to – the – frc – conduct – committee – easyjet – plc – ce – en. pdf,最后访问日期:2021 年 9 月 20 日。

14. 德国莱茵集团案进展,载 https://www. germanwatch. org/en/huaraz,最后访问日期:2021 年 9 月 20 日。

15. 德国莱茵集团案案件综述,载 http://climatecasechart. com/non – us – case/lliuya – v – rwe – ag/,最后访问日期:2021 年 9 月 20 日。

16.《域外气候变化公益诉讼的发展》,载北京法院网,http://bjgy. chinacourt. gov. cn/article/detail/2020/12/id/5664989. shtml,最后访问日期:2021 年 9 月 20 日。

17. 最高人民法院:《关于人民法院进一步为“一带一路”建设提供司法服务和保障的意见》,载最高人民法院官网,http://www. court. gov. cn/fabu – xiangqing – 212931. html,最后访问日期:2021 年 9 月 20 日。

内蒙古法院环境资源专门化审判体系的构建

——以“三合一”模式在内蒙古法院能否推行为视角

孙晓磊*

摘　要:为推进环境资源审判领域的司法改革,全国各地法院按照最高人民法院的部署和要求,积极探索民事、行政、刑事案件“三合一”归口审理模式,目的是优化审判资源配置,构建专门化审判体系。本文以环境资源审判“三合一”模式在内蒙古法院能否推行为视角,指出我区环境资源审判目前存在机构不健全、案由界定不够明晰、审判队伍专业化不强、审判理念不统一等问题,并从我国环境司法发展进程、内蒙古法院司法实际以及法院自身情况分析推行“三合一”模式的必要性,提出构建全区环境资源专业化审判体系的五项合理建议:一是推动设立环境资源专门审判机构,实行案件集中管辖;二是统一涉生态环境案件的受案范围;三是推进环境资源审判专门队伍建设;四是逐步设立环境资源审判实践基地和环境资源审判专家库;五是构建环境资源保护协调联动机制。本文对于内蒙古法院环境资源专门化审判体系新格局的全面形成具有重要价值。

关键词:环境资源审判　“三合一”归口审理模式　专门化审判体系

生态文明建设功在当代,利在千秋。全面推进环境法治,不断强化生态环境保护,保障自然资源的合理开发利用,促进环境治理体系和治理能力的现代化,人民法院责无旁贷。按照最高人民法院的部署和要求,各级人民法院积极探索环境资

---

* 孙晓磊,内蒙古自治区高级人民法院法官。

源民事、行政案件“二合一”,民事、行政、刑事案件“三合一”或者包括执行案件在内的“三加一”归口审理模式,优化审判资源配置,构建专门化审判体系。本文以环境资源审判“三合一”模式在内蒙古法院能否推行为视角,通过对全区法院环境资源审判体系现状的调研,总结当前全区环境资源审判的特点,分析存在的问题,提出环境资源审判“三合一”模式在全区法院逐步推行的合理建议,以期对我区环境资源审判体系专门化的构建与发展有所裨益。

一、全区法院环境资源审判现状

(一)全区环境资源案件审理情况

1. 加强环境资源民事审判工作,保障人民群众的人身、财产权利和其他各项环境权益。2016 年全区法院审结环境资源民事案件 8027 件,2017 年审结 9240 件,2018 年审结 21,304 件,2019 年审结 18,496 件(调整案由后的结案数)。

2. 加强环境资源刑事审判工作,加大对污染环境、破坏生态违法犯罪行为的打击力度,保护国家生态环境和自然资源安全。2016 年全区法院审结环境资源刑事案件 1029 件,2017 年审结 1411 件,2018 年审结 1924 件,2019 年审结 1672 件(调整案由后的结案数)。

3. 加强环境资源行政审判工作,督促行政机关依法及时履行监管职责,查处破坏生态环境的违法行为。2016 年全区法院审结环境资源行政案件 87 件,2017 年审结 90 件,2018 年审结 83 件,2019 年审结 480 件。

4. 依法审理环境公益诉讼案件,确保及时受理检察机关提起的环境民事、行政公益诉讼,积极探索激励社会组织提起公益诉讼机制。2016 年全区法院审结环境公益诉讼案件 3 件,2017 年审结 65 件,2018 年审结 109 件,2019 年审结 110 件。

通过上述调研统计,可以看出全区法院审理环境资源类案件有以下特点:

其一,案件类型多样,案件数量不断上升。环境资源类案件涵盖了刑事、民事、行政三大诉讼的案由,案件类型多样,法律关系复杂。2016 年全区法院共审结涉环境资源类案件 9146 件,2017 年审结 10,806 件,2018 年审结 23,342 件,2019 年审结 20,758 件,因 2019 年 8 月调整案由后缩小统计范围,但实际数量整体呈上升趋势。案件数量的不断上升表明了加强新形势下环境资源审判工作的必要性和紧迫性。

其二,案发区域分布不均衡,案件类型呈现不同特性。呼市、包头、通辽、赤峰等中心城市民事案件居多,且多涉及供用水、电、热力合同及噪声污染纠纷;呼伦贝尔、兴安盟、鄂尔多斯等草原、森林自然特征明显地区刑事案件居多,且多发非法占用农用地、滥伐林木、盗伐林木、非法狩猎、非法采矿等犯罪。据统计,中东部地区环境资源案件占全区环境资源案件总数的85%以上,西部地区主要是鄂尔多斯市采矿权、探矿权案件居多,其他盟市案件较少。

其三,环境公益诉讼工作稳步开展。2015年年底,内蒙古自治区高级人民法院、人民检察院印发《关于办理人民检察院提起民事、行政公益诉讼案件相关问题的意见(试行)的通知》,开启了内蒙古自治区检察机关提起公益诉讼的序幕。2018年全区法院受理环境公益诉讼案件109件,全部是由检察机关提起诉讼。2019年全区法院受理环境公益诉讼案件110件,其中由检察机关提起104件,社会组织提起6件,检察机关已经成为内蒙古自治区提起环境公益诉讼的主要力量,但社会组织提起的公益诉讼案件数量较少。

(二)全区环境资源审判体系现状

1. 自治区高级人民法院环境资源审判机构及审判人员的基本情况。内蒙古自治区高级人民法院环境资源审判庭于2017年8月成立,前期主要审理环境资源民事案件,涉及35个三级案由和15个四级案由,还有环境民事、行政公益诉讼案件,基本采取“二合一”的归口审理模式。2019年9月开始试行“三合一”模式,标志着我区全面构建环境资源专门化审判体系的信心和决心。

2. 各中级人民法院及其基层法院环境资源审判机构的基本情况。通过2018年对全区法院环境资源审判机构现状及“三合一”模式在本地区能否推行的问卷调研,呈现以下特点:一是有三个中级人民法院成立了环境资源审判庭,并在两级法院推行“三合一”模式,如呼伦贝尔市中级人民法院、通辽市中级人民法院、兴安盟中级人民法院,基层法院中鄂伦春自治旗法院成立了环境资源审判庭、呼和浩特市托克托县法院成立了环保法庭。二是有七个中级人民法院环境资源案件分别由刑事、行政及指定的民事审判庭或审判团队审理,未推行“二合一”或者“三合一”审理模式,如呼和浩特市中级人民法院、包头市中级人民法院、赤峰市中级人民法院、鄂尔多斯市中级人民法院、锡林郭勒盟中级人民法院、乌海市中级人民法院、巴彦淖尔市中级人民法院。其中认为可以推行“三合一”模式的法院有:包头市中级人民法院、乌海市中级人民法院;认为目前不能推行“三合一”模式的法院有:呼和浩特市中级人民法院、鄂尔多斯市中级人民法院、赤峰市中级人民法院、锡林郭勒盟中级人民法院、巴彦淖尔市中级人民法院。三是有两个法院未确定专门的合议庭或审判团队,如乌兰察布市中级人民法院、阿拉善盟中级人民法院。四是多数中级人民法院涉环境资源类民事案件目前分散在不同的民事审判庭或者审判团队受理,如鄂尔多斯市中级人民法院的涉环境资源类民事案件按团队轮流分案、轮流办理。五是绝大多数基层法院尚未成立专门合议庭或审判团队审理涉环境资源类案件。

二、内蒙古自治区环境资源审判体系存在的主要问题

通过对全区环境资源案件审理情况及审判机制现状的系统梳理,内蒙古自治区环境资源审判体系存在以下问题:

其一,环境资源审判机构有待进一步健全。全区环境资源类案件数量日益增长,但环境资源审判机构和体系尚不健全,亟待整合完善。截至2019年年底,全区三级法院包括自治区高级人民法院有五家法院成立了环境资源审判庭,推行“三合一”的审理模式;绝大多数中级人民法级法院环境资源案件分别由刑事、民事、行政审判庭或审判团队单独审理,个别中级人民法院未成立专门的合议庭或审判团队,绝大多数基层法院尚未成立专门审理环境资源类案件的合议庭,这些两级法院均未推行“二合一”或“三合一”的审判模式。大部分法院涉环境资源类民事案件分散在各个民事审判庭受理,环境资源审判职能定位尚不统一。

其二,环境资源类案件案由界定不够明晰。2017年10月16日,自治区高级人民法院作出《环境资源审判庭受理案件范围和具体案由的通知》,明确高级人民法院环境资源审判庭受理民事案件涉及35个三级案由和15个四级案由以及受理环境民事、行政公益诉讼案件的范围,但对涉环境资源类案由范围尚未在全区统一,全区环境资源类案件案由不够明确、较为分散。目前全区环境资源类民事案件案由并未同步到办案系统中,不利于对口业务指导和司法统计,导致涉环境资源类案件收结案数据很难精准,基本数据“家底不清”。

其三,环境资源审判队伍专业化不强。环境资源案件具有技术性强、专业性

高、处理难度大等特点，但从现有审判人员的配置、知识储备和机构设置来看，很多审判人员对环境法律知识并不熟悉，缺乏经验、知识储备不足。同时，由于环境资源办案人员培训机会少，现所在庭室面临案多人少的问题，没有时间调研学习先进省区法院在环境资源审判机制方面好的做法和经验，缺乏对当前环境资源案例的分析研判。这与最高人民法院提出建立一支正规化、专业化、职业化的环境资源审判队伍的要求存在差距。

其四，全区法院环境资源类案件对下指导有待加强。由于全区法院目前设置专门环境资源审判庭及固定审判团队的中级人民法院较少，环境资源审判机构名称、职能定位、受案范围和工作机制等不尽相同，导致上下级法院之间机构不对口，业务不统一，从而监督指导不畅。涉环境资源类民事案件分散在不同的民事审判庭受理，公益诉讼案件在基层法院行政庭较多，上下不对口，导致公益诉讼案件层报以及向最高人民法院报送环境资源类案件数据等工作不能及时完成。

其五，环境资源审判理念不统一。分散的审判方式难以形成统一的审判理念，目前全区环境资源刑事、民事、行政不同审判庭之间缺乏统筹协调，容易出现对相同问题的处理存在较大区别的情况。通过调研发现，全区法院环境资源案件审理结果多注重解决个案纠纷，相对忽视对环境的修复问题，所审结的破坏农用地案件，仅有不到5%的案件体现了环境资源修复内容，环境保护和预防污染等环境司法基本理念未能深入人心。

三、环境资源审判“三合一”模式在全区法院推行的必要性

1. 从我国环境司法进程来看，党的十八大以来，以习近平同志为核心的党中央对生态文明建设作出一系列顶层设计、制度安排和决策部署。党的十九大把坚持人与自然和谐共生作为新时代坚持和发展中国特色社会主义基本方略的重要内容，强调建设生态文明是中华民族永续发展的千年大计。2018 年召开的全国生态环境保护大会上，习近平总书记再次强调，坚决打好污染防治攻坚战，推动生态文明建设迈上新台阶，用最严格的制度、最严密的法治保护生态环境。最高人民法院强调要认真学习贯彻习近平生态文明思想，充分发挥审判职能作用，自觉为建设生态文明、建设美丽中国提供有力的司法服务和保障。最高人民法院指出，要合理设

立环境资源专门审判机构，积极探索环境资源刑事、民事、行政案件归口审理。2020年3月中共中央办公厅、国务院办公厅印发《关于构建现代环境治理体系的指导意见》规定：在高级人民法院和具备条件的中级、基层法院调整设立专门的环境审判机构。截至2019年年底，全国共有环境资源专门审判机构1353个，其中环境资源审判庭513个，合议庭749个，人民法庭91个，共有23家高级人民法院实行环境资源刑事、民事、行政案件"二合一"或"三合一"归口审理模式。全国各地法院积极探索环境资源案件集中管辖模式，专门化审判已经成为我国环境资源审判的必然趋势。

2. 从内蒙古环境司法实际来看，内蒙古拥有总面积118.3万平方公里的土地面积，占全国面积的12.3%，丰富的森林、土地、矿产等资源为地区经济发展带来得天独厚的优势。近年来，随着经济的发展，生态环境也持续恶化，环境承载能力日渐不足，环境和经济的不协调发展问题日益严重，已经成为内蒙古转变发展方式的一个阻碍。虽然内蒙古党委、政府坚持以生态绿色发展理念贯穿经济社会发展始终，但环保问题仍然十分严峻，非法占用农用地、非法排污、非法捕捞、非法狩猎、重大环境污染事故等违法犯罪行为依然存在，"一湖两海"治理进展缓慢。另外，工业污染、空气污染、生活污染问题也不容乐观，人民群众反映强烈。因此，建立系统的环境资源"三合一"专门审理模式，逐步健全环境司法体系是推进全区生态环境保护，遏制环境污染事件高发态势，维护人民群众环境权益的迫切需要。

3. 从法院自身情况来看，调研数据显示，全区法院四年审理环境资源类案件64,052件，案件类型多样，法律关系复杂，数量持续上升，推行"三合一"审理模式是实现环境资源审判公正、高效的前提。一是"三合一"审理模式适应环境资源审判专业化要求。环境资源类案件专业性强，具有复杂性、间接性、因果关系多样性等特点，传统的诉讼机制难以适应环境资源审判的专业性要求。二是统一司法裁判标准。"三合一"审理模式能够较好地解决同一事实或同一侵权行为引起的民事、刑事、行政案件关联交叉的情况，从而能够较好地统一环境资源类案件的法律适用及裁判尺度，形成足够的威慑力。三是提升审判质效。在传统分散审理的模式下，一项环境侵权行为可能同时触犯民事、刑事、行政法律规范，该行为将进行三种模式的审理，需要重复地认定事实，这样审理案件既浪费司法资源，也加大当事人的诉累。实行“三合一”审理模式进行归口管理，可以减少重复认定过程，减轻法院及当事人的负担，提高审判质效。

四、构建全区环境资源专门化审判体系的合理建议

环境资源审判“三合一”审理模式在内蒙古法院推行有其必要性，根据内蒙古环境资源审判工作机制现状及存在的主要问题，建议目前做好以下工作：

1. 推动设立环境资源专门审判机构，实行案件集中管辖。尚未成立环境资源审判庭的中级人民法院要根据环境资源审判业务量，在内设机构改革方案规定的机构总数内，合理设立专门的环境资源审判机构；案件数量相对较少、司法力量不足的中级人民法院可以设立环境资源专门合议庭、审判团队或者环境资源巡回法庭；个别案件较多具备条件的基层法院经自治区高级人民法院批准，也可以设立环境资源审判机构。同时，由于内蒙古地域辽阔，可以在“一湖两海”黄河流域等重点区域以及山、水、林、田、沙漠集中成片的地区，着眼于其自然属性和功能修复需要，结合环境资源案件数量，成立跨行政区划的环境资源审判试点，先行探索民事、行政案件集中管辖。自治区高级人民法院将在前期试点的基础上，积极推动环境资源案件“三合一”或者“二合一”归口审理模式，有效节约司法资源，保障裁判标准统一。此外，还可以探索将呼和浩特铁路中级人民法院挂牌改革为内蒙古环境资源中级人民法院，下辖4个基层法院对应改革为呼和浩特、包头、通辽、海拉尔环境资源法院，组织体系为：呼和浩特、包头、通辽、海拉尔环境资源法院——内蒙古环境资源中级人民法院——内蒙古自治区高级人民法院——最高人民法院。

2. 统一涉生态环境案件的受案范围。自治区高级人民法院应当适时在全区法院下达明确的环境资源案件案由，统一涉生态环境案件的受案范围、审判程序等。同时，详细摸排三级法院案件受理情况，以便于上下级法院之间开展对口业务指导和司法统计分析，并为环境资源审判专门化机制的推行提供精确可靠的数据。环境资源案件范围可以参照最高人民法院于2018年8月下发的《关于环境资源案件范围的规定（征求意见稿）》确定。

3. 推进环境资源审判专门队伍建设。为保障审判业务有序地开展，环境资源审判庭应当选配有较为丰富的审判经验，能够熟练掌握刑事、民事、行政三大诉讼

程序的资深员额法官从事审判工作，同时配备具有较深厚法学理论功底的法官助理和具有实践经验的书记员予以辅助。通过定期或不定期的专业化培训，使办案法官更新司法理念、逐步提升解决环境资源纠纷的司法能力和综合素养，稳步推进职能设置及审判机构专门化、审判团队专业化。

4. 逐步设立环境资源审判实践基地和环境资源审判专家库。为了进一步推动全区法院环境资源审判工作的科学开展，结合内蒙古的实际情况，在东部、西部、中部地区逐步设立“环境资源司法实践基地”，将恢复性司法理念贯彻司法全过程，探索建立“恢复性司法实践＋社会化综合治理”的审判结果执行机制，积极推进环境资源审判专门化的实现路径。针对环境资源审判专业性、技术性较强的特点，邀请来自环保部门、高校等相关单位的专家、学者和专业技术人员参与审判工作，为环境资源审判提供司法决策参考和专业技术支持，逐步把环境资源专家纳入全区环境资源审判规范化轨道。

5. 构建环境资源保护协调联动机制。加强司法保障，建立生态环境保护综合行政执法机关、公安机关、检察机关、审判机关信息共享、案件通报、案件移送制度。坚守绿色发展理念，加大对破坏生态环境案件起诉力度。在污染防治、损害赔偿磋商以及公益诉讼等方面，建立环境资源司法保护工作联席会议制度，就环境资源纠纷预警、提前介入、纠纷多元化解、审判公众参与和司法公开制度等方面达成共识，推动构建党委领导、政府负责、社会协同、公众参与、法治保障的现代化环境治理体系，协同打好污染防治攻坚战和生态文明建设持久战。对在环境资源案件审理中发现的问题，及时向有关部门提出司法建议或法律意见，共同打造良性互动的法治环境。

总之，构建环境资源专业化审判体系是改革的必由之路。目前，自治区高级人民法院环境资源审判庭以及呼伦贝尔、通辽、兴安盟、乌海四个中级人民法院的环境资源审判庭均已建立“三合一”审理模式。自治区高级人民法院要求全区其他法院推行环境资源民事、行政案件“二合一”归口审理，鼓励有条件的法院试行“三合一”模式。在全区法院按照环境司法专门化的要求明确了案由范围，成立了专门的环境资源审判庭或审判团队，环境资源司法实验基地有了初步成效，“三合一”模式的试点法院有了可复制、可推广的经验后，全面形成内蒙古法院环境资源专门化审判体系新格局。

江苏法院涉固体废物类案件审理情况调研报告

江苏省高级人民法院环境资源审判庭课题组

摘　要:固体废物防治和经济绿色健康发展、人民群众环境权益有效保护、推进优美生态环境实现密切相关。坚持以人民为中心的发展思想,充分发挥环境司法审判职能,始终坚持问题导向,及时总结审判实践经验,持续推进环境司法有效融入现代环境治理体系,助力健全固体废物污染环境防治长效机制,是人民法院环境资源审判工作需要面对的重要课题。本文从近年来江苏全省法院审理的固体废物类案件特点分析入手,梳理该类案件审理过程中集中反映出的问题,并结合新修订的《固体废物污染环境防治法》,有针对性提出部分对策建议,以期厘清审理思路、破解审判难题,为固体废物案件审理工作提供些许参考。

关键词:固体废物　案件审理　对策建议

江苏位于长江下游,人口密度全国最大,企业数量全国最多,环境容量全国最小,环境压力较大。2007 年“太湖蓝藻事件”暴发后,无锡市设立全国首家中级人民法院环境保护庭,江苏法院开始参与治理环境污染的探索实践。2013 年 9 月,江苏法院率先在省辖市范围内实行跨行政区划集中管辖,实行环境资源案件刑事、民事、行政案件“三合一”审理机制。2014 年年底,江苏省高级人民法院设立环境资源审判庭,集中审理环境资源类案件。2019 年 7 月 1 日,江苏法院启动运行环境资源审判“9 + 1”机制,形成全流域系统保护、跨区划集中管辖、“三合一”专门化审判的“江苏模式”。近年来,江苏法院深入学习习近平生态文明思想、习近平法治思想和党的十九大、十九届二中、三中、四中、五中全会精神,贯彻落实中共中央办公厅、国务院办公厅《关于构建现代环境治理体系的指导意见》,充分发挥审判职能作用,探索创新审判工作机制，创新司法理念，贯彻恢复性司法和协同共生理念，从严打击污染环境犯罪行为，服务保障江苏环境治理体系和治理能力现代化建设。经过对近五年来的案件情况分析我们发现，固体废物类案件在环境资源案件中数量上虽然占比不大，但有影响的重大案件几乎都与此类案件有关。在环境综合治理体系上，还存在一些薄弱环节，应引起高度关注。

一、涉固体废物类案件基本概况

2016年以来，江苏法院共审结涉固体废物类案件2030件，其中刑事1173件，民事487件，行政370件，刑事案件占比57.78%。（见图1）

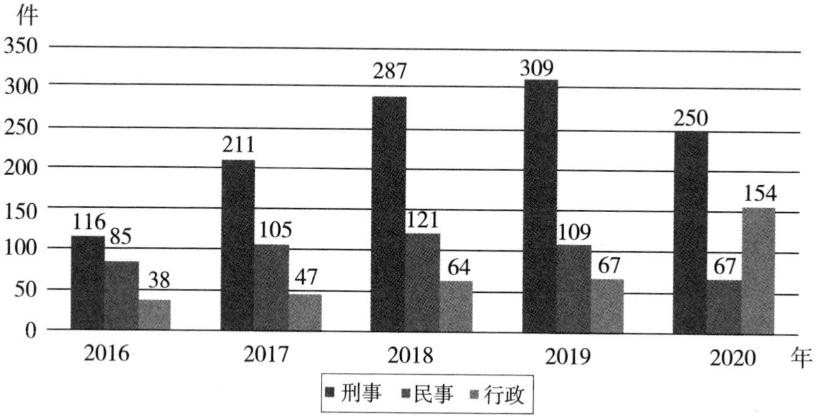

图1　江苏法院近五年审理涉固体废物类案件统计

相关案件具有以下特征：

1.刑事案件多发。

其一，利用隐蔽方式直接偷排、掩埋固体废物。主要表现形式为：侵权人明知其排放或者掩埋的固体废物可能会对环境造成重大污染，但为降低生产成本获取非法利益，采用该种方式进行处置。周某祥与侯河化工厂签订合同，将农药吡虫啉生产残渣交由侯河化工厂提炼处理。侯河化工厂仅具有环保部门颁发的处置菊酯残液的危险废物经营许可证，其对收集的危险废物处置后，液体作为燃料油销售，并将处置后残渣填埋至厂区内和厂区外的废弃鱼塘，案件影响巨大。常州新中田花辊机械有限公司租赁常州市三橡机械有限公司的车间制造花辊，在明知其无资质进行“酸洗”工序，也未配套建设污染物防治设施的情况下，擅自添加“酸洗”工序，并在车间外的窨井四周建立围堰，将产生的废硝酸、清洗废水等污染物倾倒在围堰内，通过窨井上的小孔排放污染物，造成污染。周某奎从浙江省嘉善县船运印染污泥交给刘某凯非法处置。刘某凯在明知该批工业污泥系毒害性物质且无能力予以规范处置的情况下，接收污泥并将其运输至泗阳县众兴镇杨集居委会其老家宅基地处挖坑填埋。项某云安排他人利用消防水泵及地下暗管将分离出的废水偷排入长江流域，非法倾倒在洗仓站院的油泥、油渣（危险废物）造成江滩污染。

其二，将固体废物委托他人非法处置。前一类案件也是企业家违法犯罪高危领域，情节较为严重的企业及主管人员往往与排放、倾倒、掩埋行为直接实施者构成共犯。典型表现是：企业以补贴“运费”等方式，将固体废物交由无资质的个人进行处置，有些甚至签订虚假处置协议进行处置。章某在明知徐某未取得危险废物经营许可的情况下，将江西三元药业有限公司生产过程中产生的危险废物蒸馏废盐出售给徐某处置，运费由江西三元药业有限公司承担。徐某对购进的蒸馏废盐进行粉碎加工。经鉴定，蒸馏废盐及经粉碎处置后的蒸馏废盐属于危险废物。陈某将江苏亚太水泵厂等三家铝加工点产生的工业废料铝灰渣交由周某军处理，周某军将铝灰渣运输至丹阳市丹北镇直接倾倒于高桥横山口垃圾填埋场。鼎寅公司徐某贤明知路某华等人无危险废物经营许可证，将生产过程中产生的危险废物HW17，危险特性T/C污泥交给路某华等人处置，污泥被随意倾倒，造成环境污染。在一些案件中，企业生产过程产生的副产品自身虽有利用价值，但由于市场变化因素导致企业无法处置，以补贴“运费”等方式交由无处置资质的个人，任由其非法处置。张某成将南通德发生物化工有限公司整改清理时收集的含毒性的固体废物交给无危险废物经营许可证的曹某林私自处置，曹某林拉出上述固体废物倾倒在农田旁边的土坑内，造成环境污染。

此类案件涉及工业污泥情况也比较突出。常州市金坛林泉建材厂将溧阳水务集团有限公司下属的溧阳市第二污水处理厂的污泥运输至该厂进行处理，后因运输污泥数量超出其处置能力，该厂将含有大量重金属污泥倾倒在无防渗漏措施的溧阳矿宕口水塘中。浙江瑞浦机械有限公司将制造钢锭、钢棒过程中产生的含有重金属的工业污泥交给袁某发处置,袁某发将污泥运至张家港市南丰大桥及宿迁市宿豫区京杭大运河北岸洋河大桥桥底倾倒、掩埋。路某华在阿尔泰公司回收废铁时,向黄某华提供处置费处理酸洗污泥,黄某华先后将酸洗污泥 60 余吨交由路某华等人处置。上述污泥被运输至江阴市空地倾倒,倾倒区域与长江岸线最近的直线距离为 561 米、距离连通长江的石牌港闸 134 米,对长江生态环境安全造成影响。

其三,输入、输出型固体废物类案件多发。为逃避监管,违法企业多将固体废物运至其他区域进行倾倒、掩埋。刘某宏从兴宁公司接收综合污泥,兴宁公司擅自向一般固体废物综合污泥中掺入危险废物染色污泥,上述有毒有害污泥在未经任何无害化处置的情况下,被非法倾倒在徐州市铜山区、山东省鱼台县等地,造成环境污染。吴某联系王某成从上海道通废旧物资回收利用有限公司垃圾堆场等地运输建筑垃圾、生活垃圾等废弃物至江苏省太仓市良田、工地中覆土掩盖,填埋的固体废物含有有毒物质。舟山新和船舶洗舱有限公司在无危险废物经营许可证且明知冯某康等人亦无危险废物经营许可证的情况下,将在浙江省舟山市船舶清舱业务过程中收集的危险废物油泥交由冯某康等人从浙江省舟山市运输至江苏省滨海县、宜兴市、睢宁县和江西省万年县以及山东省新泰市、莱芜市等地非法加工、提炼或倾倒,造成环境污染。姚某生明知废甲醇是化工废料不得随意处置的情况下,将南通依诺化工有限公司约 27 吨废甲醇交由无任何处置资质的张某山作烧火油,并运至沭阳县,经鉴定,该批固体废物属于具有浸出毒性的危险废物,涉案地块造成土壤污染。2016 年上海生活垃圾跨省倾倒案,王某明、陆某弟与部分船主、中间商形成长期利益链条,将上海生活垃圾船运至太湖戒毒所码头,并未经处理直接倾倒至宕口内,造成景观破坏、水体污染、生态环境受损的严重污染后果。

还有一类输入型案件为违反法律规定将洋垃圾走私入境。林某樑、关某等人明知高炉灰、高炉渣等工业废料系禁止进口的固体废物,为牟取非法利益,由被告单位进口,采取伪报品名为"铁矿粉"、虚假解释变更港口等方式逃避海关监管,构成走私废物罪。贾某浩、吕某立商议由吕某立将从我国台湾地区废物回收企业采购的含镍残渣、含铜污泥从台湾地区基隆港装货运输至连云港。贾某浩以"镍精矿”为货物品名、“马来西亚”为原产国制作虚假的合同、发票、箱单等报关单证办理通关手续，将含镍残渣、含铜污泥等国家禁止进口的固体废物走私入境，构成走私废物罪。

其四，固体废物资源再利用过程中非法处置导致环境污染。该类案件体现为对废旧胶片、医疗废弃物、废旧铅酸蓄电池、废旧电瓶、机油滤芯、印刷线路板等可再生类资源的处理，模式多为非法加工、冶炼、提取有用物质后将该过程中产生的剩余固体废物直接排泄或倾倒。

高某营在未取得危险废物经营许可证的情况下，在山东省滕州市收购废机油滤芯，明知孙某无危险废物经营许可证，仍向其出售废机油滤芯，供其破碎加工提取废铁和废机油。经检测，废旧机油滤芯处土壤的“石油烃”含量超标，属于《国家危险废物名录》中 HW49 类危险废物。邓某光在未取得危险废物经营许可证且未建相应的环境保护治理设施情况下，从杨某齐等人处回收废旧铅蓄电池，将废旧铅蓄电池内的废酸随意倾倒路边，造成环境污染。苏州市飞燕废旧物资回收处理有限公司在未取得危险废物经营资质的情况下，回收、处置医疗废弃物，对感染性危险废物进行焚烧或就地掩埋处理，造成土壤损害。吴某洲与张某立在未取得危险废物经营许可证的情况下，将在灌云等地分多次收购的废旧电瓶（废旧铅蓄电池）转售给刘某部后转售给林某森拆解、冶炼。林某森在拆解、熔炼过程中，将产生的废气、废渣未采取任何防护措施的前提下直接排放至外环境，造成环境污染。

其五，治理固体废物的企业“监守自盗”。该类型体现为部分危险废物处置企业、垃圾焚烧发电厂、污水处理厂和排污企业形成利益共通，实施非法排放。上海安亭环保有限公司赵某生将其他公司委托该公司处置的含有沾染废油墨的包装材料、废油墨罐桶、标有 HW12 危险废物标签的包装袋等危险废物运至昆山市临时建筑垃圾填埋场填埋。南京胜科水务公司明知高浓度废水处理系统未运行，多次接收排污企业高浓度废水并指使他人利用暗管违法排放；在一期、二期废水处理系统中修建暗管用于偷排污泥；人为篡改在线监测仪器数据，逃避环保部门监管，长期超标排放污水，造成重大环境污染。法院认定该公司犯污染环境罪，判处罚金 5000 万元，相关人员也分别被判处相应刑罚，经调解，该公司在民事公益诉讼部分中赔偿生态环境修复费用4.7亿元，该案被写入最高人民法院工作报告，入选最高人民法院2019年度环境资源典型案例。

2. 民事案件占有一定比例。

该类型的案件主要为环境民事公益诉讼、生态环境损害赔偿诉讼、刑事附带民事诉讼、一般环境侵权民事诉讼4种类型。多数案件集中于固体废物生产企业实施非法排污行为被处罚或相关刑事案件案发后所引发的伴生性公益诉讼，涉案主体既有大中型生产型企业，也有“小电镀、小铸造、小化工”三小企业。江苏省环保联合会、江苏省人民政府诉德司达(南京)染料有限公司环境污染民事公益诉讼案，法院认定废硫酸生产厂家负有防范环境污染的义务，其委托不具备能力和资质的个人处置废硫酸，应视为是一种在防范污染物对环境污染损害上的不作为，该不作为与环境污染损害结果之间存在法律上的因果关系，应当承担侵权责任，该案入选2017年度人民法院十大民事行政案件、联合国环境规划署首批十件中国环境司法案例。中华环保联合会诉周某环境污染责任纠纷案，周某在未经环保审批的情况下，在其承租的民房非法开设树脂冲洗作坊，将作业产生的含重金属总铜、总锌的废水未经有效处理直接通过作坊南侧围墙底部墙洞排放至外环境，造成环境污染，法院判令周某公开赔礼道歉并承担生态环境修复费用及律师费用。

一般环境侵权民事诉讼系因污染行为造成相邻主体利益受损或者不当处置固体废物导致案件发生，我们应准确分析请求权基础，依法分配举证责任，保障当事人合法权益。在一起养殖虾非正常死亡案件中，法院认定流入鱼塘的雨水经由飞机场跑道、砂质带、冲刷等外界因素的介入后形成较高温的雨水，高温雨水对鱼塘正常水温造成高温污染，澄湖公司应预见其未修建完备规范的排水设施将会对鱼塘造成损害，但其未修建完备规范的排水设施的侵权行为导致高温雨水直接冲入鱼塘与鱼塘中的虾非正常死亡的损害后果之间具有因果关系，主观上存在过错，法院判令其承担侵权责任。江苏博泰药业有限公司与青岛新天地固体废物综合处置有限公司、涟水县恒安汽车运输有限公司侵权责任纠纷案，陈某雷、霍某权、吕某海三人恶意串通非法处置博泰公司固体危险废物，法院判令对于霍某权和吕某海利用执行工作任务行为与陈某雷恶意串通非法处置博泰公司固体危险废物给博泰公司造成的损失，新天地公司和恒安公司与陈某雷承担连带责任。

3. 行政案件较为集中。

该类型案件主要集中于相关企业对地方环境保护部门依据《固体废物污染环境防治法》作出环境行政处罚决定不服，向法院提起要求撤销处罚决定的行政诉讼，或者环境保护部门对企业拒不执行的行政处罚决定申请法院强制执行。例如东高辉工贸有限公司从事再生铝分拣、拆解、技术服务以及废旧金属收购、销售等经营业务，经环评审批和验收的废五金电器、废电线电缆及废电机等项目建设，当地环保部门认为其新建的铝碎废料分拣项目生产线未经环保审批并作出行政处罚决定。该公司遂诉至法院，要求撤销该处罚决定。环境保护部门对南京永威新型建材有限公司作出行政处罚决定后，该公司在规定的期限内未申请复议或者提起行政诉讼也未能自觉履行，环保部门遂向法院申请强制执行。

二、涉固体废物类案件主要审理思路及做法

与其他案件相比，环境损害的原因行为存在合法性、妥当性与非法性、不可容忍性的价值判断，所造成损害后果具有隐蔽性、不确定性、延后性、综合性特征，导致环境污染行为存在案件在取证与证据判断、处理结果上的多种价值平衡等方面的难题。针对案件反映出的上述特点，我们的主要做法有：

其一，灵活运用证据认定规则，从技术上降低案件审理难度。江苏省人民政府诉安徽海德化工科技有限公司（以下简称海德公司）生态环境损害赔偿诉讼案，法院认定海德公司于2014年分别将其生产中产生的废碱液共计100余吨交由无危险废物处置资质的李某生等人处置，导致废碱液分别被倾倒至长江靖江段和新通扬运河，造成严重水体环境污染，并分别导致靖江市城区集中式饮用水源中断取水超过40小时、兴化市城区集中式饮水水源中断取水超过14小时。法院在刑事证据及生态损害赔偿认定标准上采用类比做法，判令海德公司赔偿环境修复费用、生态环境服务功能损失、评估费等共计5482.85万元。该案系生态环境损害赔偿制度建立后，全国首例作出生效判决的省级人民政府提起的生态环境损害赔偿诉讼，入选最高人民法院指导性案例、2018年度推动法治进程十大案件、2018年度人民法院十大民事行政案件。中华环保联合会与昆山君汉电子材料有限公司（以下简称君汉公司）等环境污染侵权赔偿纠纷案，君汉公司主张该公司生活用水和抛光用

水仅占企业用水总量的10%。法院认为君汉公司作为实际用水者,应对生活用水和抛光用水总量比例承担举证责任,因君汉公司未提交证据证明上述主张,法院即采用推定方式认定排放污水占君汉公司实际用水量的90%,有效惩戒了违法行为。

其二,充分采用惩罚性环境修复费用的计算方法,提升打击犯罪力度。对经多次处罚仍然非法排污的企业,将治污设备运行成本、侵害行为所获利益及过错程度作为确定赔偿额的重要依据,以推定方式确定排污量,并据此追究污染者的惩罚性赔偿责任,从源头上遏制违法排污。江苏省徐州市人民检察院诉徐州市鸿顺造纸有限公司(以下简称鸿顺公司)环境污染侵权赔偿纠纷案,法院在认定鸿顺公司偷排废水,造成了生态环境损害的同时,认定应当以虚拟治理成本法计算生态环境修复费用。该案中,鸿顺公司在2013年就存在污水处理设施不能正常运转的问题,且该公司连续3年被发现私设暗管排放废水,查获的废水排放量逐年增多。该公司运行生产设备每天废水生成量最高可达960吨,按照排污许可证最多每年可产生19.5万吨的废水。公益诉讼起诉人主张推定鸿顺公司实际排放污水为查获偷排量2600吨的3倍至5倍,即偷排废水在7800吨至10,400吨。针对该主张,法院最终认定,生产企业有能力提供证据以证明其排放污染物的种类、浓度、数量以及排放地点、时间,应当对上述事实承担举证责任。在公益诉讼起诉人提交证据证明鸿顺公司具有私设暗管违法偷排污染物,并且提供鸿顺公司污水治理设备不能正常运转、污水生成量巨大的情况下,由于鸿顺公司未能提交证据推翻公益诉讼起诉人的上述主张,最终法院推定公益诉讼起诉人的主张成立。该案入选2016年度推动法治进程十大案件、联合国环境规划署首批十件中国环境司法案例、中国最具影响力的环境资源十大案例。

其三,充分发挥司法导向作用,注重加强源头预防和环境修复。准确把握发展与保护协同共生的辩证关系,通过创新裁判执行方式,既严惩企业污染行为、保护生态环境,又兼顾企业发展的正常需求,减少固体废物案件数量。泰州市环保联合会诉江苏常隆农化有限公司(以下简称常隆公司)等六家公司环境污染侵权赔偿纠纷案,法院在判令常隆公司等六家公司赔偿环境修复费用合计人民币1.6亿元的同时,充分考虑企业生产经营以及源头减量等因素。法院认为,治理和预防污染是环境保护法的立法目的。环境公益诉讼程序作为环境保护法的重要实施途径,应当在追究环境侵权责任的同时,采取有利于防治污染的环境司法政策,实现修复环境、预防污染的立法意图,使环境保护同经济建设和社会发展相协调,促进经济社会可持续发展。处置其副产酸行为是导致副产酸被倾倒从而造成污染的直接原因,应当就其造成的环境污染损害承担侵权责任。相关被污染河道的生态环境已经遭受损害,需要及时修复。同时,大量副产酸的无序流转,造成了极高的环境污染风险,需要采取预防措施以避免污染再次发生。对具有明显环境风险的副产酸进行减量化、再利用和资源化,是从源头预防副产酸污染环境的有效途径。法院探索创立"技改抵扣"方式,判决以技术改造资金抵扣部分赔偿资金,引导、支持企业引进先进工艺设备,有效降低环境污染风险。该案入选2014年度人民法院十大民事案件、2015年度推动法治进程十大案件、最高人民法院十大环境公益诉讼典型案例、联合国环境规划署首批十件中国环境司法案例、中国最具影响力的环境资源十大案例。

其四,依法监督和支持行政机关履行监管职责。在涉固体废物处理环境行政案件审理中,依法纠正、确认行政违法(不作为)行为,保障环境监管依法履职,充分发挥行政司法监督和支持作用。江苏省高级人民法院在常州德科化学有限公司诉原江苏省环境保护厅、原环境保护部及光大常高新环保能源(常州)有限公司环境评价许可案中,依法支持具有公共利益性质的垃圾焚烧发电厂环保项目建设,同时明确该类项目建设单位应履行信息公开义务、政府行政主管部门应严格履行监管职责、充分保障公众参与,尽可能防止或者减轻项目对周围生态环境的影响,为有效破解"邻避"困境提供了解决路径。

其五,延伸审判职能,充分发挥司法建议的作用。针对涉固体废物类案件审理中发现的相关机关在执法及履职过程中存在的问题,及时根据案件审理情况,发送司法建议。针对江苏地区海关较多,走私固体废物案件高发等问题,江苏省高级人民法院向江苏出入境检验检疫局发出司法建议,提出加强固体废物进口监管力度等意见,并就侦查范围、证据固定等提出具体建议;镇江市生态环境公益保护协会诉郭某军环境污染责任纠纷公益诉讼案,鉴于对树脂镜片粉末属性的确定和管理,将影响当地眼镜产业数百家企业的生产模式,以及区域危险废物处置能力的调整,法院在作出案涉固体废物不属于危险废物但应加强有效监管的判决的同时发出司法建议，推动和督促当地眼镜商会和环境保护主管部门依法纠正长达十余年的行业误评，鼓励、支持地方政府和行业组织采取有利于保护环境的固体废物集中处置措施，着力破解治理固体废物污染难题。

其六，及时总结审判经验，制定审理指南，指导涉固体废物案件的妥善审理。江苏省高级人民法院制定《关于环境污染刑事案件的审理指南（一）》，统一裁判标准和尺度，细化各种量刑情节及量刑幅度；明确环境污染罪单位犯罪的判断标准和单位犯罪中直接负责的主管人员和其他直接责任人员的范围；严格规范缓刑、免处的适用条件，对如何计算罚金数量提出了明确的标准，加大罚金刑的适用力度。

三、涉固体废物类案件反映的主要问题及对策建议

严防固体废物污染环境，保障公众健康，维护生态安全，促进经济社会可持续发展，是环境资源审判工作始终应当遵循的必要准则。针对近年来涉固体废物案件反映的问题，结合工作实际及修改后的《固体废物污染环境防治法》，我们提出如下对策建议：

其一，完善环境治理监管体系，打破条块分割、统一执法尺度。案件审理中我们发现，环境治理监管体系存在管理漏洞，环境案件各个环节中的地方区域因素特征比较明显，造成污染物跨区域非法处置逃避打击现象频发。由于江苏化工类企业分布不均衡、区域监管严格程度不一，导致固体废物的转移、处置、倾倒存在输入型特征，即从经济发达地区向欠发达地区转移、从城镇向乡村转移，甚至有的还流动到周边省份。另外，由于江苏地理环境特殊，水网密布、交通发达，近年来利用江苏水运、陆运便利等条件跨省往江苏倾倒污染物的案件也有一定数量，一些违法犯罪分子选择跨省域进行固体废物处置，如将产自上海的固体废物倾倒到苏州或南通地区，或者将产自苏州的固体废物倾倒到其他周边经济欠发达地区进行处理，或利用长江、京杭大运河等从事犯罪活动，将浙江印染工业污泥及含氟废水工业污泥、其他固体废物等运输到江苏进行倾倒，造成江苏部分地区存在区域外固体废物输入导致本地污染环境类案件频发现象。2019 年江苏法院审理涉固废刑事案件 309 件中，跨区域型案件即有 97 件，占比近 1/3，这一现象在 2020 年的案件中依然

存在且占有一定比例。（见图 2）

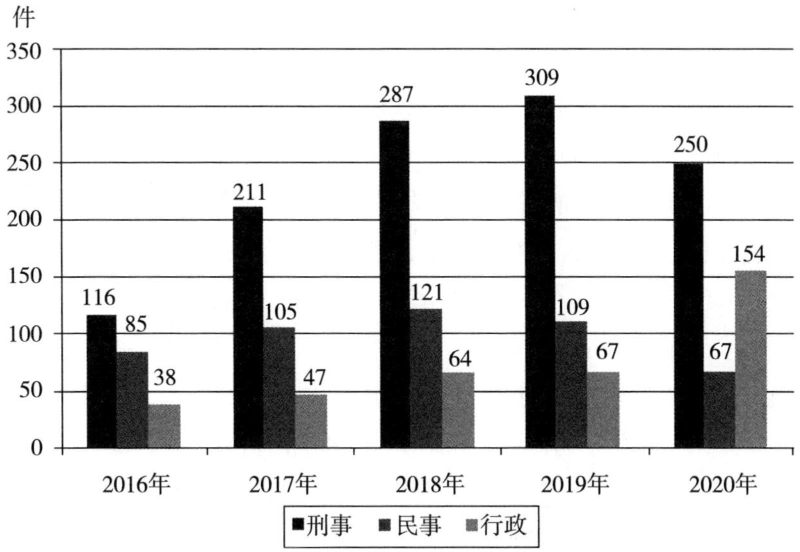

图 2　江苏法院近五年审理涉固体废物案件统计

我国虽然制定了排污许可证制度及排污收费标准，但案件中反映出，在污染型生产企业中，对工业固体废物的生产和排放并未进行细化监管，固体废物的运输及处置过程也比较敷衍，部分地方环保部门对于企业固体废物的生产、转移以及最终处置结果等环节的监管力度不够，无经营许可资质即从事固体废物甚至危险废物收集、储存、利用、处置活动的情形较多，企业危险废物标识不完善、危险废物转移联单管理不规范、未办理转移审批手续私自转移危险废物、部分企业危险废物台账管理不完善、未按规定执行危险废物申报登记制度等现象大量存在。加之跨区域处理固体废物的巨大利益差价远非现有的违法成本所能匹敌，跨区域违法转移处置固体废物存在巨大的经济动因，致使固体废物产生主体将含有危险废物的固体废物交由无资质人员处置的情形大量出现，进而引发案件。这些现象应当结合《固体废物污染环境防治法》充分考虑对策，予以重点关注。

对此，根据固体废物污染目前呈现出的“大范围、流通性、跨区域”特征，污染治理应当加强区域协同、打破条块分割、统一执法尺度。目前，江苏法院已在环境资源刑事、民事、行政案件“三合一”集中管辖机制的基础上，启动运行环境资源审判“9+1”机制，即由南京环境资源法庭集中管辖全省中级人民法院受理的环境资源类案件，按照江苏省政府对生态功能区的划分，打破行政区划的限制，分别设立长江流域（南、北片）等9家基层环境资源法庭，跨设区市集中管辖一审环境资源刑事、民事、行政案件，建立起以江苏高院环资庭为指导、南京环境资源法庭为核心、9个生态功能区法庭为支撑的新型环境资源审判体系，着力破解阻碍审判职能发挥的体制机制问题，遏制干扰因素，加大非法处置固体废物的惩治力度。我们将及时总结新机制运行经验、分析不足，完善改进、巩固深化新机制效能的有效发挥，争取环境资源专门法院的设立。

我们建议，进一步完善环境执法协调、联动和协同治理，大力破解地区行政化因素，形成齐抓共管格局。结合固体废物污染环境防治目标责任制和考核评价制度，将固体废物污染环境防治目标完成情况纳入考核评价的内容。建议各地生态环境主管部门在对本行政区域固体废物污染环境防治工作实施统一监督管理的基础上，联合各地发展改革、工业和信息化、自然资源、住房城乡建设、交通运输、农业农村、商务、卫生健康等主管部门在各自职责范围内，加强对固体废物生产、转移、处置方式等环节的监管，加强部门间信息共享和联动执法，有效采取大数据方式，推进固体废物收集、转移、处置等全流程、全环节监控和信息化追溯。在完善监管的基础上，执法司法部门加大打击涉固体废物污染环境行为力度，提高违法成本，倒逼企业采用合法手段处置固体废物。进一步强化企业主体责任，加强企业网上申报和当地环保部门审核工作力度，有目标开展固体废物产生及处置规范化整治工作，确保固体废物产生和经营主体规范化抽查合格率逐年提高。建议环保部门加强对相关企业在固体废物标识、申报登记等方面的监管力度，针对签订虚假委托处置协议等问题，加大对企业日常生产经营中的固体废物实际处置渠道及方式的跟踪与监督，针对重点企业采取“点穴式”检查。建议建立区域协同发展的相关协作机制，协商建立跨行政区域固体废物污染环境的联防联控机制，统筹规划制订、设施建设、固体废物转移等工作。结合《固体废物污染环境防治法》的最新规定，完善固体废物跨省、跨区域转移监管机制，完善环保失信联合惩戒机制，进一步引导企业主动治污、自觉减排、绿色发展。

其二,完善环境治理企业责任体系,堵塞污染源头、实现系统治理。案件审理中我们发现,环境治理企业责任体系存在制度缺失,污染源头治理相对不足。近年来,江苏各级党委、政府高度重视污染防治工作,查处力度不断加大,进入司法程序的案件增多。因固体废物转移、倾倒一般具有比较强的隐蔽性、随机性,对固体废物的来源、运输、排放等环节监管无法实现全覆盖,少数企业仍然存在治污设施虚假运行、自动监控数据造假、私设暗管偷排直排等恶意违法行为,基层环保机构执法力量和执法手段仍有待加强。目前国内固体废物仍以末端处理为主,主要采取填埋或焚烧方式处理,而未从源头进行减量治理,往往是固体废物倾倒、排放后被群众偶然发现举报或者对排污终端进行检测分析后才发现污染,再经有关部门查处最终进入司法环节,而仅通过对排污终端的监督很难确定排污总量,导致执法司法结果和违法行为造成的实际环境损害后果相差巨大。我们分析认为,一方面,固体废物整体处置能力缺口较大,尤其是特定种类的、精细化的处置能力缺口较大;另一方面,应加强对企业生产数据从整体上进行统计分析的机制,尤其是缺乏对固体废物事前预防、排污总量控制、运输去向的准确把控。此外,地方性执法和整体生态文明建设的要求之间也存在冲突,部分地区环境治理的力度和企业生产成本呈现正相关性,污染治理的力度越大,生产成本越高,区域内守法生产企业成本与违法排污企业的生产成本差异日渐扩大,造成企业从源头减少固体废物的压力不够、动力不足。选择性执法延伸导致在环境案件中存在裁判尺度差异,企业的逆向选择增多必然造成事实上的不公平竞争及营商环境的破坏,影响法律的统一实施和案件的最终办理效果。

对此,我们建议,从源头严防入手,尽快完善监督体系和区域化治理。建议在长三角一体化协同发展的大环境下,加强固体废物源头治理力度,以区域环境保护为目标,精准实行工业固体废物排量许可制度,合理确定固体废物污染惩罚责任,推行"谁污染、谁买单、谁恢复"的理念及举措,提升违法成本。同时,加大事先监管和事中监管的科学性,包括在项目可行性研究、环评时严格把关筛选、运用经济手段和信息化技术手段掌握固体废物来源、排放总量和去向,在企业运营中通过对用电量、环保设备实时运行情况、原料使用监测、企业财务整体年终审计等手段,作为最终处罚考量依据,提升处罚的精准度,通过大数据等方式强化严格审查核实和地区监管力度。同时，推进供给侧结构性改革力度，加快产业结构调整，整合淘汰经济效益差、非法处置风险大的落后产废主体，营造公平竞争和绿色发展并重的营商环境。

其三，完善环境治理市场体系，强化市场机制，畅通处置渠道。在案件审理中我们发现，环境治理市场体系存在治理能力不足，行业壁垒，污染物处置渠道欠缺等问题。由于固体废物处置企业市场准入门槛及成本过高或固体废物处置渠道缺失，导致部分企业不得不采取非法手段处置固体废物。一方面，固体废物的合法处置成本远远高于非法处置成本，“违法成本低，守法成本高”是相关违法行为发生的重要诱因。受利益驱使，部分企业往往选择将固体废物低价交由无处置资质的主体进行处置，有些则没有尽到注意义务，未对固体废物处置方的资质进行必要审核就交由其处置，在一定程度上导致固体废物非法转移、储存、倾倒的情形增多。甚至部分企业还存在与合法固体废物处置企业签订虚假的委托处置协议，造成合法处置的假象，掩盖违法犯罪行为。另一方面，固体废物处置设施不足造成的环境污染和资源浪费问题也较为明显，固体废物未能被充分回收和合理利用，对不能利用的亦未能按照法律规定建设贮存设施、场所进行分类存放。例如，泰州市环保联合会诉江苏常隆农化有限公司等六公司环境污染侵权赔偿纠纷案中，企业即通过补贴销售的方式将副产酸等具有高度环境污染风险的物质转移给其他企业或个人。由于固体废物产生量的快速增长，需要匹配相当规模的处理企业，而较多地区的危险废物处置能力与地区工业发展水平不相称，市场化程度不足，供求关系失衡，导致当前该类企业数量远不能适应固体废物处理的需要。由于固体废物处理企业的市场准入门槛高、企业数量少，造成生产企业通过合法渠道处置危险废物需要排队等待，可供选择余地极小，固体废物处置压力较大，甚至也造成处置固体废物企业处置价格垄断、费用虚高，自身也存在重大污染风险等问题，严重制约行业健康发展。案件中被告人以“产生固体废物企业待处理固体废物积压数量过大”“固体废物处理企业处置能力不足”“环保部门及固体废物处置有限公司对该类废物处置渠道加以限制，致使该类废物未能及时处置”为由提出辩解，也在一定程度上印证了上述情况。此外，因技术处理原因和运营效益所限，案件中还反映出存在缺乏回收废弃电路板、内存条等包含多种稀有金属的固体废物机构的情形，由于精细化处置方式不足导致该类固体废物被不当处置的情况也存在一定的比例。

对此,我们建议,充分发挥市场化机制作用,合理拓宽固体废物处理渠道,制定固体废物鉴别标准、鉴别程序和国家固体废物污染环境防治技术标准,提高对固体废物的合理处置与循环利用能力。一是在强化分类处置的同时,完善回收体系建设,充分引入市场化竞争手段,优化处置能力配置,鼓励多类型资本积极参与固体废物处置市场,拓宽固体废物处置企业的设立渠道,降低该类企业的市场准入门槛,形成良性的市场竞争格局。建议精确测算不同区域内各类固体废物的生产量,就近规划建设配套的固体废物处置企业,建设固体废物处置利用项目。在市场化运营的基础上,必要时对固体废物处置企业给予政策补贴或税收优惠,增加该类企业数量,强化市场保障,促进固体废物处置产业规模化、成熟化、专业化发展,完善固体废物处置体系。尤其是新冠肺炎疫情防控更是对医疗器械类固体废物管理提出了新要求,应当着重加强医疗废物特别是应对重大传染病疫情过程中医疗废物的系统管理。二是优化区域内产业结构调整,通过细化产业规划、绿色税收等方式引导相关企业提升特种物质的配套精细化处置能力,提升工业副产品循环利用水平,促进固体废物的综合利用、降低固体废物的危害性,有效压降因区域内固体废物处置能力不足而导致的违法处置案件数量。三是对有处置能力的企业通过市场化引导,实现合法的异地处置。对处置项目规划选址、审批、建设运行全过程公开,加强舆论引导,建立利益补偿机制,消除公众疑虑,妥善解决处置设施建设的“邻避效应”。

与此同时,我们还建议行政机关在固体废物污染环境的修复方面充分发挥主导作用,强化信息共享机制,针对工业污染场地尤其是化工、农药企业污染场地的环境治理修复难度大、周期长等情况,组织实施风险防控和修复,充分发挥资金保障、资源调度、组织管理等优势作用,同时将生态赔偿金合理使用到位,提高环境修复实效。

此外,固体废物的类型具有多样性和复杂性,导致环评机制存在漏洞,存在将危险废物环评为一般废物等情形,而环保部门在监管过程中也未及时发现此类问题,极易导致处置风险,进而引发环境公益诉讼案件。目前,环境评估专业领域也存在管理制度不完善、环评人才缺失,部分环评公司分支机构过多、质量管理体系不完善等不足,导致环评文件出现质量问题,或者对资质证书管理不严格;环评文件质量内部审核流于形式,编制的项目环境影响报告出现主要环境保护目标遗漏等问题。此外,固体废物类案件涉及多方利益,收集固定证据要求高、专业性强,导致部分案件不能及时移送公安机关。另外,部分执法人员对移送刑事犯罪案件的相关法律规定不熟悉,也致使移送案件不及时,错过了最佳取证时机。同时,刑事案件被告人抗辩理由也不断细化,法官在案件审理中,在固体废物的认定上存在对鉴定机构的鉴定意见存有较大依赖现象,导致固体废物案件办理一定程度上存在取证难、取证成本高的情形,给审判工作带来一定负面影响。对此,我们建议,进一步强化执法与技术之间的协调联动,通过市场化的手段拓展环评、鉴定机构范围,形成竞争、降低成本,提升相关机构环评水平和鉴定能力,通过将环评、鉴定机构纳入国家信用体系管理范畴等方式,促进评价机构的运行规范化和结论科学化,切实解决固体废物鉴定难问题。建议行政机关和司法机关加强协调配合,坚持以审判为中心的原则,在刑事、行政、民事公益诉讼等案件办理中,分工负责、相互配合、相互监督;细化各机关的职责和协调配合力度,尤其是建议环保机关在案件办理过程中及时配合公安机关和司法机关收集、提取、监测、固定污染物种类、浓度、数量等证据,防止事过境迁无法取证,有效解决审判环节中的取证难。

其四,完善群防群治参与体系,引导树立环保理念。案件审理中我们发现,大部分涉案主体为社会底层人员,法律意识淡漠,是造成固体废物污染案件数量居高不下的重要因素。我们通过采取深化司法公开、发布典型案例、巡回审判、邀请人大代表、政协委员及媒体记者参加旁听案件审理、召开新闻发布会等方式,充分发挥审判职能,通过司法公开放大宣传作用,以“审理一案、教育一片”为依托,宣传司法保护生态环境的理念,扩大环境司法宣传辐射面,凝聚环境保护社会共识。但倡导简约适度、绿色低碳的生活方式,引导公众积极参与固体废物污染环境防治,仍需要相关部门加大宣导力度,实现同频共振。对此,我们建议,第一,根据固体废物污染环境防治坚持减量化、资源化和无害化的原则,建议明确任何单位和个人都应当采取措施,减少固体废物的产生量,促进固体废物的综合利用,降低固体废物的危害性。第二,始终秉持固体废物污染环境防治污染担责的原则,建议有关行政部门及时完善政策,引导明确产生、收集、贮存、运输、利用、处置固体废物的单位和个人，都具有采取措施，防止或者减少固体废物对环境污染、主动接受社会监督的义务，对所造成的环境污染依法承担责任。第三，引导社会公众充分认识完善生活垃圾分类制度的重要意义，建议以“政府推动、全民参与、城乡统筹、因地制宜、简便易行”为原则，在生活垃圾逐步实现分类收集的基础上，适时开展生活垃圾分类以及其他固体废物污染环境防治知识普及和教育。同时，完善垃圾分类的目录、收集的具体方式和要求，实现生活垃圾减量，从源头上避免垃圾混同，规范生活垃圾收运、处置环节，加强对收运、处置生活垃圾单位的监管。除了确定垃圾收运处置单位，按规定签订收运处置服务协议外，还应加强对处置过程的监管，确保生活垃圾得到及时合法清运处置，提高公众环境保护意识和参与程度，切实减少生活垃圾对生态环境的不利影响。

今后工作中，江苏法院将继续坚持以习近平生态文明思想和习近平法治思想为指导，以巩固深化环境资源审判“9＋1”机制运行为契机，充分发挥审判职能，继续妥善审理涉固体废物案件，准确把握服务新时代生态文明建设和绿色发展目标任务，推动环境资源审判工作融入生态环境治理体系，为江苏打好污染防治攻坚战，落实好《江苏省国民经济和社会发展第十四个五年规划和二〇三五年远景目标纲要》，实现生态环境质量有效提升，聚焦“争当表率、争做示范、走在前列”和服务保障建设生态宜居的美丽江苏提供更加有力的司法服务和保障。

检视与矫正：不履行法定职责类行政公益诉讼裁判方式的规范

——基于50份生效裁判文书的实证分析

黄　成　罗　静*

摘　要：通过对50份裁判文书进行统计，发现不履行法定职责类行政公益诉讼中，确认违法判决和履行判决混用、履行判决中对如何履职表述不统一的现象突出。原因有三：传统撤销之诉裁判方式不能适应行政公益诉讼新需求、对法律规定的裁判方式存在误解、检察机关对胜诉率的过高追求而出现诉讼请求的“双保险”。要优化行政公益诉讼的裁判方式，一方面，需要对行政公益诉讼准确定位；另一方面，应在对法律、司法解释作出正确解读的基础上对裁判方式予以规范。人民法院在作出裁判时，首先应厘清确认违法判决和履行判决的适用前提。在需要判决履行法定职责时，应以裁判时机成熟为考量，尽可能作出清楚明了的履行特定义务的判决，以有效维护公共利益。

关键词：行政公益诉讼　不履行法定职责　裁判方式　确认违法

引　言

从2015年全国人大常委会授权最高人民检察院在部分地区开展公益诉讼试点工作开始，行政公益诉讼的理论研究就进入了蓬勃期。作为一项崭新的法律制度，学界对行政公益诉讼的诉讼主体资格、诉前程序、起诉条件、举证责任等问题展

---

* 黄成，重庆市高级人民法院法官；罗静，重庆市江津区人民法院法官。

开了充分的理论探讨。虽然最高人民法院、最高人民检察院《关于检察公益诉讼案件适用法律若干问题的解释》(以下简称《检察公益诉讼解释》)已有专门条款对行政公益诉讼的裁判方式进行了规定,但通过相关案件的整理,笔者发现在司法实践中出现了类似案件裁判不一致的情况。目前,关于行政公益诉讼裁判方式的研究尚不深入。鉴于行政公益诉讼中绝大部分案件系针对行政机关怠于履行法定职责而提起,本文以检察机关提起此类行政公益诉讼案件的裁判方式为切入点,以统一此类行政公益诉讼的裁判方式为研究目的,通过对50起行政公益诉讼裁判文书进行归纳、解读,澄清行政公益诉讼制度的实然与应然状态,指出行政公益诉讼与一般的行政诉讼有所不同,提出不履行法定职责行政公益诉讼具体裁判方式的规范思路。

一、缘起:类案不同判

关于行政公益诉讼的裁判方式,《检察公益诉讼解释》第25条已作出了规定。由于行政公益诉讼仍然依托于行政诉讼法,行政诉讼法关于裁判方式的规定在行政公益诉讼中具有重要的参考价值。行政公益诉讼的裁判方式已有较为明晰的法律规定。但实践中,行政公益诉讼的裁判情况到底如何则需要进一步研究。鉴于司法实践中行政公益诉讼案件绝大部分均针对行政机关未履行法定职责的情形而提起,故笔者从中国裁判文书网选取了已生效的50份判决请求被告继续履职的裁判文书进行了统计分析。数据样本包含行政公益诉讼试点期间的裁判和《行政诉讼法》正式修订以后的裁判。

(一)实践样态:不履行法定职责类行政公益诉讼案件裁判方式的总体概况

1.违法、履职同时判决的案件占裁判总数的72%

抽取的数据样本涵盖的裁判方式共有五种(见表1)。其中,违法、履职同时判决的案件包括确认违法并继续履职、确认违法并责令履职两种,其区别在于送达检察建议后和诉讼过程中被告是否有履职行为。如果被告在诉讼过程中有履职但不充分、不完全,则法院判决确认违法并继续履职;如果被告在诉讼中仍未履职,则法院判决确认违法并责令履职。统计中,撤回起诉的1件案件是被告行政机关已充分履职,公共利益得到了维护,于是,检察机关主动撤回起诉;仅确认违法的8件案件是在诉讼过程中行政机关已履职,但检察机关不撤诉,要求确认原不履职行为违法。(见图1)

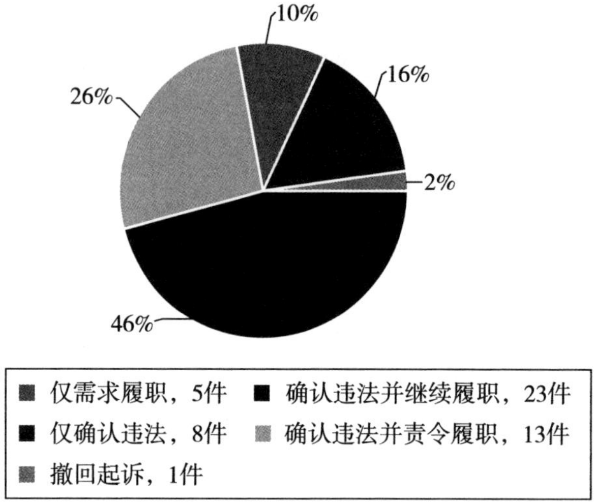

图1　50起行政公益诉讼案件裁判方式统计

2. 类似的案情，迥异的裁判方式

值得注意的是，统计中仅判决要求被告履职的5件案件，系被告在诉讼过程中有履职但不充分、不完全，或者被告在诉讼中仍未履职的情况，与上述占总比例72%的违法与履职同时判决，在基本案情上并无本质上的不同。从判决书载明的主要理由可知，相关案件在事实上并无本质差别，公益诉讼起诉人的诉前建议均是督促行政机关纠正违法行为，采取补救措施，保护受损的公共利益；公益诉讼起诉人在起诉时提出的诉讼请求也均为要求判决确认违法并判决履行职责；被告行政机关在收到检察建议后或诉讼过程中有履职行为，但不符合完全履职的标准，即没有穷尽所有的法律手段，使受损的公共利益及时得到维护。即使是仅判决要求履职的案件，其在裁判理由中均明确、清晰阐述被告不履行职责的行为违法，但案件的判决结果却产生了极大的差异。在“仅判决要求履职”和“判决确认违法并继续履职”的案件中各选取3件案例作为样本，以上特征更为明显（见表1）。比如，在最高人民法院、最高人民检察院2018年3月2日发布的检察公益诉讼典型案例中，“贵州省江口县人民检察院诉铜仁市国土资源局、贵州梵净山国家级自然保护区管理局行政公益诉讼案”和“江苏省泰州市高港区人民检察院诉高港区水利局行政公益诉讼案”属于同一类案件，但出现了不同的裁判结论：前者在判决主文中确认违法和继续履职，后者在裁判主文中仅判决履职，并未确认违法。

表1 “仅判决要求履职”和“判决确认违法并继续履职”案件样本

裁判方式	案件名称	判决内容	主要理由
不确认违法，仅要求履职	最高人民法院、最高人民检察院2018年3月2日发布的检察公益诉讼典型案例之“江苏省泰州市高港区人民检察院诉高港区水利局行政公益诉讼案”	责令泰州市高港区水利局对江汉公司非法采砂行为作出处理	被告收到人民检察院督促履职令知晓江汉公司的非法采砂行为后，在规定期限内未对江汉公司的非法采砂行为进行查处，其不作为不仅导致国家矿石资源费的流失，还使非法采砂活动对长江生态、水文及航道安全的破坏未得到有效遏制，社会公共利益依然处于受侵害状态，被告不履行长江采砂监管法定职责行为违法
	最高人民法院2018年6月4日发布的“人民法院服务保障新时代生态文明建设典型案例”之“湖北省宜昌市西陵区人民检察院诉湖北省利川市林业局不履行法定职责行政公益诉讼案”	责令利川市林业局对溜子湾公司非法烧矿毁坏森林的行为依法履行职责	溜子湾公司焚烧煤矸石产生的物质与影响区林木的死亡存在因果关系，被告仅就开采区作出处理，却未针对被毁坏的影响区林木作出林业行政管理和监督的行为，而仅仅将之移送环境保护主管部门查处，构成怠于履行监管职责
	重庆市江津区人民法院（2018）渝0116行初213号“重庆市渝中区人民检察院诉渝中区城市管理局不依法履行环境监管法定职责案”	被告重庆市渝中区城市管理局（重庆市渝中区城市管理综合行政执法局）及时履行行政监管职责，督促责任主体清理渝中区菜园坝竹木市场附近长江河道内堆放的建筑垃圾；责任主体未按期整改的，代为履行	被告在接到起诉人发出的检察建议后，依托河长制等完善了工作机制、整改了部分问题、加强了执法力度，对河道垃圾进行了清理，涉案长江河道内没有新增建筑垃圾。但从起诉人收到被告的书面回复后到现场复勘所发现的情况看，渝中区菜园坝竹木市场附近的长江河道内堆放的建筑垃圾未全面清除，与被告书面回复的内容并不完全相符。被告在涉案建筑垃圾的清理工作上有所懈怠，属不完全履行法定职责的情形，已构成行政不作为

续表

裁判方式	案件名称	判决内容	主要理由
确认违法,继续履职	最高人民法院、最高人民检察院2018年3月2日发布的检察公益诉讼典型案例之"贵州省江口县人民检察院诉铜仁市国土资源局、贵州梵净山国家级自然保护区管理局行政公益诉讼案"	确认铜仁市国土局为紫玉公司颁发许可证行为违法;确认铜仁市国土局和梵净山保护区管理局在对紫玉公司违法开采行为怠于履行监督管理法定职责的行为违法;由铜仁市国土局对紫玉公司矿山环境修复治理工程履行监督管理职责至环境修复治理工程验收合格;由梵净山保护区管理局对环境修复治理工程进行全程监督管理	梵净山保护区管理局、铜仁市国土局在未取得国务院授权的行政主管部门同意,未办理环境影响评价的情况下在自然保护区设置采矿权并许可紫玉公司采矿的行为违法。对紫玉公司破坏性开采,浪费矿产资源、破坏生态环境等行为,铜仁市国土局和梵净山保护区管理局均怠于履行监督管理法定职责,并有滥用职权许可其违法开采的行为,应确认违法
	最高人民法院2018年11月28日发布的"人民法院环境资源审判保障长江经济带高质量发展典型案例"之"湖北省宜昌市点军区人民检察院诉宜昌市点军区环境保护局怠于履行法定监管职责行政公益诉讼案"	确认点军区环保局对艾家镇桥河村生猪养殖场(户)污染防治配套设施未建设、未经验收或验收不合格,将未经无害化处理的养殖废水直接向长江排放的违法行为怠于履行监管职责违法,并依法履行监管职责	被告作为环境监管部门,监管措施不到位,怠于履行监管职责,其行为违法。收到点军区检察院检察建议书后,被告积极开展工作,桥河村生猪养殖废水未经无害化处理直接排入长江的现象得到了有效的治理。尽管目前桥河村生猪养殖场(户)大部分已停止生产,但由于生猪养殖场(户)多年违法排放养殖废水形成的沟渠残留污染物仍然存在,沿江三个排放口的水质尚未达到国家规定的排放标准,环境污染问题尚未得到彻底治理,故被告应继续履行监管职责

续表

裁判方式	案件名称	判决内容	主要理由
	最高人民法院2019年12月26日发布的137号指导案例之“云南剑川县人民检察院诉剑川县森林公安局怠于履行法定职责环境行政公审诉讼案”	确认被告剑川县森林公安局怠于履行剑林罚书字(2013)第(288)号处罚决定第一项内容的行为违法;责令被告剑川县森林公安局继续履行法定职责	剑川县森林公安局在查明玉鑫公司及王某全擅自改变林地的事实后,以剑川县林业局名义作出的行政处罚决定符合法律规定,但在玉鑫公司缴纳罚款后三年多时间里没有督促玉鑫公司和王某全对破坏的林地恢复原状,也没有代为履行,致使玉鑫公司和王某全擅自改变的林地至今没有恢复原状,且未提供证据证明有相关合法、合理的事由,其行为显然不当,是怠于履行法定职责的行为。行政处罚决定没有执行完毕,剑川县森林公安局依法应该继续履行法定职责,采取有效措施,督促行政相对人限期恢复被改变林地的原状

3. 继续履职的裁判主文表述较为笼统

关于继续履职的裁判主文的表述上,有的裁判主文表述得非常笼统。例如,指导性案例“云南省剑川县人民检察院诉剑川县森林公安局怠于履行法定职责环境行政公益诉讼案”中法院最终责令被告剑川县森林公安局继续履行法定职责,但是对于究竟应当如何履行职责并不明确,在执行中可能出现程序空转的现象。这样的概括性判决在行政公益诉讼审判实践中占相当大的比例。

(二)原因探析:粗放型裁判方式的症结

在行政公益诉讼建立初期出现目前这种粗放型的裁判方式,经过分析可以发现原因是多方面的。

1. 捉襟见肘:传统撤销之诉裁判方式不能适应行政公益诉讼新需求

行政诉讼类型化就如同一台更加精密的流水生产线,为法院提供了更为精致的操作平台。行政诉讼类型化指的是基于诉讼请求的本质差别,把行政诉讼分成不同的类型,然后针对每种类型的特点,分门别类,适用不同的诉讼门槛、审查规则、标准和处理方式。① 近年来,理论界一般将行政诉讼分为无效之诉、撤销之诉、变更之诉、确认之诉,履行之诉、给付之诉等类型。但修正后的《行政诉讼法》第69条至第78条只是对判决方式的类型化作出了规定,行政诉讼类型化尚未完全建立。传统的裁判方式是撤销之诉构建起来的,很多法官未养成类型化的思维,未能对确认违法之诉、履职之诉、撤销之诉各自的审查规则和标准成竹在胸,不能做到分门别类地处理。

2. 对法律规定的裁判方式的误读:确认违法 + 责令行政机关采取补救措施 = 确认违法 + 继续履职

关于行政公益诉讼的裁判方式规定在《检察公益诉讼解释》第25条,且未规定的可以适用《行政诉讼法》及相关司法解释。对相关规定进行简单整理可发现,《检察公益诉讼解释》第25条第1项和第3项具有一定相似性。②《行政诉讼法》第72条规定,人民法院经过审理,查明被告不履行法定职责的,判决被告在一定期限内履行;第74条规定,行政行为违法但不适宜撤销或者不具有可撤销内容或者被告不履行或者拖延履行法定职责,判决履行没有意义等情形下,判决确认行政行为违法,但不撤销行政行为。《检察公益诉讼解释》第25条第1项将“确认违法”与“责令行政机关采取补救措施”并列,不少人误以为“责令行政机关采取补救措施”与“继续履行职责”是一回事,这恐怕也是目前大量案件作出“确认违法并继续履职”“确认违法并责令履职”裁判结果的重要原因。实际上,从《检察公益诉讼解释》第25条第3项对不履职情形下判决方式的专门规定看,行政公益诉讼判决方式中不应同时出现“确认违法”与“继续履行职责”或者“确认违法”与“责令履职”的内容。目前,最高人民检察院已经明确了行政执法机关履职尽责的标准,即以法律规定的行政执法机关法定职责为依据,对照行政执法机关的执法权力清单和责

① 参见李广宇、王振宇:《行政诉讼类型化:完善行政诉讼制度的新思路》,载《法律适用》2012年第2期。

② 《检察公益诉讼解释》第25条第1项和第3项内容分别为:“(一)被诉行政行为具有行政诉讼法第七十四条、第七十五条规定情形之一的,判决确认违法或者确认无效,并可以同时判决责令行政机关采取补救措施……(三)被诉行政机关不履行法定职责的,判决在一定期限内履行。”

任清单，以是否采取有效措施制止违法行为、是否全面运用法律、法规、规章和规范性文件规定的行政监管手段，以及国家利益或社会公共利益是否得到了有效保护为标准。也即，行政机关在接到检察建议后或诉讼过程中采取了措施履职，但未达到完全、充分，公益受损状态仍在持续，则视为行政机关未履职。既然是未履职，从法律条文的规定看应适用《检察公益诉讼解释》第25条第3项的规定。所以，从前述规定看，司法实践中行政公益诉讼出现类似案件裁判不一致的情形，重要原因就是对法律条文存在误解。

3. 检察机关对胜诉率的过高追求：诉讼请求的“双保险”

行政公益诉讼是检察机关为维护国家利益和社会公共利益的需要而提起的诉讼。从实践看，检察机关提起的行政公益诉讼胜诉率接近100%，仅吉林、广东等个别省市中有极个别案件法院判决驳回检察院诉讼请求或者裁定驳回起诉。检察院之所以能实现如此高的胜诉率，一个重要原因就是涉及行政机关不履行法定职责类的行政公益诉讼案件，检察机关往往提出两个诉讼请求，其中之一就是要求确认行政机关怠于履行法定职责违法。而根据《检察公益诉讼解释》的规定，检察机关提起行政公益诉讼的一个前提条件就是检察机关已经履行诉前程序、行政机关仍不依法履行职责或者纠正违法行为。如果说人民法院对于行政机关是否还需要继续履行法定职责可能出现争议的话，对于已经受理的行政公益诉讼案件，认定其此前怠于履行法定职责是没有什么变数的。尽管最高人民检察院在《检察机关行政公益诉讼案件办案指南（试行）》中对如何写明诉讼请求已经提出了明确的要求，①不少地方检察院为了确保人民法院对其诉讼请求的支持，或者至少确保有一个诉讼请求能得到法院的支持，避免败诉情况发生，仍然将确认违法和继续履职并列作为诉讼请求。检察院超高的胜诉率，无疑会给法院带来巨大的压力：法院判决驳回诉讼请求或者裁定驳回起诉，就是不支持检察院公益诉讼工作，就是不支持对国家

---

① 《检察机关行政公益诉讼案件办案指南（试行）》中规定：“确认行政行为违法或无效，主要适用于以下三种情形：一是行政行为应当撤销，但撤销会给国家利益或者社会公共利益造成重大损害；二是行政行为违法，但不具有可撤销内容；三是行政行为有实施主体不具有行政主体资格或者没有依据等重大且明显违法情形。该诉请一般表述成‘确认被告未依法履行某某职责行为违法’。在要求确认违法的同时，可以一并要求行政机关采取补救措施。”“责令履行法定职责，适用于行政机关不履行或不全面履职法定职责，判决履行仍有意义的情形。”

公共利益和社会公共利益的维护。法院迫于某种无形的压力,同时基于从众的心理,往往就对检察院的诉讼请求全部予以支持。

二、检视:行政公益诉讼裁判方式的应然状态

司法实践中同案不同判情形的出现,说明厘清行政公益诉讼的裁判方式刻不容缓。要厘清行政公益诉讼的裁判方式,一方面,需要对行政公益诉讼有清醒的认识、准确的定位;另一方面,应当结合现行法律规范框架下的裁判方式作出正确的解读,对现有的错误予以及时澄清。

(一)行政公益诉讼与行政诉讼:青出于蓝而胜于蓝

行政公益诉讼与一般的行政诉讼相比具有共通性,同时又具有一定的特殊性,但这种特殊性对裁判方式是否造成影响、造成何种影响均需要我们进一步思考。

1.“青出于蓝”:行政公益诉讼应对行政机关是否履职到位作出评判

诉讼的本质是社会主体为了解决纠纷而进行的交涉与最终达成的合意。① 诉讼活动就是国家专门机关——司法机关在双方当事人等诉讼参与人的参加下,依据法律赋予和规定的权限和程序,解决当事人之间具体纷争的活动。争议性、中立性、公正性是诉讼的本质属性,缺少其中任意一个属性,都不构成现代意义上的诉讼。诉讼不是天然地为了保护公益而存在的,定分止争、维护秩序才是它存在的首要价值和现实意义,无论是保护公益还是保护私益,无论是谁提起诉讼,它都追求中立和公正,这是由诉讼的本质和规律所决定的。②

保护公益既可以通过诉讼来实现,也可以通过其他方式来实现。在一个正常的社会,保护公益首先而且主要是依靠行政机关的行政行为实现的,只有在特殊必要的情况下,诉讼才成为维护公益的一种手段或途径。但公益诉讼不应被浅显地理解为“为了保护公益的诉讼”,这样的理解在逻辑出发点上就把“诉讼”矮化为一种手段或途径,似乎“诉讼”天然应该服从或服务于“保护公益”,从而忽视了“诉

---

① 参见夏锦文、史长青:《交涉与合意:论诉讼的本质——一种诉讼法哲学探析》,载《南京社会科学》2006 年第 1 期。

② 参见马贵翔:《诉讼本质之思辨:从探求真相到实现程序正义的内在逻辑》,载《甘肃政法学院学报》2008 年第 1 期。

讼”本身更为根本、更为重要的使命和价值,即保持中立、追求公正、定分止争、维护秩序。[①] 正是因为检察机关和行政机关在行政机关是否履行了法定职责、是否因为其怠于履行法定职责造成了国家利益、社会公共利益遭受损害这一问题上产生了争议,才使人民法院作为中立的第三方通过法定权限和程序对其争议作出评判成为可能。

促进行政机关依法履行法定职责,是建立行政公益诉讼制度的重要目的。按照法律的规定,在提出行政公益诉讼之前,检察机关必须要经过诉前程序。人民法院在诉讼中需要对行政机关是否履行了法定职责作出评判,需要对行政机关的行政行为进行司法审查,这与普通行政诉讼并没有本质上的差异。

2.“青胜于蓝”:行政公益诉讼的裁判应有助于社会公共利益的维护

行政公益诉讼中公益诉讼起诉人代替原告身份,不仅仅是名称的变化,也会造成诉讼结构整体的关系与权利义务的变化。比如,传统行政诉讼中法院在解决纠纷的表层目的下是法院对行政机关行使职权的监督和司法权与行政权的相互制衡,[②]而行政公益诉讼中,这种监督不是由法院直接作用,而是检察机关承担监督的任务,其中的制衡也不仅仅是法院的司法权与行政权的制衡,而夹杂进了检察权与行政权的制衡。法院在诉讼结构中的任务已经有了变化,其裁判结果不仅是对行政机关的行为是否违法、其履职行为是否对公共利益的保护造成损害进行评判,同时也是对检察机关的履职行为作出评判。

一般的行政诉讼是私益诉讼、主观诉讼,是当事人为自己利益提起的诉讼,虽然裁判结果客观上可以促进行政机关依法行政,但行政公益诉讼是检察机关为保护国家利益和公共利益而提起的客观诉讼,其裁判结果影响的不仅是某个公益诉讼起诉人和被告行政机关,还包括与该公共利益相关的所有人,具有一定的普适性。另外,由于行政公益诉讼系为维护国家利益和社会公共利益的客观诉讼,在人民法院判决支持检察机关诉讼请求的情况下,人民法院的裁判方式直接关乎被告

---

① 参见金涛、吴如巧:《检察行政公益诉讼制度的公正性检视》,载《重庆大学学报(社会科学版)》2020 年第 4 期。

② 参见谭宗泽:《行政诉讼结构研究:以相对人权益保障为中心》,法律出版社 2009 年版,第 52 页。

行政机关应当如何继续履行法定职责，以维护国家利益和社会公共利益的问题，在此情形下，人民法院就需要特别注意裁判的方式，避免裁判结果虽然看似有利于维护国家利益和社会公共利益，但是实际却未能发挥应有的功能和价值。

（二）解读与澄清：确认判决、补救判决、履行判决适用条件

在理论上，我们已经清楚认识到行政公益诉讼的裁判方式与一般行政诉讼应该有所不同。另外《检察公益诉讼解释》第 24 条、第 25 条对行政公益诉讼的裁判方式进行了专门规定。前文所述类似案件裁判不一致，主要是指确认判决与履行判决存在混同。看似是履行判决与确认判决一并出现，但实则是对确认判决、补救判决、履行判决认识不清、适用不当。

1. 确认判决的作出需要满足法律规定的前提条件

从法律条文的规定看，确认判决的适用前提是需符合“《行政诉讼法》第 74 条、第 75 条规定情形之一”。而《行政诉讼法》第 74 条本身就含有一个逻辑，即如法条所述“被告不履行或者拖延履行法定职责，判决履行没有意义的”，即行政行为在不判决撤销、不判决履行的情况下，才可能被判决确认违法。

2. 补救判决在形式上具有附随性，是一种依附于确认违法、确认无效或者撤销判决的从判决

对于责令行政机关采取补救措施，表现为行政诉讼补救判决，是法院在作出确认违法判决、确认无效判决或者撤销判决的同时，依原告的信赖利益保护请求权或者结果除去请求权作出的，要求行政主体作出相应的行为，以扭转违法行政行为造成的不利益状态。从功能上看，补救判决主要在于解决后续法律关系的不确定性，保护行政相对人的信赖利益、排除违法行政行为造成的违法事实状态。①

3. 履行判决适用于行政机关不履行法定职责且尚需继续履行

履行判决是指“被诉行政机关不履行法定职责的，判决在一定期限内履行”。综合确认判决与履行判决的规定可知，前文表 1 中采用“确认违法”且“继续履职”判决方式的案例，实则应该采用“履行判决”的方式。一方面，判决继续履职实际上意味着行政机关已经存在违法行为。另一方面，从行政诉讼的原理看，认可行政公

---

① 参见陈思融：《论行政诉讼补救判决的适用条件》，载《政治与法律》2016 年第 1 期。

益诉讼的特殊性并不等于必然要对行政诉讼通常的裁判方式进行变异的解释和颠覆。相反,在立法者已经考量到行政公益诉讼的特殊性,且在其制定的《检察公益诉讼解释》第25条第1项和第3项已经明确规定两种裁判方式具体适用情形的情况下,应当尊重立法原意,而不是根据公益诉讼起诉人的诉讼请求是确认违法和继续履职,便在裁判文书中对其诉讼请求均予以支持,作出确认违法和继续履职的裁判内容。因为当案件进入审判阶段,法院需要根据法律规定和案件事实对案件进行裁判。而对法律规范进行解读和澄清以后可以明晰:当行政机关确有不履行法定职责的行为损害了公共利益,如果能够判决其履行职责(包括责令履行与继续履行)以恢复公共利益,那么就应当依法判决其履行职责;如果行政机关已经履行职责或判决履行职责没有意义的,则应当依法判决确认违法。

三、矫正:行政公益诉讼裁判方式的优化

公益诉讼是“公益保护需要”与“诉讼”的结合,这就要求人民法院在裁判的时候,首先需要尊重诉讼自身性质和司法规律,不能仅考虑“公共利益保护需要”。行政公益诉讼的裁判方式主要是人民法院对行政机关是否履职、履职是否正确合法的监督和评判,在需要行政机关继续履行法定职责的情况下,同时还要明确如何履行法定职责以保护公共利益,这是人民法院行政公益诉讼审判职能。每一个案件的裁判结果都是其对该案检察机关和行政机关履职所作的评价。行政公益诉讼的裁判方式不涉及法律保护的方法问题,也直接关系到是否完成监督行政机关依法行政的问题,更关系到维护国家利益和社会公共利益的立法目的。

(一)不履行法定职责类行政公益诉讼现行裁判方式的纠偏

基于前述分析,人民法院在审理不履行法定职责类行政公益诉讼案件时,可以从以下几个方面对不当裁判方式予以完善。

1.继续履职判决和确认违法判决不同时适用

人民法院在适用各类判决方式时,应当根据行政诉讼的立法目的,依照相关条款的具体规定,严格区分不同判决方式的法定适用条件,依法作出判决。要坚决克服过去法官粗放型理解和适用行政诉讼判决方式,在被诉行政行为违法情形下,对判决方式的选择过于随意、不受限制和区分的错误做法;要通过对行政诉讼法规定

的各类判决方式内在逻辑关系的深入分析，严格各类判决方式的法定适用条件，规范法官选择判决方式的自由裁量权，从而实现行政审判的精细化。[①] 从法律规范上看，确认判决的适用前提是需符合“《行政诉讼法》第74条、第75条规定情形之一”。而《行政诉讼法》第74条本身就含有一个逻辑，即如法条所述“被告不履行或者拖延履行法定职责，判决履行没有意义的”，即行政行为在不判决撤销、不判决履行的情况下，才可能被判决确认违法。履行判决是指“被诉行政机关不履行法定职责的，判决在一定期限内履行”。所以，当行政机关确有不履行法定职责的行为损害了公共利益，如果能够判决其履行职责（包括责令履行与继续履行）以恢复公共利益，那么就应当依法判决其履行职责；如果行政机关已经履行职责或判决履行职责没有意义的，则应当依法判决确认违法。也就是说，一旦依法认定行政机关违法，且在违法性质认定的基础上判决被告及时履行法定职责，检察机关的诉讼目的即可实现，已经能够完成监督行政和维护公益的制度价值。被诉行政机关是否存在不履行法定职责的违法行为，只是人民法院判断被诉行政机关应否履行法定职责的事实基础和前提，而不能成为单独的诉请和判项。此外，基于“确认违法”的诉讼请求已经被“履行职责”的诉讼请求合并和吸收，所以不需要在作出履职判决的同时，驳回“确认违法”的诉讼请求。[②]

2. 作出履职判决时需要在判决理由中对行政行为作违法性评价

监督行政是行政公益诉讼的目的，法院必须对行政机关的行为是否违法进行评价，这是行政公益诉讼监督行政的制度价值所决定的。所以，无论适用何种裁判形式，法官不能忽视的一点就是在行政公益诉讼的裁判过程中，需要对案件所涉行政机关的行为作出是否合法的评价。如果合法，则判决驳回诉讼请求，若适用履职判决则代表行政机关行为违法，那么法官必须在判决理由中首先对行政机关的行为作出评价，表明行政机关的不作为具有违法性，然后才能作出要求行政机关履职的判决。因为法律规定的履职判决包含了“行政行为违法”的前提，故采取这样的裁判方式也是实现行政公益诉讼监督行政目的的必然要求。

---

① 参见郭修江：《行政诉讼判决方式的类型化》，载《法律适用》2018年第11期。

② 如重庆市江津区人民法院（2018）渝0116行初213号行政判决书、延边朝鲜族自治州中级人民法院（2018）吉24行终114号行政判决书、最高人民法院（2018）最高法行申8729号行政裁定书。

3. 对检察机关提起检察建议之前的行政违法行为不应确认违法

在设立诉前程序的前提下，环境行政公益诉讼案件的审理标的是被告在接到检察建议后2个月内是否依法履行法定职责。在行政公益诉讼中，行政机关的履职期限就应当从收到检察建议之日起算，法院不宜也没有必要对其之前的具体行政行为进行评判，因为检察建议对行政机关之前的不法行为具有阻断和清零的功能。[①] 如果对检察建议提出之前的行政行为作出评判，实际上是否定了诉前程序的独立价值。

4. 裁判时机成熟时履行判决应将义务特定化

履行判决的关键问题就是法院对行政机关履行职责的内容如何确定。[②] 问题的实质就在于司法权干涉行政权的限度，司法权在什么样的情况下可以作出实体性判决，什么情况下又应当尊重行政机关的首次判断权。长久以来，我国司法实践坚持概括性判决，法院对行政机关履行监管职责只作出概括性要求，而不涉及履行的方式、效果和期限等。这种做法在行政公益诉讼中应当限制适用，一方面，概括性判决因其内容过于模糊，使实现对行政机关履行生效判决实行有效监督成为棘手问题，有可能导致“程序空转”；另一方面，我国行政权长期处于强势状态，概括性判决不利于司法权威的实现，更不利于社会公共利益的维护。因此，对行政机关不履行法定职责案件，人民法院应当尽可能作出清楚明了的履行特定义务的判决，避免简单作出限期履行法定职责、不对履职内容作出限定的判决。当然，笔者也并非主张所有的履行判决都应当将义务特定化，对履行方式、要求等实体内容作出要求，这等做法可能会造成司法权对行政权的僭越。这个度如何把握，这就涉及行政法上的“裁判时机成熟”的问题。所谓“裁判时机成熟”，意味着在行政公益诉讼中作出这样一个具体的、全面满足维护国家利益和社会公共利益所依赖的事实和法律的前提完全具备。如果裁判时机不成熟，人民法院就不宜对履行方式、要求作出具体的要求。如果裁判时机成熟，人民法院的履行判决就需要将义务特定化，为行政机关履行法定职责和公众监督提供明确的指引，以实现公共利益的切实维护。

---

① 参见张旭勇：《行政公益诉讼中“不依法履行职责”的认定》，载《浙江社会科学》2020年第1期。

② 参见章志远：《司法判决中的行政不作为》，载《法学研究》2010年第5期。

（二）建立不履行法定职责类行政公益诉讼裁判规则

尽管第137号指导案例“云南省剑川县人民检察院诉剑川县森林公安局怠于履行法定职责环境行政公益诉讼案”的裁判要点在于审查行政机关是否履行法定职责，也只有裁判要点才对类案具有约束力，但该案的裁判结果存在确认违法与履职判决混用的问题，可能让人误以为最高人民法院既然将其作为指导案例发布也必然赞同这样的处理结果。为终结司法实践中的混乱，最高人民法院可以通过另行发布指导性案例明确裁判要点或者通过发布会议纪要的方式对不履行法定职责类行政公益诉讼的裁判方式予以明确。基于前述分析，我们对不履行法定职责类行政公益诉讼的裁判方式也尝试进行梳理，以便参考。（见表2）

表2　行政公益诉讼裁判规则指引

<table>
<tr><th colspan="2">案件情形</th><th>裁判方式</th></tr>
<tr><td colspan="2">不存在未履行法定职责的情形</td><td>判决驳回诉讼请求</td></tr>
<tr><td rowspan="3">诉讼过程中，行政机关充分、完全履职</td><td>检察机关撤回起诉的</td><td>裁定准许撤诉</td></tr>
<tr><td>检察机关变更诉讼请求，请求确认收到检察建议后怠于履行法定职责违法的</td><td>判决确认违法</td></tr>
<tr><td>检察机关既不撤诉，也不变更诉讼请求的</td><td>裁定诉讼终结</td></tr>
<tr><td rowspan="2">诉讼过程中，行政机关不履职</td><td>被告不履行或者拖延履行法定职责，但判决履行没有意义</td><td>判决确认违法，可以同时判令行政机关采取补救措施</td></tr>
<tr><td>行政机关不履行法定职责的（含未充分、未完全地履职）</td><td>判决履行法定职责（裁判时机成熟时应尽量具体明确）</td></tr>
</table>

结　语

行政公益诉讼制度作为一项仍处于发展初期的诉讼制度，各地各级法院在行政公益诉讼的裁判方式上各有不同，在不履行法定职责类行政公益诉讼案件中表现得尤为突出，迫切需要建构统一的裁判类型化思维模式，以避免同案不同判的现象发生，维护司法权威、提升司法公信力。

推定在环境民事公益诉讼中的法律适用

王作化*

摘　要：环境民事公益诉讼遵循公平、正义和效率的基本价值取向，旨在实现生态环境保护与污染者之间利益的协调。由于环境民事公益诉讼案件专业性较强，案件审理中困难重重，原告举证难，因果关系、污染行为、损害事实认定难，专业技术鉴定难等问题一直困扰着司法审判实践，一般民事侵权的举证规则难以查明环境污染案件事实。为更好地保护生态环境，有必要在环境诉讼中引入和适用推定规则。

关键词：环境诉讼　推定法律适用

一、问题的提出

无锡和晶公司于2013年11月编制的《建设项目环境影响报告表》未将二氯甲烷列为主要原辅材料，但无锡和晶公司常年从某公司采购用蓝色塑料桶装的二氯甲烷作为清洗剂，无锡和晶公司明知装二氯甲烷的塑料空桶系危险废物，须由危险废物处置资质的单位处置，仍在不清点、不登记的前提下交由方某处理，在方某每次上门回收普通废物时，方某吩咐雇用的货车司机黄某将危废空桶顺带出门，并让货车司机黄某沿路出售给收旧人员。

无锡和晶公司2016年、2017年产生的3442只二氯甲烷的塑料空桶，均未通过环境监管部门网上申报转移处置，除部分流入（具体数量无法确认）赵某的塑料粒子加工场外，无锡和晶公司、方某不能说明其他危废空桶的去向。2017年4月至7

* 王作化，江苏省无锡市中级人民法院行政庭庭长。

月，赵某在向他人租用场地无证加工塑料粒子期间，大量收购酸洗液、清洗剂、悬浮剂等化工塑料空桶，通过清洗、粉碎成塑料粒子出售给他人，废水、废液通过暗管排放到回收站南边的小水沟，污染了地表水及土壤。经检测认定，排放的废水中含有二氯甲烷、1,2—二氯炳烷、异佛尔酮、邻苯二甲酸二丁酯等有毒物质。

无锡市人民检察院对该案提起环境民事公益诉讼，是否应得到支持，存在两种意见：

第一种意见，支持检察机关公益诉讼。理由是：根据无锡和晶公司的进货记录、二氯甲烷塑料空桶合法处置记录、现库存记录等证据（进货总数 - 合法处置数 - 现库存数 = 非法处置数），可以认定无锡和晶公司在 2016 年、2017 年共有 3442 只二氯甲烷空桶未经合法处置，去向不明。因危险废物合法处置与非法处置之间存在巨大利益差距，正常情况下，无锡和晶公司应能提供该批空桶合法处置的依据。无锡和晶公司不能提供合法处置依据（无锡和晶公司员工承认一直是将空桶交由无处置资质的方某带出厂区），放任危险废物的处置。在此情况下，应推定该违法处置的 3442 只空桶已经流入自然环境可能造成了环境损害，无锡和晶公司依法应承担消除危险、恢复原状的法律责任。检察机关可以起诉要求无锡和晶公司收回上述 3442 只二氯甲烷空桶进行合法处置，在无锡和晶公司不能收回的情况下，应推定上述空桶已经造成了环境损害，无锡和晶公司依法应对环境进行虚拟修复。

第二种意见，不能支持检察机关公益诉讼。理由是：现无锡和晶公司的 3442 只二氯甲烷空桶未经合法处置，是根据无锡和晶公司的进货记录、二氯甲烷塑料空桶合法处置记录、现库存记录等证据推算出来的，无锡和晶公司未明确承认非法处置数量，现无锡和晶公司虽不能明确说明空桶的确切去向，但也不能由此推定该批空桶可能或者实际造成了环境损害。检察机关应当对该批空桶已经造成环境损害承担举证责任，如果检察机关不能举证，则推定该批空桶已经造成环境污染不能成立，无锡和晶公司无须承担恢复原状的法律责任。

该案典型反映了环境公益诉讼中存在举证难问题，由于环境公益诉讼案件专业性较强，原告举证难，因果关系、污染行为、损害事实认定难，专业技术鉴定难等问题一直困扰着司法审判实践。本文拟从推定的法律适用角度来分析本案的处理经过。

二、推定的规则

认定事实和适用法律,是法官进行裁判的两项基础性工作,其中认定案件事实又是适用法律的基础。一般认为,在诉讼中法官常常通过如下两种方法来认定案件事实:一是当事人的完全证明;二是事实推定①。这也是在各国司法实践中公认的两种基本方法,正如有学者指出,无论在哪个国家,若法庭需要确定某一个案件事实时,无非采取下面两种方法:获取证据或者是推定。② 在通常情况下,法官应当通过完全证明来认定案件事实,但是,当有关案件事实无法依据完全证明去认定,但该事实又必须认定时,法官可以先通过证据认定相关的间接事实,再由间接事实去推断有关的案件事实,这就是事实推定的方法。推定制度是比适用证明责任认定案件事实更好、更接近客观真实路径选择。③ 1804 年《法国民法典》第 1349 条规定:"推定为法律或法官依已知的事实推论未知的事实所得的结果。"这通常被认为是成文法对推定的最早定义。④ 我国《民事诉讼法》没有规定推定规则,但在最高人民法院《关于适用〈中华人民共和国民事诉讼法〉的解释》中第 93 条予以规定。

推定只是一种通过对基础事实和推定事实之间或然性常态联系的肯定来认定案件事实的特殊方法,且仅发生于事实真伪不明困境出现之时。推定中的基础事实和推定事实之间存在或然性联系是推定得以进行的前提,也是推定区别于推论的关键。该或然性联系表现为常态联系、中立联系和例外联系三种形态,推定进行的是择优选择,肯定常态联系为推定的大前提。观察推定适用的具体样态,其是立法者或裁判者基于某些举证困难甚至举证不能之特殊情形,而设置的一项旨在减轻负证明责任方当事人证明负担的制度。推定适用的直接目的在于实现诉讼之公

---

① 参见何家弘主编:《证据法学研究》,中国人民大学出版社 2007 年版,第 368 页。

② 参见郭华:《案件事实认定方法》,中国人民公安大学出版社 2009 年版,第 290 页。

③ 参见[德]汉斯·普维庭:《现代证明责任问题》,吴越译,法律出版社 2006 年版,第 234 ~ 235 页。

④ 参见樊崇义主编:《证据法学》,法律出版社 2004 年版,第 340 页。

正和效率价值,以达至分配正义之最终目的。公正和效率是立法者设定或裁判者适用推定规则的心中所系,正是在此精神动力支配下,推定肯定了两事实之间居于主导地位的常态联系而排斥了中立联系和例外联系,由此形成了推定事实的唯一结果。在此,推定已然发生了价值论转向。基于此,我们有理由相信推定存在的正当性基础是价值选择而非逻辑推理,推定的本质是一种价值理性而非逻辑理性。推定不是要在严格逻辑形式下得出与客观真实相符的认知结果,而是在一定逻辑基础上对某事实状态进行特定价值选择的结果。例如,民法中的宣告死亡制度是典型的推定制度,公民失踪4年既可能由于死亡,也可能出于走失、失忆、逃避等原因,但基于对特定法益之保护,经法定利害关系人申请,就可以对该公民宣告死亡。宣告死亡是一种法律真实,是法律对某种事实状态的认定,但它未必符合客观真实,被宣告死亡的公民并不一定真正自然死亡。死亡推定的结论与客观真实状况无关,它不为反映一个事物的客观状态,而只是出于某种价值选择,确定一个法律上的真实。

根据唯物主义辩证法,事物是普遍联系的,世界是普遍联系的统一整体,因果关系是客观世界普遍联系和相互制约的表现形式之一。推定之所以能够根据已知基础事实推断未知推定事实的存在,其基本原理在于基础事实与推定事实之间存在的常态联系,而这种常态联系的来源,正是人们长期生活实践对因果关系的经验总结。事物之间的因果关系是一种内在必然联系,每当一个事物存在,另一事物就会合乎情理地接着出现。英国哲学家大卫·休谟认为,事物之间的因果关系并非归之于某种先验的知识,而是归于经验,即因果关系之被发现不是凭借抽象的理性,乃是凭借具体的经验。① 因果关系不是其他任何超经验或者先验的东西,它只不过是表象和记忆中的一事物与另一事物的经常性联系。经验的不断积累会强化人们对于不同事物之间的归纳判断能力,推定的出现就是人们经验不断积累直到足以对不同事实进行归纳从而作出判断程度的反映。而基于一般生活经验归纳得出的关于事物之间因果关系的知识便是经验法则,②正是在此意义上,经验法则被

① 参见[英]休谟:《人类理解研究》,周晓亮等译,山东人民出版社1992年版,第26页。

② 参见江伟主编:《证据法学》,法律出版社1999年版,第139~140页。

称为适用推定的基本前提(或大前提)。

换一个角度,事物之间的联系还可以被认为表现为两种基本形态:一是必然性联系,二是偶然性联系。前者在事物发展过程中居于主导地位,决定着事物的发展方向和趋势;后者不居于支配地位,不能决定但可影响事物的发展方向和趋势,它只是事物发展中不稳定的暂时性因素。据此,推定选择的基础事实和推定事实之间的常态联系,在绝大多数情况下能够反映事物的必然性,因此,运用推定来认定真伪不明困境下的案件事实是科学的,是能够最大限度上实现司法公正的价值目标的;但同时,因为偶然性的存在,也决定了推定具有不确定性的一面,故对于推定事实应当允许受推定不利影响的一方提出相反证据予以推翻。

或然关系被区分为三种状态:常态关系、例外关系和中立关系。常态关系是指当A事物存在时,B事物极有可能存在或不存在。例外关系是常态关系的对立面。中立关系是指当A事物存在时B事物存在和不存在的可能性相当。推定就是通过法律直接规定或裁判者自由心证,将A事物和B事物之间的近似充分条件关系人为确立为充分关系,即将或然关系中的常态关系人为确立为必然关系。推定作为一种思维工具,其逻辑形式符合三段论推理的逻辑结构。众所周知,三段论是一种重要的演绎推理,而演绎推理法在格劳秀斯看来是证明事实是否符合自然法的一条途径(另一条途径是归纳推理法)。[①] 三段论推理在形式上是一种必然性推理,即只要大前提、小前提都为真,推理形式有效,则推论必然正确。之于推定,大前提是基础事实A和推定事实B之间的或然性常态联系(经验法则),小前提是已知或已证的基础事实A,推论就是推定事实B。

三、推定的适用

(一)事实推定优位于证明责任适用

在司法裁判中,当出现事实真伪不明困境时,裁判者最省事的处理办法不外乎是利用证明责任来裁判。然而,由于依据证明责任裁判不以查明客观真实为基础

---

① 参见[美]E. 博登海默:《法理学、法律哲学与法律方法》,邓正来译,中国政法大学出版社2004年版,第44页。

和追求，故证明责任应当是裁判者在穷尽了一切可能的法律允许的事实认定手段后，该事实仍处于真伪不明状态时方可使用；如尚有其他方法能够克服事实真伪不明之困境，则裁判者绝对不应径行适用证明责任裁判。[①] 否则，裁判者会因为证明责任制度的存在而放弃对朝向真实的其他可能的事实认定手段的追求，其结果必然是损害民众期待通过判决所欲实现的实质公正价值。可见，适用证明责任裁判在某种意义上是裁判者可选择的"最后一根救命稻草"，只要有比适用证明责任裁判案件更接近案件客观真实的路径选择，裁判者就要努力去找寻，而事实推定正是这样一条更能实现诉讼公正价值的路径选择。[②]

（二）事实推定优位适用之条件

事实真伪不明困境下事实推定优先于证明责任适用，这是否就意味着只要出现事实真伪不明状态，就应当首先适用事实推定呢？对此，答案是否定的。事实推定的适用，或者说其优位适用，必须具备如下五个条件，否则只能导致推定之滥用，带来逻辑推理旗帜下的反逻辑灾难。[③]

1. 穷尽一切证明手段后事实仍处于真伪不明状态。当下各国司法活动普遍遵行证据裁判原则，案件事实的认定必须依据证据进行。只有在没有证据或获得证据异常困难致使案件事实真伪不明时，裁判者才能考虑将推定作为证明之补充来认定事实。正是在此意义上，推定被认为是证明过程的中断，是对证明的有效补充，是在穷尽各种证明手段后的一种不得已的末位选择。如果现有证据对于案件事实之证明能够达到存在或不存在之明确二分状态，事实推定则无适用之空间和余地。

无锡和晶公司案中，检察机关已经穷近一切证明手段，但仍无法通过直接证据来证明空桶的确切去向，以及该批空桶可能或者实际造成了环境损害。

2. 作为推定小前提的基础事实必须真实可靠。推定的逻辑推理形式是三段论，要想获得正确的推定结论，一个重要条件是作为推定小前提的基础事实要真实可靠。从保证基础事实的真实可靠角度出发，应将其范围限制在众所周知的事实、

---

① 参见王学棉：《事实推定：事实认定困境克服之手段》，载《清华法学》2009 年第 4 期。

② 参见郑世保：《事实推定与证明责任——从"彭宇案"切入》，载《法律科学》2010 年第 3 期。

③ 参见张海燕：《推定：事实真伪不明困境克服之优位选择》，载《山东大学学报》2012 年第 2 期。

司法认知的事实、当事人双方陈述一致的事实和经充分证据证明达到证明标准的事实范围内。

无锡和晶公司案中,公司的进货记录、二氯甲烷塑料空桶合法处置记录、现库存记录,公司工作人员以及废物回收人员方某、赵某,货车司机黄某等人的证言,可以证明无锡和晶公司产生的废桶没有经过正规处置,都是出售给了收旧人员。

3. 作为推定大前提的基础事实和推定事实之间必须具有或然性常态联系。基础事实和推定事实之间的或然性常态联系是推定的大前提,基础事实正是在其涵摄下才得出推定事实的。关于推定的大前提,应当注意两个方面:第一,基础事实和推定事实之间的或然性常态联系,是一种近似充分条件关系,基础事实存在则推定事实极有可能存在或不存在。如果两事实之间是一种充分条件的逻辑必然关系,则不会存在推定的适用,此时裁判者只能无条件根据该逻辑必然关系得出某一确定事实。第二,基础事实和推定事实之间的或然性常态联系是一种高概率联系,只有将其作为经验法则,才能保证推定结果的正当性。当然,如果裁判者不想在推定适用中遭受偏颇或恣意裁判的非难,他们就不能回避对推定大前提的选择作出正当性解释。

无锡和晶公司案中,经验法则是:作为以盈利为目的的小商贩,低价收购的二氯甲烷危废空桶,不可能高价交由具有相应资质的公司进行处理,而只能是以最低的成本简单清洗,清洗完毕的空桶或者再盛装其他东西,或者被粉碎制成塑料粒子,或者是通过其他方式重新利用。

4. 推定的大前提应当承载积极的价值导向功能。推定是对基础事实和推定事实之间或然性常态联系的择优选择,促成该超越逻辑规则的选择的内在动因是价值因素的渗透和考量。而假使推论过程中包含有一些以价值判断为基础的前提,那么正确的逻辑推论也不能保证结论在内容上的正当性。对此,马丁 · 克利勒认为,对于裁判者而言最重要的是获得一个伦理上可以被正当化的结论。而何为"具有伦理上正当化的结论"?齐佩利乌斯认为,"一致的价值经验是认识正义的基础,认可此种主张并不困难,难处正在于实际获得一种广泛一致的价值经验"。其进而指出,裁判者应以"社会中具支配地位的法伦理""通行的正义观"为其评价行为的标准。“具支配力的法伦理”并非众多意识过程的总合,而是以许多人的共同意识为内容,也就是尼古拉·哈特曼的阶层理论中所指的“客观精神”。[①] 因此,在推定三段论推理中起涵摄作用的大前提本身,必须承载起向社会公众传达或宣传某种价值导向或某项社会政策的功能,当然,该价值导向或社会政策应当符合当代社会所肯认的社会道德标准。唯有如此,才能通过推定形塑良好的社会风尚,引导民众的善良行为;也唯有如此,推定之存在根基才能永固,精神支柱才能长存。

无锡和晶公司案中,大前提承载的价值功能是,未经有资质单位依法处置的危废流入社会后,污染了环境,损害了社会公益。

5. 受推定不利影响的当事人未提出相反证据。推定中基础事实和推定事实之间存在或然性常态联系。既然是或然性逻辑中的常态联系,就必须要承认而不是排除那些中立联系和例外联系的存在。既然推定事实的存在不是逻辑上的必然,那么推定事实不存在也就不是逻辑上的不可能。因此,公正起见,应当从程序上赋予受推定不利影响的当事人提出相反证据推翻推定事实的权利。该当事人可以从推定三段论推理过程中的大前提(经验法则)、小前提(基础事实)和结论(推定事实)三个方面提出相反证据进行反驳。需要注意的是,受推定不利影响的当事人提出相反证据进行反驳的证明标准,仅是使推定事实处于真伪不明状态即可,或者说只要使裁判者对推定事实产生合理怀疑即可,而不需满足高度盖然性的证明标准。

无锡和晶公司案中,无锡和晶公司没有提供相反的证据进行反驳。

(三)事实推定的适用程序

1. 启动告知。如果法官决定适用推定,应当在一审结束前启动,并告知不利方当事人,以便其有机会予以反驳。如果当事人启动事实推定,应当在举证期限内提出适用事实推定的请求,并且在证据交换期间提交证明基础事实的证据以及基础事实与推定事实之间存在常态性联系的说明。

2. 反驳质疑。推定规则的适用程序启动之后就应该进入反驳阶段,即给予推定的不利方当事人进行反驳的机会。反驳的目标可以是适用该推定规则的基础事实不能成立,也可以是或然性常态联系即大前提,还可以是该推定结果不符合本案

---

① 参见[德]卡尔·拉伦兹:《法学方法论》,商务印书馆 2003 年版,第 1 页。

的具体情况。反驳的方式可以是举出证据,也可以是进行说明和辩论。通过赋予对方当事人反证的机会或权利,以便法院能够从反面来论证和确认推定结果的真实可靠性。对于反证所应达到的证明标准如何,笔者认为,对于基础事实及经验法则的反证程度仅需使得反证对象处于真伪不明状态,而对于推定结论的反证必须达到高度盖然性的证明程度,即必须达到使得推定事实达到确实不存在的证明程度。

3. 裁判公开。裁判应遵循内心确信和心证公开规则。在对方当事人提出反证时,法官应当对推定事实和对方当事人提供的反证,综合基于案件中的一切相关情况一并考量、斟酌,最终形成心证结论:推定事实是否达到高度盖然性的证明标准,或推定事实是否具有唯一性或排他性等。适用推定结果应遵循心证公开规则,将适用事实推定的推理过程以及推定结论和效力及时向双方当事人予以公开,从而使双方当事人的诉讼权利平等地得到保护,最终实现实质平等。

无锡和晶公司案中,我们在证据交换时,就根据检察院要求,告知和晶公司,检察院请求本案适用推定规则来认定该案的污染环境损害事实,而和晶公司可以提出反驳。

四、推定在计算环境修复费用中的应用

环境污染案中,由于环境的自净能力,常常导致无法检测到确切的生态环境损害,进而无法计算环境修复费用,而案件还需要处理,因此,学术界和司法实务界采用了虚拟治理成本法来计算环境修复费用。虚拟治理成本法①在环境民事公益诉讼中的适用日益受到重视,主要是因为环境公益诉讼的主要目的是停止环境污染行为,修复因环境污染行为给生态环境造成的损失。例如,泰州市环保联合会与泰兴锦汇化工有限公司等环境污染侵权赔偿纠纷案,涉案企业承担高达 1.6 亿元的天价赔偿。② 该案中,泰州市环保联合会诉称泰兴锦汇化工有限公司等企业多次将

---

① 虚拟治理成本法,即如果污染物在排放之前进行了无害化处理,那么再排放至生态环境之中就不会导致生态环境的破坏,因此修复环境污染所造成的生态损害,其成本至少为对污染物排放前的处理成本。

② 江苏省高级人民法院(2014)苏环公民终字第 00001 号民事判决书。

工业生产中产生的废酸通过相关自然人倾倒入水体之中,给水体的生态环境造成了严重损害。由于运河水体具有自净能力以及水体的不断流动,至起诉时废酸倾倒点的生态环境污染损害已基本消除,无法检测到确切的生态环境损害。对此,最高人民法院认为“虽然河流具有一定的自净能力,但是环境容量是有限的,向水体大量倾倒副产酸,必然对河流的水质、水体动植物、河床、河岸以及河流下游的生态环境造成严重破坏。如不及时修复,污染的累积必然会超出环境承载能力,最终造成不可逆转的环境损害。因此,不能以部分水域的水质得到恢复为由免除污染者应当承担的环境修复责任”。同时,最高人民法院认为在无法计算实际人工治理、修复污染所需费用时,可以采用虚拟治理成本法来计算环境修复费用。① 而虚拟治理成本法计算出来的环境修复费用,其实质也是一种事实推定。

五、无锡和晶公司案的审理

经过审理,无锡市中级人民法院认为:“和晶公司 2016 年至 2018 年 5 月 16 日使用二氯甲烷 76,360kg,共产生二氯甲烷空桶 3818 只,而和晶公司危废仓库中仅存空桶 358 只,和晶公司对其中 3460 只二氯甲烷空桶不能提供证据证明其已通过法定方式进行了处理。对于这些二氯甲烷空桶的去向,一方面,公安机关在赵某锋废品收购站查获的危废塑料空桶中,有部分是从和晶公司流出的二氯甲烷空桶,且对其中 4 只进行了采样检测,均检测出二氯甲烷;赵某锋亦陈述,其先前所粉碎的塑料桶中,也有部分与现场查扣的和晶公司二氯甲烷空桶一样的塑料桶,但具体数量不清楚。之后,赵某锋被无锡市锡山区人民法院(2018)苏 0205 刑初 89 号刑事判决书以污染环境罪追究刑事责任。苏州市华测检测技术有限公司出具检测报告,其检测结论为赵某锋危废塑料空桶粉碎清洗点、废水出水口附近的废水、废泥中,除其他危险废物外,还含有高浓度的二氯甲烷。另一方面,方某宇和黄某强均陈述,其从和晶公司运走的二氯甲烷空桶,均出售给了马路边的废旧收购者,而这些人并无危险废物处置资质,其在低价收购二氯甲烷空桶后,不可能高价交由具有相应资质的公司进行处理,而是可能像赵某锋处理二氯甲烷空桶及其他危废空桶

① 最高人民法院(2015)民申字第 1366 号民事裁定书。

一样的方式被处理。无论是清洗后盛装其他东西,还是被粉碎制成塑料粒子,抑或通过其他方式重新利用,从和晶公司流出二氯甲烷空桶并未由相应处置资质的公司进行无害化处理,已经给外环境造成了污染,侵害了社会公共利益。无锡检察院委托江南大学对和晶公司流入社会的3460只二氯甲烷空桶未经依法处置所造成生态环境损害进行评估,由于该批空桶最终去向不明,采用虚拟治理成本法计算虚拟治理成本为484,400元。”①

也许有人会说,推定的适用要有法律(含司法解释)的明确规定,无锡和晶公司案的处理没有法律规定。不过,换一个角度来说,本案的处理还是有法律依据的,最高人民法院《关于民事诉讼证据的若干规定》第75条,有证据证明一方当事人持有证据无正当理由拒不提供,如果对方当事人主张该证据的内容不利于证据持有人,可以推定该主张成立。无锡和晶公司案中,按照危废处置有关规定,无锡和晶公司应当将危废空桶交给有资质的单位进行无害化处理,也就是说,其应当持有空桶去向的证据,但无锡和晶公司无法提供空桶合法处置的证据,而该案中又有证据证明无锡和晶公司将空桶交由收旧人员处理,虽然数量不能确定,但相关收旧人员又构成污染环境犯罪,无锡和晶公司又不能将非法处置的空桶予以追回,那么检察机关关于该批空桶未经合法处置而流入社会造成环境污染的主张应推定成立。

为了避免引起争议,也为了更好地适用推定,查明案件事实,建议在环境污染案件诉讼证据规则中明确规定:(1)原告主张被告存在实施污染环境,破坏生态行为,且依照法律、法规、规章的规定,被告应当持有污染物排放、处置、出售以及送交具有相应资质的企业等能够证明污染物合法去向的证据而未提供的,人民法院可以推定该主张成立。(2)原告已有证据证实被告存在污染环境、破坏生态行为,原告依据污染企业的生产工艺,生产时间,物耗、能耗情况,经批准或者备案的环境影响评价,采购原材料数据,销售数据,缴税情况,防治污染设施建设和运行情况,污染物排放方式,行政处罚材料,当事人陈述,证人证言等证据,主张被告污染环境、破坏生态行为具有连续性、持续性,被告没有相反证据推翻的,人民法院可以推定

① 无锡市中级人民法院(2018)苏02民初411号民事裁定书。

该主张成立。(3)原告依据污染企业的生产工艺，生产时间，物耗、能耗情况，经批准或者备案的环境影响评价，采购原材料数据，销售数据，缴税情况，防治污染设施建设和运行情况，污染物排放方式，行政处罚材料，当事人陈述，证人证言等证据所主张的污染物种类、数量、浓度等事实，被告没有相反证据推翻的，人民法院可以认定该主张成立。(4)原告请求被告提供其生产工艺，经批准或者备案的环境影响评价，排放的主要污染物名称、排放方式、排放浓度和总量，采购原材料数据，销售数据，缴税情况，超标排放情况以及防治污染设施的建设、运行情况等环境信息，依法律、法规、规章规定被告应当持有或者持有证据证明被告持有而拒不提供，如果原告主张相关事实不利于被告的，人民法院可以推定该主张成立。

六、余论

习近平总书记指出："用最严格制度最严密法治保护生态环境，加快制度创新，强化制度执行，让制度成为刚性的约束和不可触碰的高压线。"①2021 年 1 月施行的《民法典》适应时代的发展和现实要求，特别规定了绿色原则，创新地把"关注环境保护和绿色发展"时代理念融入民法，其第 9 条中规定："民事主体从事民事活动，应当有利于节约资源、保护生态环境。"当前，环境污染相当严重，群众对环境状况不满，中央派出环保督查组分赴各地进行环保督查。然而，由于环境侵权案件专业性较强，无论是私益诉讼还是公益诉讼，案件审理中困难重重，原告举证难，因果关系、污染行为、损害事实认定难，专业技术鉴定难等问题一直困扰着司法审判实践，所以环境侵权诉讼案件数量整体还是偏少的，这和群众对环境污染问题的感觉是不相符的，而这和环境侵权诉讼专业性强诉讼成本高不无关系。

对于环境侵权案件的举证责任分配方式应当多样化，结合多种因素考量平衡双方当事人的举证责任分配。时代在不断发生变化，人们的生活瞬息万变，司法活动也不得不面对社会生活向它提出的巨大挑战。事实推定或许仅是案件裁判陷入窘境时的补充手段，但是事实推定却也是应对瞬息万变的社会生活纠纷的重要手段。推定作为事实真伪不明困境下认定案件事实的一种方法，是对证据裁判规则

---

① 《习近平总书记全国生态环境保护大会重要讲话》，载《人民日报》2018 年 5 月 20 日，第 1 版。

的有效补充,并在符合条件时优位于证明责任适用,对于诉讼公正和效率价值的追求,是推定制度产生和存在的根本原因和精神支柱。[①] 我们可以通过对概括性原则和具体机制的建设,全面把握事实推定的内在规律,创新司法技巧,为事实推定的适用创造基础,从而推进事实推定在事实认定等司法环节功能的充分发挥。

---

① 参见张海燕:《推定:事实真伪不明困境克服之优位选择》,载《山东大学学报(哲学社会科学版)》2012 年第 2 期。

美利纸业公司污染腾格里沙漠跨省区生态环境损害赔偿纠纷成功结案

——全国首例跨省区生态环境损害联合磋商案经验评析

别 涛 季林云*

2021年3月12日，宁夏回族自治区中卫市中级人民法院作出(2020)宁05民特18号民事裁定书，裁定：申请人中卫市人民政府、内蒙古自治区阿拉善盟行政公署与申请人宁夏美利纸业集团环保节能有限公司于2020年12月17日签订的《中卫美利林区沙漠污染生态环境损害赔偿协议》有效。至此，这起2019年在腾格里沙漠新发现的污染案，两年之后，终告结案。本案是2017年生态环境损害赔偿制度改革启动以来，全国首例跨省联合磋商案件，在案件的办理过程中，经过了诸多环节，遇到了很多技术和法律问题，也探索了若干可供借鉴的经验，值得全面总结与重点评析。

一、基本案情

(一)权利人和义务人

根据中共中央办公厅、国务院办公厅印发的《生态环境损害赔偿制度改革方案》(以下简称《改革方案》)规定，以省、市两级政府为赔偿权利人，对造成生态环境损害的责任者提起索赔，督促赔偿义务人开展修复，组织进行效果评估等工作。

---

* 别涛，生态环境部法规与标准司司长；季林云，生态环境部法规与标准司复议处二级调研员。

本案中，造成损害的直接责任方为宁夏美利纸业集团环保节能有限公司。就影响范围而言，涉事区域位于宁夏中卫市中卫工业园区与内蒙古阿拉善盟阿拉善左旗交界处的原美利纸业集团林纸一体化速生林基地20万亩项目区（以下简称美利林区）。由于此案涉及内蒙古阿拉善盟和宁夏中卫市两地，因此两地政府作为赔偿纠纷的共同权利人，对造成生态环境损害的企业开展索赔。

（二）调查和生态环境损害鉴定评估情况

美利林区污染案件发生后，当地政府成立了专家组，进行了调查、处置。林区的黑色黏稠状物质系宁夏美利纸业集团环保节能有限公司于2003年8月至2007年6月违法倾倒的造纸黑液，源于原宁夏美利纸业集团有限责任公司造纸生产过程产生的液态和固态废物，对涉事区域土壤、地下水和植被造成损害。土壤损害和植被损害主要分布在14个地块，面积共计12.395公顷，其中位于内蒙古12.33公顷，位于宁夏643平方米；地下水损害主要分布在倾倒的14个地块及周边区域的地下含水层，面积共计182.6公顷，其中位于内蒙古122.3公顷，位于宁夏60.3公顷。

2020年2月7日，中卫市生态环境局、阿拉善盟生态环境局和宁夏美利纸业集团环保节能有限公司，三家共同委托生态环境部环境规划院，对美利林区沙漠污染生态环境损害进行鉴定评估。2020年9月，生态环境部环境规划院完成了《中卫美利林区生态环境损害鉴定评估报告》（以下简称《评估报告》）。评估主要结论：

1. 特征污染物识别：倾倒区域黑色黏稠物和土壤混合物检测出氰化物、甲苯、间/对二甲苯、氯苯、二氯苯、苯酚、4－甲苯酚等污染物，符合造纸废水的特征。

2. 土壤损害评估：截至出具报告时，前期污染土壤清挖处置费用共计3052.87万元。利用土壤价值法计算，受损土壤的价值为488.28万元，其中内蒙古为484.56万元，宁夏为3.72万元。

3. 地下水损害评估：采用监测自然衰减的方式作为受损地下水基本恢复方案，评估区地下水受到的损害，恢复费用为422.1万元，其中内蒙古282.7万元，宁夏139.4万元。地下水资源服务功能在受损至恢复正常之间的期间损失，折算为地下水资源价值损害，金额为1.54亿元，其中内蒙古1.35亿元，宁夏0.19亿元。

4. 生态系统损害评估：对美利林区的生态系统损害进行了评估，需要基本恢复及补偿性恢复费用合计468.8万元。

5.生态效益补偿生态环境损害:《评估报告》建议,进一步开展美利林区生态建设的生态环境效益评估,以林区的生态效益,替代性补偿本次土壤和地下水环境损害带来的损失;对效益不足的部分,采用其他方式予以补偿。

中卫市人民政府、阿拉善盟行政公署及宁夏美利纸业集团环保节能有限公司对生态环境部环境规划院出具的《评估报告》认定的事实及评估结论,均予以认可。

二、磋商过程

本案磋商难度很大,主要有以下原因:(1)生态环境损害跨宁夏、内蒙古两个自治区,赔偿权利人分属两个省区的两个地级市盟,诉求不同,磋商的职责分配有难度。(2)受污染地块主要位于内蒙古,但涉案企业所在地位于宁夏,而受污染的地下水下游在宁夏,在赔偿方式、采用的修复技术方法、修复效果评估和后续监管等方面,均有分歧。(3)涉案金额过亿元,但赔偿责任的直接义务人本身资不抵债,无力赔付。在磋商过程中,三方数次陷入僵局。

生态环境部领导高度重视,将损害赔偿工作作为推进生态环境保护"挂牌督办"事项落实的重要内容,将生态环境损害的整改与党政责任、环评审批等密切挂钩,促使当地党政主要领导高度重视,多次赴生态环境部汇报。生态环境部法规司也几次派员赴现场踏勘并数次召开座谈会、调度会,提供政策和法律支持,答疑解惑,促成凝聚共识。

最后,三方通过探索"一次签约、分段实施"的方式,达成了一致意见,即三方签署一个协议,将赔偿内容分为两个实施阶段开展:已达成共识的内容集中在第一阶段,即行实施;将后续工作,以及还需要进一步评估落实的内容,纳入第二阶段,给予一定的合理履行期限。

三、赔偿协议

根据《改革方案》精神和《民法典》《环境保护法》《土壤污染防治法》等相关法律、法规,围绕《评估报告》明确的生态环境损害情况和提出的修复方案,结合赔偿义务人已经开展的清理和修复工作、赔偿能力、后续赔偿方式的可行性,各方经磋商达成如下协议：

第一阶段：

1. 中卫市人民政府、阿拉善盟行政公署对于前期由赔偿义务人承担的污染场地调查、评估、鉴定、清理、转运、处置、植被恢复等各项赔偿费用共计4423万元，予以确认（赔偿义务人已借款支付）。

2. 赔偿义务人继续按照《评估报告》所提建议，承担植被恢复工程费用（以实际产生的费用为准），直至监管部门验收合格。

3. 赔偿义务人应当按照《评估报告》所提建议，继续做好对美利林区污染地块风险管控工作，强化对地下水水质监测，并承担风险管控期间发生的费用（含地下水监测等费用）。赔偿义务人还应当建立健全美利林区的长效管护机制，继续投入管护资金和人员力量，加强林区的后期管护工作。

4. 赔偿义务人赔偿中卫市政府行政应急处置费用10.7万元，自协议经司法确认后60日内一次性上缴中卫市财政账户。

5. 赔偿义务人在省级媒体上就美利林区沙漠污染问题公开赔礼道歉。

第二阶段：

1. 赔偿权利人及赔偿义务人同意按照《评估报告》所提建议，由三方共同委托有技术能力的评估机构，开展美利林区生态环境效益评估，经专家评审，形成评估意见。所需费用由赔偿义务人承担。

2. 以林区的生态效益，补偿本次土壤和地下水环境损害带来的生态效益的损失；对效益不足的部分，采用其他方式予以补偿。

赔偿权利人及赔偿义务人自协议经过司法确认之日起，1个月内委托专业机构开展美利林区生态环境效益评估工作。

中卫市人民政府和阿拉善盟行政公署所属相关职能部门按照工作职责，加强对赔偿义务人履行生态环境损害赔偿和生态修复责任的监督，确保各项赔偿工作落实到位。

四、司法确认

2020年12月18日，中卫市中级人民法院受理三方申请人关于确认赔偿协议的申请后，依法组成合议庭。2021 年 1 月 26 日，法院在人民法院报上对《赔偿协议》主要内容进行公告，公告期至 2021 年 2 月 24 日，公告期满后并未有个人或组织就《赔偿协议》的内容提出异议。2021 年 3 月 3 日，法院组织就涉案的相关问题进行了听证。2021 年 3 月 12 日，中卫市中级人民法院经审查，作出民事裁定书，对三方经磋商达成的赔偿协议，予以司法确认。

根据《民事诉讼法》及有关司法解释的规定，对已经司法确认的赔偿协议，如赔偿义务人拒绝履行或未全部履行，赔偿权利人可以直接向人民法院申请强制执行。

五、典型经验

(一)跨省区地市政府协同配合，共同开展生态环境损害赔偿

本案是生态环境损害赔偿制度改革启动 5 年以来，全国首例跨省区损害联合磋商案例。根据《改革方案》有关“生态环境损害地的相关省级政府协商开展生态环境损害赔偿工作”的要求，宁夏回族自治区人民政府和内蒙古自治区人民政府领导多次批示，两地生态环境厅协力推进，中卫市人民政府和阿拉善盟行政公署落实赔偿权利人的主体责任。以前期介入较多，熟悉案件情况，且为赔偿义务人所在地的中卫市政府作为主力牵头磋商工作，阿拉善盟行政公署积极配合，双方分工合作，共同推进协议达成，对跨省区损害赔偿案件的启动、责任分工、磋商程序、赔偿协议等方面提供了较好的借鉴。

(二)探索沙漠生态系统生态环境损害鉴定评估和修复方法

鉴定评估是生态环境损害赔偿的基础和前提。本案鉴定评估难点在于损害范围的确定、地下水资源损害的价值量化以及生态恢复方案的筛选。由于地下水中污染指标较多，评估团队综合考虑倾倒废液特征污染物分析结果、不同指标对应的损害程度、受损害点位数量、污染羽分布范围等，选择代表性指标，界定地下水损害范围。

综合运用恢复费用法和地下水资源价值法，分别对基本恢复费用和期间损失进行了评估；地下水资源价值法应用过程中，考虑宁夏和内蒙古近三年的工业和生活用水量和水价，分别确定了两地的水资源基准价，在损害评估过程中充分融合了后期损害赔偿需求。

由于评估区损害发生时当地主要植被为旱生灌草群落，恢复时周边植被群落已被改造成了人工林，评估团队充分考虑生态系统服务功能的基线状态和评估区实际情况，研究提出了两种生态恢复方案，即仅种植原生灌草植物和乔、灌、草三层配置模式，并估算了不同恢复方案的费用以供决策。

（三）首次以生态效益抵扣损害，创新了生态环境损害赔偿途径

本案中，赔偿义务人虽资不抵债，但其长期种植养护林区，创造了一定的生态效益。鉴定评估报告考虑到本案同时涉及土壤和地下水环境与林地生态系统损害赔偿，创新性地提出了以赔偿义务人继续养护、看管林区产生的生态环境效益以及修复扣抵地下水生态环境损害的方案，为赔偿权利人和义务人所采纳，最终得到了法院的认可。

根据《改革方案》和财政部等有关部门的规定，赔偿资金根据受损生态环境是否可以修复，分为两种管理途径：对可以修复的，由赔偿义务人直接使用，自行或委托他人修复；对无法修复的，应缴入地方国库，由当地政府组织开展替代修复。本案创新性地提出对于无须人工修复的受损生态环境，由赔偿权利人和赔偿义务人根据实际情况直接约定替代修复的方式、范围、措施，探索解决赔偿资金的使用效率和投向问题，同时还规定由当地政府加强监督，确保生态环境修复效果。

（四）积极探索“扩大”赔偿义务人的范围，保障赔偿责任履行

在本案直接赔偿义务人无偿债能力的情况下，探索由其大股东自愿借款或部分承担相关费用的做法。本案赔偿义务人的大股东，积极配合生态环境损害赔偿工作，自愿向其借款偿付污染清理等费用4400多万元，解决了其赔偿能力不足的问题。

六、若干思考

1. 如何及时发现生态环境损害。生态环境损害具有潜在性、广泛性、多样性的特点。不少案件的生态环境损害是违法行为终了多年之后才被发现，特别是在沙漠等人迹罕至地区和多省交界监管薄弱区域，如本案污染持续多年才被环保爱好者发现。这也给如何运用卫星遥感、无人机拍摄等新技术，如何加强与民间组织、志愿者的沟通联系，如何及时发现生态环境损害提出了要求。

2. 加快完善鉴定评估技术方法。生态环境损害鉴定评估技术方法体系初步构建，但在生态系统损害鉴定评估方面，仍未出台专门技术方法。这也是导致本案鉴定评估难的原因之一。

3. 建立健全跨省区案件办案规则。囿于实践经验缺失，《改革方案》并未规定详细的工作程序。本案跨省生态环境损害由省级政府确定由地级市政府作为权利人开展索赔，虽然结果较好，但各方均是摸着石头过河，几经波折，才确定了工作方案。这也反映出亟须建立相关办案规则，明确跨省区案件的责任方、牵头方、争议解决机制等内容。

生态环境损害赔偿制度改革实施5年以来，以政府为主导，追究生态环境损害责任者的修复和赔偿责任，全国共办案4300余件，涉案金额超过78亿元，形成了一批有影响力的典型案件，本案即为其中之一。下一步，应在总结各地改革实践经验的基础上，进一步完善立法，统一技术标准，规范工作程序，推动改革向纵深发展，及时有效修复受损生态环境，助力污染防治攻坚战，切实维护国家利益，保障生态安全。

森林资源保护两法衔接中行政处罚的适用

——对比两起滥伐林木案引发的行政公益诉讼

汶 哲*

2019 年 10 月 10 日，最高人民检察院公布 17 件检察公益诉讼全面实施两周年典型案例，山东省临清市林业局不依法履职案入选。2014 年 6 月，山东省临清市发生一起砍伐沙荒地上杨树 8000 余株的案件，临清市林业局因与公安机关在案件定性和责任主体确定上产生分歧，在长达 3 年多的时间内未作出实质性处理。2018 年 3 月，临清市人民检察院向临清市人民法院提起行政公益诉讼，要求判令临清市林业局依法履行监管职责，责令违法行为人补种相应林木，对涉案无证砍伐林木的违法行为人依法作出行政处罚。临清市人民法院经公开开庭审理，于 2018 年 9 月作出判决，支持了检察机关的诉讼请求。2019 年 1 月，临清市林业局作出行政处罚决定，责令违法行为人王某某补种树木 4 万株。2019 年 5 月，林业局对补种情况进行了检查验收，确认完成补种。同期，公安机关以涉嫌滥伐林木罪对王某某立案侦查。

2020 年 9 月，重庆市万州区人民法院宣判重庆三峡库区首例行政公益诉讼案，要求巫山县林业局在该判决生效之日起 60 日内，作出责令第三人陈某某补种树木的行政决定，如陈某某拒不补种树木或者补种不符合国家有关规定，依法组织代为履行，并按规定完成检查验收。该案也是一起滥伐林木案引发的行政公益诉讼。2017 年年初，陈某某在未取得林木采伐许可证的情况下，上山砍伐马尾松 110 株，

* 汶哲，国家林业和草原局办公室干部。

同年10月被法院以滥伐林木罪判处有期徒刑6个月,缓刑1年,并处罚金4000元。2019年11月,巫山县人民检察院以巫山县林业局不履行林业监督管理职责为由,向万州区人民法院提起行政公益诉讼,法院经公开开庭审理后作出前述判决。

两起案件都是针对林草部门不履行森林法规定的行政处罚职责提起的。不同之处在于:山东临清案是在行为人是否构成犯罪尚未确定的情况下,要求林草部门先行给予行政处罚;重庆巫山案是在人民法院已经作出有罪判决的情况下,要求林草部门对行为人给予刑罚之外的行政处罚。这实际上是行政责任与刑事责任竞合带来的行政处罚程序与刑事司法程序衔接问题,即违法行为涉嫌犯罪时、行为人已被定罪量刑后这两种情形下,行政机关有没有作出行政处罚并执行的责任和义务?

按照现有法律规定,在行政责任与刑事责任竞合问题上,我国总体实行的是刑事责任优先原则(《行政处罚法》第8条第2款、第27条第1款,《行政执法机关移送涉嫌犯罪案件的规定》第3条第1款、第11条第1款)。同时,针对程序衔接中的具体适用问题,又做了变通处理。其一,行政机关先行实施的行政拘留折抵拘役和有期徒刑、罚款折抵罚金(《行政处罚法》第35条,《行政执法机关移送涉嫌犯罪案件的规定》第11条第3款)。这可以理解为,在刑事责任优先的前提下,对行政机关已经作出的与刑罚内容相同或者近似的行政处罚不再予以修正,而是作吸收的变通处理,既避免对行为人重复惩处,又节省执法司法资源。其二,行政机关先行作出的警告、责令停产停业、暂扣或者吊销许可证、暂扣或者吊销执照的行政处罚不停止执行(《行政执法机关移送涉嫌犯罪案件的规定》第11条第2款)。这可以理解为,属于申诫罚性质的警告,属于行为罚性质的责令停产停业、暂扣或者吊销许可证、暂扣或者吊销执照,与刑罚在内容上没有对应关系,案件进入刑事诉讼程序后,不影响这些行政处罚继续实施。可以进一步解读为,刑罚不能覆盖的申诫罚和行为罚能够与刑罚并存。当然,追究刑事责任的同时给予行为罚的行政处罚,还是以法律明文规定为宜(如《道路交通安全法》第91条)。

从条文文义看,以上两种变通处理,都是针对具体案件中行政机关已经作出或者执行了行政处罚的情形,而没有涉及行政机关是否“应当”作出或者执行行政处罚。最高人民法院《关于在司法机关对当事人虚开增值税专用发票罪立案侦查之后刑事判决之前,税务机关又以同一事实以偷税为由对同一当事人能否作出行政处罚问题的答复》(〔2008〕行他字第1号)提出“税务机关在发现涉嫌犯罪并移送公安机关进行刑事侦查后,不再针对同一违法行为作出行为罚和申诫罚以外的行政处罚”,仍然强调的是行政机关“不可为”的问题。

就山东临清案而言,法院判决对行政机关似乎过于严苛,毕竟法律并未要求行政机关对涉嫌犯罪的案件先行作出行政处罚,还特别强调“不得以罚代刑”。但另外,从查清违法事实、明确违法责任、恢复森林资源的角度,临清市林业局确实存在履职不力的问题。在与公安机关就案件定性和责任主体确定存在分歧的情况下,其没有用尽法律赋予的“救济”手段,如提请复议、建议人民检察院立案监督(《行政执法机关移送涉嫌犯罪案件的规定》第9条),而是长期议而不决,导致违法行为人没有受到追究,森林资源长期得不到恢复。就重庆巫山案而言,行为人已被法院判处刑罚,林草部门再给予行政处罚缺乏明确的法律依据,但森林资源恢复的问题确实没有得到有效解决。

进一步看,两起案件都涉及责令补种树木这一行政处罚的运用。我国《行政处罚法》规定的行政处罚总体可以划分为申诫罚、财产罚、行为罚、人身罚和法律、行政法规规定的其他行政处罚。森林法中的责令补种树木、责令限期恢复植被和林业生产条件,都属于难以类型化的“法律、行政法规规定的其他行政处罚”。如前所述,申诫罚、行为罚、人身罚和财产罚中的罚款,在行政责任与刑事责任竞合时有替代、并存两种变通处理方式,而非类型化行政处罚在责任竞合时如何适用则是现行法律的空白之处。特别是,当行为人被采取监视居住、拘留、逮捕刑事强制措施,被判处“实刑”时,补种树木、限期恢复植被和林业生产条件的义务已没有履行可能性,作出责令处罚失去实际意义。这就要求林草部门在“法定职责必须为”和“法无授权不可为”之间把握好平衡,用好、用足已有的法律、法规、政策文件,在法定渠道内寻求可行的解决方法。

随着森林公安转隶工作结束,林草行政执法与刑事司法“泾渭分明”的新局面已经形成,林草部门需要主动适应形势变化,推动建立林草领域两法衔接机制,畅通沟通渠道,争取理解支持,解决执法难题,最大限度地减少履职风险。可行的路径是,从制度建设入手,与司法机关联合制定移送涉嫌犯罪的案件类型、移送标准、证据要求、法律文书等。具体执法中,在案件处理的不同阶段,区分情况采取相应的策略方法。其一,发现违法线索的,应当及时立案,开展调查取证,注意把握办案期限;其二,获取的证据证明涉嫌犯罪的,应当及时办理移送手续,除申诫罚和行为罚外,不宜先作出其他类型的行政处罚;其三,案情疑难、复杂,性质难以认定的,咨询公安机关、检察机关,必要时商请公安机关提前介入;其四,公安机关经审查不予立案,如有异议的,应当在法定期限内提请复议或者建议检察机关立案监督;其五,对公安机关不予立案决定无异议、检察机关维持公安机关不予立案决定、公安机关立案侦查后撤销案件、检察机关不起诉、审判机关宣告无罪的,应当继续开展调查,符合行政处罚要件的,作出处罚决定并监督履行到位。

为解决行为人被判处刑罚但森林资源没有得到恢复的问题,林草部门有必要在审查起诉环节加强与检察机关沟通,争取由检察机关一并提起刑事附带民事公益诉讼(最高人民法院、最高人民检察院《关于检察公益诉讼案件适用法律若干问题的解释》第20条)。即使刑事诉讼中未能通过检察机关起诉,林草部门还可以在判决生效后另行起诉,对行为人提出损害赔偿要求(《森林法》第68条)。近年来,福建、江西、贵州等省一些地方在破坏森林资源刑事案件中引入"补植复绿"机制,对签订"补植复绿"协议、缴纳履约保证金或者提供适格保证人的犯罪嫌疑人、被告人,予以从宽处理,取得了较好效果。林草部门可以结合最高人民法院、最高人民检察院、公安部、国家安全部、司法部《关于适用认罪认罚从宽制度的指导意见》的实施情况,进一步总结基层经验,从更高层级、在更广领域引入符合认罚从宽要求的生态保护修复机制,实现法律效果和社会效果的有机统一。

美国自然资源损害赔偿制度探析及其对我国的启示

刘晓华*

美国的自然资源损害赔偿制度的发展与环境法发展的路径一致,都经历了从普通法到制定法的发展过程。美国环境法脱胎于普通法中的侵权制度,随着社会现代化的进程,工业生产的扩张对生态环境带来了巨大的甚至是无法逆转的影响。侵权法理论和判例主要针对环境侵害行为造成的财产损失和人身伤害进行赔偿救济,其自身的逻辑体系及适用中对因果关系的苛求等局限性导致其难以对环境自身损害的救济提供有效的解决途径,特别是难以对油污损害等重大环境事件的解决及环境修复提供及时有效的解决方案。换言之,普通法很难应对来自多个污染源的长期的、累积性的影响。为了克服普通法在环境保护中的缺陷,统一各种环境因素如水、空气、土壤的保护标准,规制环境污染,加强对污染的清除和环境要素的修复,美国环境立法逐渐脱离普通法体系而转向成文化。自 20 世纪六七十年代开始,《清洁水法》(*Clean Water Act*)、《清洁空气法》(*Clean Air Act*)、《资源保护和恢复法》(*The Resource Conservation Recovery Act*)和《综合环境反应、补偿和责任法》(*The Comprehensive Environmental Response*, *Compensation and Liability Act*,又称《超级基金法》,以下简称 CERCLA)等法律相继出台或进一步修订。正如学者所言:“普通法要求个别化证明损害总是很难以满足,因为污染物的走向、输送和长期影响具有不确定性,特别是它们来自多个污染源。这有助于解释为什么成文法规

* 刘晓华,山东省高级人民法院环境资源审判庭副庭长,法学博士。

制已经很大程度上超越普通法,成为污染控制的工具。"[①]成文环境立法授权行政机关进行预防性监管,鼓励公众参与立法和法律实施,授权公民提起诉讼,大大提高了污染控制的有效性。

一、美国自然资源损害赔偿制度的理论基础

在美国,传统普通法认可政府可以为了公共利益而掌握一定的自然资源。普通法中的信托理论系自然资源损害赔偿制度的基础。"在美国的所有的法律概念中,唯有看起来具有深厚和实质性内容的'公共信托'理论可以作为一个有用的工具,为公众寻求和确立一个综合性的法律方法解决自然资源管理问题提供理论支持。"[②]信托理论最初是为了保护可航水体下的渔业资源和土地。随着现代环保时代黎明的到来,一些法律学者认为,公共信托概念应被用来重新定义传统的财产法律原则,以防止用破坏环境的方式对私有财产的使用。[③] 从广泛的意义上而言,联邦政府和州政府对自然资源的保护均发挥了重要作用。目前,公共信托理论在某些州已经不再局限于传统意义上通航、水上贸易和捕鱼等目的,而包含了更广泛的资源,用于保护环境利益和娱乐利益。[④] 在普通法领域,个人可以拥有特定土地的所有权,但是所有权的行使应当符合公共信托理论的要求。涉及该理论最重要的案例是伊利诺伊中央铁路公司诉伊利诺伊案,最高法院认定伊利诺伊立法机关将湖畔地区给私有铁路公司的授权作废,因为湖畔地区属于公共信托范围。"该州拥有位于密执安湖通航水域的这些土地的所有权……州的这种所有权是该州的人民委托它行使的,从而使得他们能在该水体中航行、从事各种商业活动、自由捕鱼而

---

① [美]罗伯特·V. 珀西瓦尔:《美国环境法——联邦最高法院法官教程》,赵绘宇译,法律出版社 2014 年版,第 9 页。

② Joseph L. Sax, The Public Trust Doctrine in Natural Resources Law: Effective Judicial Intervening, 68 *Mich. L. Rev.* 471(1969). 转引自张辉:《美国环境法研究》,中国民主法制出版社 2015 年版,第 449 页。

③ 参见[美]罗伯特·V. 珀西瓦尔:《美国环境法——联邦最高法院法官教程》,赵绘宇译,法律出版社 2014 年版,第 172 页。

④ [美]詹姆斯·萨尔兹曼、[美]巴顿·汤普森:《美国环境法》,徐卓然、胡慕云译,北京大学出版社 2015 年版,第 205 页。

不受任何人的干预和破坏。(该州公民)为了公益而赋予该州的委托权,只能通过具有公益性质的财产管理或控制而解除,而不能通过将该财产转移给他人而解除。"①普通法在适用该理论裁判相关案件时也经历了一定的演化过程,其解释与适用呈现出越来越宽泛的趋势,即从最初的鼓励土地开发到逐步通过扩大解释来限制土地的利用进而保护土地的天然状态与自然环境,从而间接地达到保护鸟类、海洋生物等环境要素的目的。但随着生态环境问题的日益凸显,普通法在保护自然资源方面的局限性也逐步暴露。首先,公共信托的范围有限,扩展适用也是有一定界限的;其次,普通法中关于自然资源的赔偿范围有限,主要指资源减少的经济价值,而环境功能的减损、美学价值的降低等则很难归入或进行评估;最后,普通法关于损害与行为之间的因果关系很难证明,自然资源的损害评估大多是科学的统计和模型,更难证明确定的因果关系。上述种种不足,使普通法对自然资源损害的救济十分有限,综合的联邦立法对自然资源损害的规范应运而生。例如,加强对有毒物质的监管以防止潜在的危害发生。"国会解决危险废物和有毒物质导致的风险的方式是,授权美国环保署和其他联邦机构监管这些物质,而无须确凿证据证明对人体健康或环境有害。"②

二、美国制定法中的自然资源损害赔偿责任

(一)《清洁水法》中的自然资源损害赔偿责任

《清洁水法》关于自然资源损害赔偿责任的规定主要适用于油类及危险物质排放的情形。《清洁水法》规定,总统应制定、颁布并酌情修订指定为本节所界定的石油以外的危险物质的法规,这些物质和化合物以任何数量排入或接近美国或毗连海岸线或毗连区水域的通航水域,或与根据《外部大陆架法》或1974年《深水港法》进行的活动有关的,或可能影响属于、有关联或属于美国专属管理权力的自然资源,对公众健康或福利构成迫在眉睫的实质性危险,包括但不限于鱼类、贝类、野

① [美]丹尼尔·A.法伯、[美]罗杰·W.芬德利:《环境法精要》,田其云、黄彪译,南开大学出版社2016年版,第236页。

② [美]约翰·斯普兰克林、[美]格雷戈里·韦伯:《危险废物和有毒物质法精要》,凌欣译,南开大学出版社2016年版,第15页。

生动物、海岸线和海滩。[1]“总统或各州政府的授权代表应当作为自然资源的受托人，代表公众就重建或恢复自然资源的费用进行索赔。所获得的赔偿应当由联邦政府或州政府的相应部门用于恢复、重建或获得该种自然资源的类似等价物。”[2]

《清洁水法》针对油类和危险物质排放规定了双重法律责任，即行政法律责任和民事法律责任。民事法律责任包括三种类型：一是“有限责任”；二是“完全责任”；三是适用于无正当理由拒绝履行环境治理义务的“惩罚性责任”。“有限责任”主要分为两部分，一是针对违法排污行为的行政处罚，如果经过法院判决予以认定，则构成民事责任；二是针对政府承担环境治理成本追偿的民事赔偿责任，包括应急措施和环境恢复措施的成本以及违法排污给他人造成的损失和自然资源损害赔偿。完全责任是指如果责任人存在重大过失或故意，则应当承担全部的环境治理成本。惩罚性责任是指如果责任人没有按照指令清污，或者没有执行总统发出的保护公众健康和福利的执行命令，每日罚款可达25,000美元，或者总体处罚额度达到“漏油信托基金”为应急行为支付的应急成本的3倍。[3] 在环境治理成本方面，油类及危险物质法律责任中规定了“环境治理成本追偿机制”，并且将追偿机制划分为“有限责任”“完全责任”以及“惩罚性责任”三种，非常突出地体现了严厉性的特征。[4]

（二）CERCLA中的自然资源损害赔偿责任

CERCLA第9607条规定了责任主体应当承担的责任范围，主要包括四方面内容：(1)美国联邦政府、州或印第安部落在不违反国家应急计划的情况下所发生的所有清理及环境恢复措施成本；(2)任何人根据国家应急计划而发生的其他必要响应成本；(3)自然资源的侵害、破坏或丧失对自然资源的使用造成的损害，包括对损害评估的合理费用；(4)任何健康评估和实施的健康影响研究成本。以上各种成本包括一定的利息。[5]

---

① See 33U. S. C § 1321(b)(2)(A).

② See 33U. S. C § 1321(f)(5).

③ See 33U. S. C § 1321(b)(7)(B).

④ 参见张辉：《美国环境法研究》，中国民主法制出版社2015年版，第129页。

⑤ See 42U. S. C § 9607(a)(4).

CERCLA 中“自然资源”一词是指土地、鱼类、野生动物、生物群、空气、水、地下水、饮用水供应以及其他由联邦政府、州或地方政府、外国政府、印第安部落或印第安部落的任何成员所有、管理、托管、属于或以其他方式控制的资源。CERCLA 对自然资源损害赔偿的规定更为全面。有权主张权利的主体为美国联邦政府、州政府或印第安部落,且该自然资源属于美国联邦政府、州政府或印第安部落所有、受其管理、为其控制或与其相关。CERCLA 规定了不承担自然资源损害赔偿责任的例外情况,即如果在环境影响说明或其他类似环境分析中明确指出,被控对自然资源造成的损害是不可逆转和不可复原的,或者相关许可或证照中已经作出了类似表述,并且责任人的行为完全符合行政许可或证照的,则不应承担责任。如果此类损害和导致此类损害的危险物质的释放完全发生在 1980 年 12 月 11 日之前,则不得追偿。

总统或任何州的授权代表,应代表作为这些自然资源受托人的公众行事,以追偿这些损害。关于得到的赔偿款项的使用问题,该条规定了由联邦政府作为受托人根据本款追回的款项,应由受托人保留,不得进一步拨款,仅用于恢复、替代或获取相当于此类自然资源的资产。州作为受托人根据本款追回的款项,只能用于州恢复、替代或取得该等自然资源的同等物。对于自然资源损害,包括损害评估或恢复、复原相应自然资源的成本,不得进行双重追偿。①

CERCLA 规定了两种损害赔偿评估程序,即 A 程序和 B 程序,主要针对石油和危险物质的泄露而造成的损害。A 程序适用于少量油污或有害废物溢出的情形,用简单的计算机模型进行定量评估;A 程序最初主要适用于海岸、海洋的自然资源损害,后来又扩展到五大湖自然资源损害赔偿的适用。② B 程序适用于大规模的和比较复杂的污染事故,进行单独的特定化的评估。

(三)《油污法》中的自然资源损害赔偿责任

由于石油污染的特殊性,美国环境法中对油污的规制一直遵循特殊的规则。受 1989 年埃克森·瓦尔迪兹号油轮泄漏事故的影响,1990 年美国国会通过了《油

① See 42U. S. C § 9607(f)(1).

② See 43 CFR § 11.40(a).

污法》(*Oil Pollution Act*),并以此为基础建立了油污损害赔偿的风险控制和法律救济机制。该法中的自然资源包括“联邦政府、州或地方政府及印第安部落或任何外国政府所有、管理、受其托管或与其有关或以其他方式控制的土地、鱼类、野生动物、生物群、空气、水、地下水、饮用水供应以及其他资源,包括专属经济区的资源。”油污损害赔偿的范围非常广泛,包括清污费用、自然资源损害、不动产或个人财产损失、因丧失自然资源的生活用途而遭受的损失;税收等政府收入的减损、收益和营利能力降低造成的损失、增加或额外的公共服务的净支出等。① 自然资源损害包括三部分:一是修复、恢复、替代或获取受损自然资源类似等价物的成本;二是自然资源在修复期间价值的减少;三是评估上述损害赔偿的合理费用。②

三、美国 CERCLA 法案中的自然资源损害评估制度

虽然 CERCLA 法案中有关自然资源损害赔偿的一般规定载明了损害赔偿的基本范围,但 CERCLA 法案中并未对评估进行更详细的规定,而是授权总统进行进一步的规范。总统将此授权又转授给美国内政部,内政部于 1986 年颁布了有关自然资源损害赔偿的具体规则,即自然资源损害赔偿规则(以下简称 DOI 规则)。最初的规则在实践中遇到了一定的挑战,即 1989 年俄亥俄诉内政部和科罗拉多诉内政部两个案件对该规则提出了质疑,促使内政部修订了上述评估规则。例如在俄亥俄一案中,法庭判决 CERCLA 不允许以较少替代成本为标准计算损失,法庭认为应以修复为基本原则,即使修复费用要高于丧失的使用价值。根据这个判决,只有当修复是不可行的或者修复费用与收益损失计算办法的计算结果严重不成比例时,才可通过减少的价值计算损失。根据目前的规则,非使用价值,如选择价值、存在价值和遗产价值都是可补偿的。修订后的规则认为即使存在某种资源的市场,市场体现的价格也不能完全包含资源的全部价值。③

现行的 CERCLA 法案下的自然资源损害评估规则包括四个部分:评估前阶段

---

① See 33U. S. C §2701,2702.

② See 33U. S. C §2706(d)(1).

③ 参见白佳玉:《美国自然资源损害赔偿法律制度初探——以油污治理为视角》,载《西部法学评论》2009 年第 5 期。

(pre – assessment phase)、评估计划阶段(assessment plan phase)、评估阶段(A 程序、B 程序)和评估后阶段(post – assessment phase)。评估前阶段即预评估阶段,规定了必要时的通知、协调和应急活动,并包括预评估筛选。预评估筛选是为了迅速审查现有信息,以便授权官员及早决定是否能够而且应该进行自然资源损害评估。[①] 评估计划阶段应当向受托人通报有害物质泄漏的情况、启动必要的应急计划、进行必要的取样试验,并就处于危险的自然资源的情况作出确认。在评估计划阶段,如果被授权的官员决定进行评估,则需要制订评估计划。而且,该评估计划须确保评估是以有计划及有系统的方式进行,以及所选用的方法证明费用合理。

A 程序和 B 程序针对的是不同规模的环境事故。简言之,如果泄漏的规模和影响范围较小、给环境造成损害并不是巨大,进行自然资源损害赔偿评估的困难相对较小,那么就适用 A 程序;反之则适用 B 程序。B 程序主要包括三个阶段,即损害确定阶段、损害量化阶段以及损害赔偿的确定阶段。损害确定阶段的目的是确定一种或多种自然资源因排放石油或释放有害物质而受到损害。损害确定阶段包括损害的定义、确定途径的指导以及测试和取样方法。这些方法将用于确定资源接触石油或有害物质的途径和损害的性质。损害量化阶段的目的是以受害资源在未发生排放或释放的情况下本应提供的服务的损失来确定资源受到损害的程度,其中包括确定基线条件的方法、估计恢复期的方法以及衡量因自然资源受到损害而减少服务的程度的方法。损害确定阶段的目的是为损害确定阶段确定并在量化阶段测量的损害建立以金钱数额表示的适当赔偿,其中包括关于可接受的费用估算和估价方法的指导意见,以便根据恢复、重建、重置或获得同等资源的费用确定赔偿额;另外,还包括可赔偿价值,即在危险物质排放或释放之时至资源完全恢复到其基线条件之时,或者直到资源被替换或获得同等自然资源之时,为补偿公众在受损资源提供的服务方面的损失而需要的金额。

评估后阶段包括评估完成后需要满足的要求。评估报告须载有评估结果,以及根据本规则进行评估的必要文件。另外,其他评估后的要求界定了向责任方提

---

① See 43 CFR § 11.13(b).

出某一数额的索款要求的方式，以及在裁定该数额为损害赔偿时应采取的步骤。①

四、美国自然资源损害赔偿制度的特点

（一）权利主体限定

美国环境法中规定的有权主张自然资源损害的主体是美国联邦政府、州政府或印第安部落，个人或社会团体不能作为受托人主张自然资源损害赔偿。主体的界定实际上遵循两个原则：一是所有权优先原则，即享有所有权的主体优先主张自然资源损害赔偿；二是实际管理和控制原则，即如果所有权不明，优先保障实际行使自然资源管理和控制的主体进行权利主张。由于实践中存在自然资源受托范围不明确或互有交叉等情形，如果存在联邦政府、州政府或印第安部落均为自然资源的受托人的情况，则不能出现重复追究自然资源责任的结果，即如果某一主体主张权利，则其他主体将不能就同一损害再次主张自然资源损害赔偿。如果受托人由于共存或毗连的自然资源或共同管辖权而与其他自然资源受托人分担责任，其应确保通知所有其他已知受影响的自然资源受托人正在制订评估计划，此通知须包括预先评估筛选的结果。另外，鼓励来自不同机构或印第安部落的受托人合作和协调涉及共存或毗连自然资源或共同管辖权的任何评估。他们可以按照所有受影响的自然资源受托人同意的任何方式，安排分担进行评估的责任。② 主体限定的理论依据即是信托理论，即通过对自然资源的信托人设定义务来实现自然资源保护的目的。基于"公共信托"的结构性分析，国家或州政府作为自然资源的生态环境的受托人，应当勤勉尽责地履行受托职责，为当代人和后代人的利益履行自然资源和生态环境管理的职责，对任何有害于当代或后代人利益的自然资源开发利用行为或者有害于生态环境保护的行为采取必要的行政措施，避免或者纠正危害的发生，并依法追究有害行为的法律责任。③

---

① See 43 CFR § 11.13(f).

② See 43 CFR § 11.32(a)(1).

③ 参见张辉：《美国环境法研究》，中国民主法制出版社 2015 年版，第 129 页。

（二）赔偿范围覆盖面广

美国自然资源损害赔偿范围基本上覆盖了全部费用，主要包括三个部分，即修复费用、过渡期损失和损害评估费用。修复费用和过渡期损失即恢复或重建受损害的自然资源，使其达到能够提供基线服务的水平，或更换、购置能够提供这种服务的同等自然资源的费用。经授权官员斟酌决定，损害赔偿还可包括在从排放或释放到恢复、修复、更换或获得相当于基线的服务期间内对公众损失的全部或部分服务的应赔偿价值。①

（三）超越侵权法的限制

自然资源损害的赔偿已经超出了传统侵权法救济所擅长的范围，精确的侵权构成在自然资源赔偿诉讼中很难满足，特别是损害后果的界定和评估已远远脱离了侵权法常规做法。在普通法中，可赔偿的损害主要是市场价值，而美学等生态价值难以得到赔偿；侵权法中的因果关系在自然资源赔偿诉讼中也难以准确界定，因此，为了自然资源的尽快修复，成文法的规制应运而生，而成文法的统一规定也促成了自然资源损害赔偿的经济和高效。美国自然资源损害赔偿主要适用于可能导致重大环境损害的情形，且主要适用于油类及危险物质排放导致的自然资源损害。CERCLA 和《油污法》的特别规定，虽然 DOI 规则中规定了 A 程序适用于造成的自然资源损害较小的情形，但也规定了严格的限制，即只有在满足一定的条件才能使用 A 程序，如释放的物质进入某一计算机模型所覆盖的区域；该模型覆盖了泄漏物质的种类；释放的物质在地表或附近进入水中，在释放时，受释放影响的地区的风速在空间上没有变化，从而对损害程度没有重大影响；没有可靠的证据证明受到影响的生物的数量比模型计算的数量少很多；等等。② 实践中，美国建立了 100 多个模型来应对各种各样的自然资源损害评估。而 B 程序则是针对个案进行定量的分析评估，虽然费用较高，但能够全面地评估自然资源的损害，并且也要遵循一定的程序规则。美国成文法的这种规制方式体现了优越于传统侵权法的特性，使自然资源的赔偿更加具有可执行性。

---

① See 43 CFR § 11.80(b).

② See 43 CFR § 11.34.

五、美国自然资源损害赔偿制度对我国的启示

美国的自然资源损害与我国生态环境损害相对应，二者都体现了对大气、水、土壤等环境要素的不利改变，基本上可以看作与我国“生态损害”相同的界定。2017年8月29日通过的《生态环境损害赔偿制度改革方案》（以下简称《方案》）对生态环境损害进行了界定，是指因污染环境、破坏生态造成大气、地表水、地下水、土壤、森林等环境要素和植物、动物、微生物等生物要素的不利改变，以及上述要素构成的生态系统功能退化。我国的生态环境损害赔偿诉讼刚刚起步，可以借鉴和吸收美国关于自然资源损害赔偿的相关制度设计，健全和完善我国的自然资源损害赔偿制度。

（一）关于主体的界定

美国自然资源损害赔偿制度中，联邦政府、州政府和印第安部落对自然资源的托管权来源于公共信托理论，从而使之可以就资源的损害进行权利主张。在我国，自然资源绝大部分属于国家所有。按照原环保部对《方案》的解读，国家所有的财产即国有财产，由国务院代表国家行使所有权。但是，在矿藏、水流、城市土地、国家所有的森林、山岭、草原、荒地、滩涂等自然资源受到损害后，现有制度中缺乏具体索赔主体的规定。为了弥补这一制度上的缺陷，《方案》规定了“国务院授权省级、市地级政府（包括直辖市所辖的区县级政府，下同）作为本行政区域内生态环境损害赔偿权利人。省域内跨市地的生态环境损害，由省级政府管辖；其他工作范围划分由省级政府根据本地区实际情况确定。省级、市地级政府可指定相关部门或机构负责生态环境损害赔偿具体工作。省级、市地级政府及其指定的部门或机构均有权提起诉讼。跨省域的生态环境损害，由生态环境损害地的相关省级政府协商开展生态环境损害赔偿工作”。笔者认为，由省、市两级政府及指定的部门或机构提起生态损害赔偿诉讼符合我国目前环境行政执法的实际，“生态环境损害赔偿案件涉及的生态损害影响大、涉及范围广，省、市政府作为环境资源主管部门，具有法律规定的生态环境保护义务和监管职责，具有保护国家利益、社会公益利益和公众环境权益的天职责任，其自身及授权的部门或机构往往在行政执法阶段已经掌

握了大量的证据材料,便于诉讼”。[1] 另外,省市两级环境行政执行部门在人员、技术、专业化程度、应急处置及磋商、修复监管等方面具有天然的优势,有利于生态环境损害赔偿诉讼的开展。

(二)关于适用范围

按照《方案》的要求,生态环境损害赔偿主要适用于以下三种情形:(1)发生较大及以上突发环境事件的;(2)在国家和省级主体功能区规划中划定的重点生态功能区、禁止开发区发生环境污染、生态破坏事件的;(3)发生其他严重影响生态环境后果的。各地区应根据实际情况,综合考虑造成的环境污染、生态破坏程度以及社会影响等因素,明确具体情形。从《方案》的规定可以看出,生态环境损害赔偿诉讼主要适用于对生态环境有重大影响的情形,并非一旦发生环境污染或生态破坏事件,就要启动生态环境损害赔偿诉讼。实践中,有的地区出现扩大诉讼范围的趋势,即只要发生环境污染或生态破坏事件,相关部门或机构即有意启动生态环境损害赔偿诉讼,但诉讼过程往往在损害后果的评估鉴定环节出现障碍。笔者认为,在现阶段,按照《方案》的要求将适用范围限定在造成较大影响的生态环境损害的情形比较适宜。各地区可以根据本地的实际情况,结合环境污染、生态破坏程度以及社会影响等因素,明确本地可以提起诉讼的具体情形,但不宜对适用范围进行盲目扩大。在实践的发展过程中,如确有必要进行扩大,也可以在配套制度完善的基础上稳步推行。如前所述,现行《方案》确定的主体范围考虑了执法情况、人员、专业化等因素,适用范围也应当相应的考虑执法情况、人员以及配套措施、实际效果等因素。生态环境损害赔偿诉讼的难点之一是生态功能退化的评估问题和修复措施的开展,如果要广泛开展生态环境损害赔偿诉讼,首先要完善的是生态环境的评估问题,可以借鉴美国的自然资源损害评估制度,区分对生态环境的影响程度,对影响比较小的事件实行简易评估程序,即区别生态系统建立不同的数据模型,对不超过一定赔偿限额(如100万元)的生态环境损害赔偿进行评估;对影响范围比较大、损害结果比较复杂的环境污染、生态破坏事件应当进行个性化、全面性评估。

---

① 王旭光:《生态环境损害赔偿诉讼衔接问题研究》,载《法律适用》2019年第21期。

（三）关于生态环境损害赔偿与侵权法的关系

关于生态环境损害赔偿制度的法律依据及其与侵权法的关系，学者有不同认识。有的观点认为物权法应作为主要渊源；有的观点认为民法总则的绿色原则可以作为依据；有的观点认为侵权责任法作为自然资源和生态环境受到损害的权利主张依据，应当作为法律依据；等等。[①] 最高人民法院《关于审理生态环境损害赔偿案件的若干规定（试行）》（以下简称《规定》）的引言部分规定“为正确审理生态环境损害赔偿案件，严格保护生态环境，依法追究损害生态环境责任者的赔偿责任，依据《中华人民共和国环境保护法》《中华人民共和国民事诉讼法》等法律的规定，结合审判工作实际，制定本规定”，表明《规定》明确将环境保护法和民事诉讼法列为自然资源损害赔偿诉讼的法律依据，但“侵权责任法确定的法律责任聚合与民事责任优先原则、归责原则、责任大小的分配原则、因果关系的推定规则、承担责任的方式等，在多数情况下都可以适用于生态环境损害赔偿诉讼”。[②] 笔者认为，传统侵权法适用于人身损害和财产损害的情形，而生态环境损害系不同于人身损害和财产损害的特殊损害，有其独有的特点，“生态环境侵害与传统民法上的侵权有着明显不同，它不是单一侵权行为所引起的单一后果，而是一个类概念或者说是对各种不同类型的环境侵权行为所引起的不同后果的综合概括，其内涵、外延、本质特性、价值取向都不能为传统民法上的侵权概念所完全囊括……”[③]从立法与司法实践来看，我国的环境公益诉讼和生态损害赔偿诉讼均是建立在侵权法的基础之上的，完全脱离侵权法重新建立独立的理论基础并不现实。但是，从生态损害赔偿制度的特点而言，侵权法的确无法解决生态环境损害赔偿的所有问题，因为侵权法“既不能成为为公众所认可的经济秩序的阻碍因素，作为一个为理性所支配的法律，它也不能要求一个行为不谨慎的人对他因其行为所产生的一切损害，即一切该他人若非因行为人的过失即无须容忍的损害，承担赔偿责任。无论是从单个侵权

---

① 参见王旭光、魏文超、刘小飞、刘慧慧：《〈关于审理生态环境损害赔偿案件的若干规定（试行）〉的理解与适用》，载《人民司法》2019 年第 34 期。

② 王旭光、魏文超、刘小飞、刘慧慧：《〈关于审理生态环境损害赔偿案件的若干规定（试行）〉的理解与适用》，载《人民司法》2019 年第 34 期。

③ 吕忠梅：《“生态环境损害赔偿”的法律辨析》，载《法学论坛》2017 年第 3 期。

行为人的利益出发，还是为了自身生存的愿望，侵权行为法都必须将那些过于遥远的损害从其体系中排除出去”。[1] 我国目前可采取的比较可行的模式是在侵权法的基础上，逐步完善生态损害赔偿的相关立法，逐步摆脱侵权法的束缚。我们可以借鉴美国自然资源损害赔偿的立法模式，突破传统侵权法损害赔偿的有限性和侵权构成要件特别是严苛的因果关系认定，在索赔主体、赔偿范围、损害行为认定、损害后果评估、修复责任承担等各方面建立独有的规则，并在司法实践中予以总结提炼，形成相对独立的制度体系。

---

① [德]克雷斯蒂安·冯·巴尔:《欧洲比较侵权行为法》(下卷)，焦美华译，法律出版社 2001 年版，第 1 页。

谨防环保南辕北辙

——法国"黄背心运动"评析与启示

莫　菲　周　珂*

摘　要:近年来,法国致力于走生态转型之路。为推动国家能源转型,法国从2018年开始提高绿色燃油税,同时提高了对柴油的征税,造成一些中低收入者严重不满,引发"黄背心运动",政治和社会处于不稳定状态,进而导致政府被迫取消加征绿色燃油税,生态能源转型政策和低碳战略的实施陷入停滞,政府信任度、政治生态、财政赤字状况等亦受影响。该事件提示,应谨防环保南辕北辙。法国的教训对我国生态转型事业的启示在于:生态转型政策应当以人为本,坚持以人民为中心和环境与民生的统一;实现公平的生态转型,需要加强政策制定过程中的公众参与、政民互动合作;气候变化国际合作的前提和保障,是在国内运用适合国情的政策工具解决碳排放问题。

关键词:法国　黄背心运动　环境政策　绿色燃油税　生态转型

一、"黄背心运动"的发展态势及其对法国的影响

近期,法国社会严重动荡。为推动国家能源转型,马克龙政府从2018年开始提高绿色燃油税,同时提高了对柴油的征税。2017年10月至2018年10月,法国汽油和柴油价格分别上涨15%和23%。对于居住在郊区和农村、不得不依靠私家汽柴油车通勤的法国居民而言,油价上涨无疑是沉重的负担。2018年9月,法国政

* 莫菲,北京语言大学讲师;周珂,中国人民大学法学院教授。

府宣布2019年进一步将燃油税提高11.5%，意味着油价将进一步上升。出于对马克龙政府绿色燃油税政策的不满，从2018年11月17日至今，法国民众已进行了连续十多轮的周末抗议活动。抗议者穿着法国法律要求司机必须装配的黄背心走上街头抗议，运动也因此得名。抗议人数最多时超过28万人，被视为法国近50年来最大规模的抗议活动。“黄背心运动”的诉求也从要求取消加征燃油税，扩大到要求政府重新征收财富税、上调最低工资、提供更多公共服务等42项政治、经济和社会诉求，并最终归结为要求马克龙下台的呼声。“黄背心运动”呈现自发性和去中心化的特点。抗议者宣称与任何政党和工会组织无关，通过社交媒体自发进行组织。抗议者身份构成复杂，既有中低收入者也有中产阶级，遍布法国各地和海外领地。由于缺乏组织和协调，且抗议人群中混入了一些极端主义分子和专门闹事的人员，抗议活动呈现激进化的特点，使社会秩序维护难度加大。虽然法国政府动用了大量警力维持秩序，抗议活动中还是不时出现暴力骚乱和打砸抢行为。据外媒报道，“黄背心运动”已导致10人死亡，数以百计的平民和警察受伤，上千人被捕。

迫于“黄背心运动”的压力，法国总统马克龙于2018年12月10日发表电视讲话，宣布取消于2019年加征燃油税，并承诺提高最低工资、取消对加班工资和年终奖收税、提供更高的能源补贴等一揽子针对中低收入者的政策。马克龙的承诺产生了一定的安抚效果，但并未能完全平息不满。讲话之后，虽然抗议人数有所减少，但抗议活动仍然继续。其后，马克龙又于2019年1月展开持续两个月的“全国大讨论”，旨在就“黄背心运动”所涉及的重大政治问题寻求全国共识。“黄背心运动”在引发法国国内朝野震动的同时，也引起国际社会的关注，并引发比利时、德国、荷兰、土耳其等国抗议者的效仿，虽然其诉求与法国的“黄背心”们不尽相同，运动规模和社会震动也小一些。

“黄背心运动”对法国影响是多方面的。“黄背心运动”造成的政治和社会不稳定状态仍将持续一段时期，法国政府仍需努力重获信任、建立秩序。“黄背心运动”也有潜力演变为现有政党以外一股新的政治势力，改变法国政治生态。马克龙则是其中最大的“输家”：被迫取消加征绿色燃油税，不仅使其难以实现对选民的承诺，还使其着意营造的坚定改革者形象毁于一旦，而代之以站在人民对立面的负面形象。2018年12月的一项民调显示，马克龙支持率降至其上任以来最低的18%。

从财政角度来看,2019 年取消加征燃油税将减少 37 亿欧元的税收收入,同时马克龙讲话中承诺的措施将造成 80 亿~100 亿欧元的支出,约占法国 GDP 的 0.4%,加剧法国的财政赤字状况,使其逼近欧盟的财政赤字上限。这无疑将加重马克龙政府在剩余任期内的施政难度,甚至被认为可能引发欧元区的新一轮危机。

对法国的生态转型事业而言,“黄背心运动”有着不可避免的负面影响。法国政府为平息“黄背心运动”而取消加征燃油税,使法国现行的生态能源转型政策和低碳战略的实施陷入停滞。尽管马克龙在电视讲话中强调法国不会放慢应对气候变化的脚步,但事实上,在政府妥善处理好“黄背心运动”提出的政治、经济和社会影响以前,没有精力重新拟定为公众接受的能源转型政策。同时,由于法国目前的主要矛盾是解决国内的政治危机,其在国际环境治理领域发挥作用的能力受到限制,短期内应该无法进一步推动《世界环境公约》倡议等由其主导的国际合作项目。

二、“黄背心运动”起因和政策法理分析

此次引发“黄背心运动”抗议的绿色燃油税是法国生态转型的举措之一。近年来,法国政府致力于走转变能源结构、减少温室气体排放的生态转型之路。在国内层面,通过 2005 年的《能源政策框架法》、2009 年和 2010 年颁布的两部《综合环境政策与协商法》、2015 年的《能源转型绿色增长法》等法律和前后几届政府的政策推动能源转型。在国际层面,2017 年美国宣布退出《巴黎协定》后,法国便以国际环境和气候合作的“领头羊”自居。由法国智库团体提出的《世界环境公约》倡议,旨在通过确立环境保护的基本原则来深化《巴黎协定》的成果,巩固全球环境治理框架。

此次引发争议的绿色燃油税又称碳税,是对燃料中的碳含量或碳排放量征收的一种环境税,旨在通过税收手段减少对化石能源的生产和消费,抑制向大气中排放过多的二氧化碳。法国早在 2000 年和 2009 年便有设置碳税的尝试,但均因法国宪法委员会宣布相关法案无效而无果。上届政府的《2014 年度财政法案》首次增设碳税。2015 年《能源转型绿色增长法》则规定碳税税率在 2017 年至 2020 年分别达到每吨二氧化碳 30.5 欧元、39 欧元、47.5 欧元和 56 欧元,到 2030 年增加到每吨二氧化碳 100 欧元。

马克龙政府绿色燃油税政策的核心,是在现有碳税基础上显著提高税率,以实现足以达成既定气候目标的更低碳排放水平。马克龙政府 2017 年《气候规划》指出,2030 年每吨二氧化碳 100 欧元的价格并不足以实现 2 摄氏度阈值的气候目标。也就是说,上届政府所设置的碳税税率增长计划并不足够。2017 年《气候规划》因而提出"在未来 5 年内加快提高碳价格"的政策目标。《2018 年度财政法案》提高了碳税税率,并预期 2018 年至 2022 年分别达到每吨二氧化碳 44.6 欧元、55 欧元、65.4 欧元、75.8 欧元和 86.2 欧元。这意味着,2018 年的碳税在 2017 年的基础上大幅增加14.1欧元/吨,此后以每年 10.4 欧元/吨的增速持续增加到 2022 年。同时,由于历史原因,法国柴油税显著低于汽油税,但事实上柴油的气候和环境影响不可忽视。为此,马克龙政府延续了 2015 年以来的汽柴油税并轨政策,进一步提高柴油消费税,以期到 2021 年使汽油税和柴油税税率一致。增加的税收收入一方面可以投入生态转型事业,另一方面也可增加政府财政收入,缓解政府财政压力。

或许在马克龙政府看来,加征绿色燃油税的举措有着明确的法律依据、清晰的政策逻辑以及生态环境议题天然的政治正确性,应当不会遭遇太大阻力。但其最终事与愿违,原因可能有四个方面:

首先,法国政府可能低估了政策对中低收入者的影响。据法国参议院测算,政策将造成法国家庭 2018 年平均多支付 79 欧元,2022 年将多支付 313 欧元。但是,如果考虑生活方式和地区差异,政策对中低收入家庭的影响可能更大。对于使用家用燃油供暖且经常驾驶柴油车的家庭而言,2018 年将多支出 136 欧元,2022 年将多支付 538 欧元。这些家庭往往收入较低,同时没有能力改变交通和供暖方式,只能直接承担更高的燃油价格。法国参议院因而批评此次加征燃油税缺乏战略视野、影响法国家庭购买力而构成"惩罚性"税收。

其次,政府未提供足够的补偿措施。政府提出的减轻加税影响的措施包括增加面向低收入家庭的电动车购买补贴和能源补贴。但是,这些措施似乎并不足以减轻加征燃油税的影响。2018 年,加税将造成税务负担 37 亿欧元,而政府对补偿措施的投入仅为 1.8 亿欧元,与税务负担的提高不成比例。

再次,征收绿色燃油税有不公平之嫌。虽然税收以生态环境保护的名义收取,据法国媒体报道,税收收入中仅有不到 20% 将明确用于生态转型目的,容易给人质疑税收性质和分配公平性的口实。事实上,“黄背心运动”抗议者公报便提出,“生态不应当被用作向我们收更多税的手段,尤其是当税收收入只有很少的部分被重新用于生态事业中。政府应当实施真正的生态政策,而非零星的财政措施”。抗议者们不满的主要是政府的生态转型政策未能考虑到在城市和乡村、高收入阶层和中低收入阶层之间实现公平。

最后,政策推出的时机不佳。进入2018年,马克龙支持率持续下滑,此前取消财富税、取消部分公司税等经济政策被指偏向富人,已经引发中低收入群体的强烈不满。加征绿色燃油税对中低收入阶层的利益影响更大,容易让人与此前的政策联系起来,质疑政府政策的公平性。在这种情况下,即使碳税完全达到预期减排目标,也会因为要求中低收入者承担更多税负而受到其反对。

因此,无论是出于法国右派反对加税的自由主义逻辑,还是法国左派要求社会公平和公共收入再分配的逻辑,此次加税都容易引发争议。最终,加征燃油税成为压倒民众对马克龙政府脆弱信任的“最后一根稻草”。法国未来制定环境政策,或许需要考虑和尊重受影响人群的利益、主要诉求和生活方式,避免生态环境政策成为造成新的社会排斥和不平等的根源。

三、对我国的启示

我国目前处于生态文明建设的关键时期,正致力于加强生态环境治理、积极应对气候变化、建设美丽中国。法国此次由加征绿色燃油税点燃的“黄背心运动”表明,环境政策的推出必须慎之又慎,避免政策目标与实际效果南辕北辙。法国的教训对于我国的生态转型事业有以下启示与借鉴:

第一,生态转型政策应当以人为本,坚持以人民为中心和环境与民生的统一。法国政府加征燃油税,大幅提高法国普通家庭满足基本能源需要的成本的同时,未能提供有效补偿措施,伤害了老百姓的切身利益,因此遭到人民的反对。这一教训表明,在推行生态转型政策时,必须坚持以人为本、以人民为中心,考虑到相关政策对人民物质需要和生活水平可能造成的影响,并提出妥善解决相关民生问题的措施。在推行生态转型政策的同时,应优先或者同步推出辅助解决民生问题的措施,实现环境问题和民生问题的统一。进言之,就是政府在推动环境政策之际,要注重与当地社会政策、经济政策、政治诉求和历史因素一并考量，尽力实现这些政策因素和多方诉求的一体性、统一性和兼顾性。

第二，实现公平的生态转型，需要加强政策制定过程中的公众参与、政民互动合作。生态转型应当是公平的转型。法国的教训表明，忽视了公平的环境政策，会导致受影响群体的不满、抗议乃至暴力反抗。其中折射出的一个问题是，在相关政策制定过程中缺乏公众参与途径或者政民互动合作不足，使受影响群体只能通过街头抗议的形式对抗性地、猛烈地表达意见。在生态转型政策的制定过程中，运用好听证、对话、征求意见等公众参与程序，增大政策制定和实施过程中的公众参与、政民互动合作的程度，有助于政府识别受影响群体及其利益，有利于相关问题在制度性民主框架内获得充分讨论和解决，有助于生态转型义务在相关主体间实现整体公平承担，从而获得广泛支持且更加易于推行。

第三，气候变化国际合作的前提和保障，是在国内运用适合国情的政策工具解决碳排放问题。近年来的气候变化国际合作，关注点都在各国的共同行动和国际环境义务的融合趋势。法国所倡导的《世界环境公约》便是一例，其试图在不同国家之间建立统一的环境法律概念和框架。然而，法国的教训表明，在国内法上符合国情的政策选择是第一位的，构成国际合作的前提。同样的政策工具，可能在一国取得好的效果，在另一国则遭遇反弹。其中起决定作用的是国情因素。例如，此次引发争议的碳税，在北欧国家从20世纪90年代开始实行并取得良好效果，但是在法国就遭遇了阻力。无独有偶，此前澳大利亚先实行了碳税，但几年后政府又废除。应当考虑到选取的政策工具是否符合国情，特别是受该政策工具影响的人群的特殊情况，选择最适合本国的政策，而不能照搬所谓国际经验。中国在碳定价方面曾考虑过碳税，现在实行的则是碳交易市场。未来我国是否要引入碳税、以何种方式引入，须前提性地考量是否符合国情、如何满足需求、应助未来发展再作出决策并配套法制。

海域使用权征收案件中承租人补偿权的合理保障

——福建省平潭县北厝恒祥水产养殖场、林某彦、许某华、林某贵诉平潭县人民政府、平潭综合实验区岚城片区开发管理局行政征收补偿案

秦传熙*

【裁判摘要】

海域使用权的征收补偿，往往涉及海域资源合理规划、海域使用人利益保护、行政机关合法补偿等诸多问题。与土地征收补偿不同的是，海域使用权征收补偿具有更加复杂的历史传统因素、人文地理因素、风俗习惯因素。而且，在海域使用管理过程中，原海域使用权人、租赁人、抵押人并存的局面，导致征收补偿时出现诉求主体多元、协议效力不明、补偿范围多变、补偿标准不一等乱象，影响到审判的法律效果与社会效果相统一。立足环境资源有效利用和行政机关全局规划，注重海域使用权人和承租人权利的平等保护，应当成为办理海域使用权征收补偿案件所须遵循的基本原则，力求在认定海域使用权租赁合同效力、海域使用权承租人补偿主体资格、征用物灭失情况下补偿数额等问题上，实现依法公正处理。

【案件基本信息】

1. 诉讼当事人

上诉人（原审原告）平潭县北厝恒祥水产养殖场（以下简称恒祥养殖场）。

上诉人（原审原告）林某彦，女，1977 年 12 月 4 日出生。

---

* 秦传熙，福建省高级人民法院法官。

上诉人(原审原告)许某华,男,1949年2月8日出生。

上诉人(原审原告)林某贵,男,1966年2月23日出生。

被上诉人(原审被告)平潭县人民政府。

被上诉人(原审被告)平潭综合实验区岚城片区开发管理局。

2.案件编号

一审:福建省福州市中级人民法院(2018)闽01行初54号行政判决(2018年6月25日);

二审:福建省高级人民法院(2018)闽行终856号行政判决(2019年5月8日)。

3.案由

行政征收补偿。

【基本案情】

林某贵、许某华在2006年至2008年分别与平潭县北厝镇庄上村村民林某官、林某文、林某情先后签订《租用虾池地协议书》,租赁了三人原经营的平潭县北厝镇庄上村北江头海滩虾池共计118.2亩,租赁期限分别截至2012年4月20日、2013年5月20日、2013年12月30日止。租赁协议第4条约定"租赁期满,承租方增添的设备和设施归出租方所有(但动产除外)";第7条约定"若因政府的征用行为使合同全部或部分不能履行时,双方均不负违约责任。若政府有拨付赔偿款及补偿款,则池内养殖产品赔偿款归承租方所有,其他赔偿款归出租方所有"。

林某贵、许某华承租林某官、林某文、林某情的海滩虾池后,未到海洋行政主管部门办理海域租赁登记,与林某彦以租用的相关海域进行养殖作业,成立恒祥养殖场,并先后办理了《个体工商户营业执照》和《税务登记证》。

2010年9月1日,因平潭综合试验区的建设需要,平潭县人民政府决定对某建设项目涉及的区域内水产养殖设施进行清理拆除,公告所有用海者在规定时间内到现场核实、登记并自行拆除所有养殖设施等,逾期未到现场核实、登记的予以强制拆除,并对养殖用海补偿费用计算、养殖用海补偿指导价和补偿程序等作出规定。从2010年9月起至10月,平潭县人民政府相关部门与林某官、林某文、林某情共同核定养殖池的《资产评估明细表》,并于2010年10月由福建联合中和资产评估有限公司根据资产明细情况作出价值评估，制作《固定资产——机器设备评估明细表》。其中，林某贵在写有“产权持有人林某情、林某官，租于林某贵”的四张《资产评估明细表》上的“产权持有人代表”一栏上签名，该四张表上载明有包括泡沫作业船、塑料桶、抽水机、电动机等在内的40项动产。经福建联合中和资产评估有限公司评估，只对这些设备的安装费、拆卸费、运安费进行计算，评估总价为人民币10,170元。

2012年6月17日，平潭县人民政府委托平潭县北厝镇人民政府，在平潭综合实验区岚城组团建设指挥部（后改称为平潭综合实验区岚城片区开发管理局）、平潭县北厝镇庄上村村民委员会的见证下，与林某官、林某文、林某情分别签订《池塘拆除、征收补偿协议》，对三人共计144.61亩的海域进行补偿，并按补偿工作方案标准一次性支付给林某情806,789元、林某官693,500元、林某文156,750元的补偿款。2012年8月20日，平潭综合实验区岚城组团建设指挥部与恒祥养殖场签订《池塘养殖提前收成补偿协议》，由平潭综合实验区岚城组团建设指挥部一次性补偿恒祥养殖场养殖提前收成损失人民币16.82万元。

2013年11月29日，林某彦、许某华、林某贵等向平潭县人民政府提出申请，要求依法对其养殖场种苗（青苗）和海域附着物征收予以补偿，平潭县人民政府于2016年1月19日作出《答复函》，告知涉案海域已补偿完毕。林某彦、许某华、林某贵不服，以要求履行征收补偿义务为诉求内容，提起本案诉讼。

福州市中级人民法院一审认为，本案涉及的行政征收补偿问题系因行政机关提前收回海域而起，原告诉求获得支持应当满足的前提条件为，其具有海域征收补偿主体资格。根据海域使用管理、海域使用补偿相关法律、法规，依法登记的海域使用权受法律保护。未经登记擅自出租、抵押海域使用权，出租、抵押无效；提前收回海域使用权的，对海域使用权人应当给予相应的补偿，对违法使用海域的不予补偿。原告租用海域未经登记，并非合法的海域使用权人，其行为属违法使用海域，依法不具有海域征收补偿主体资格。遂作出判决：驳回原告平潭县北厝恒祥水产养殖场、林某彦、许某华、林某贵的诉讼请求。

【案件焦点】

1. 未经登记擅自出租海域使用权的协议是否为无效合同；

2. 海域使用权的承租人是否有权从海域征收中获得补偿；

3. 被征收物灭失情况下如何合理确定征收补偿标准和数额。

【裁判结果】

福建省高级人民法院二审认为，上诉人林某贵、许某华与林某官、林某文、林某情三人分别签订的《租用虾池协议书》，合法有效。林某贵、许某华租赁讼争海域后与上诉人林某彦共同投入资金和财物依法开办恒祥养殖场，是养殖场的实际经营人，与本案行政征收行为有法律上的利害关系。对于列为海域征收补偿范围的"海域补偿费、种苗和海域附着物补偿费"，上诉人权利只能通过原海域使用权人来行使或主张，但对于除海域征收补偿范围之外的其他投入财产，上诉人有权直接请求补偿，无须通过原海域使用权人来行使。原审判决认定事实错误，适用法律不当。被上诉人平潭县人民政府、平潭综合实验区岚城片区开发管理局因行政征收行为应当补偿上诉人的财产损失人民币 202,823.41 元。遂作出判决：(1)撤销福州市中级人民法院的(2018)闽 01 行初 54 号行政判决；(2)被上诉人平潭县人民政府、平潭综合实验区岚城片区开发管理局于判决生效之日起 10 日内补偿上诉人平潭县北厝恒祥水产养殖场、林某彦、许某华、林某贵人民币 202,823.41 元及逾期利息；(3)驳回上诉人平潭县北厝恒祥水产养殖场、林某彦、许某华、林某贵的其他诉讼请求。

【裁判摘要评析】

一、未经登记擅自出租海域使用权的协议是否为无效合同

《合同法》第 52 条规定了合同无效的五种情形，即"(一)一方以欺诈、胁迫的手段订立合同，损害国家利益；(二)恶意串通，损害国家、集体或者第三人利益；(三)以合法形式掩盖非法目的；(四)损害社会公共利益；(五)违反法律、行政法规的强制性规定"。上诉人林某贵、许某华与案外人林某官、林某文、林某情三人分别签订的《租用虾池协议书》，系双方的真实意思表示，不存在《合同法》规定的合同无效的五种情形，合法有效。

虽然根据原国家海洋渔业局下发并于 2007 年 1 月 1 日实施的《海域使用权管理规定》第 43 条、第 48 条的规定，"海域使用权出租、抵押的，双方当事人应当到原

登记机关办理登记手续”“未经登记擅自出租、抵押海域使用权,出租、抵押无效”,本案中林某贵、许某华与林某官、林某文、林某情未按要求到政府海洋行政主管部门办理海域租赁登记,但《海域使用权管理规定》只是部门规范性文件,并非《合同法》第52条规定的法律或行政法规,不能据此为依据认定该协议属于无效协议。而且,从现有的规定来看,海域使用权的出租登记也不是一种行政许可的行为,其目的是明确缴纳海域使用权费的对象,以及发生权属争议时能确定具体的承租人员,更多体现的是一种行政备案的行为。行政许可是准予相对人从事特定活动的行政行为,没有经过行政许可不能从事特定活动,而行政备案仅仅是行政相对人将其需要进行的活动告知行政机关,或行政机关将相对人报告的资料使其他人知晓,为事后检查监督提供资料或某种依据。行政备案不是法律规定的法定行政管理方式,本质上是一种服务性的管理模式,本身不应具有行政强制性,更不能因为未进行行政备案而否认平等民事主体之间真实意愿协议的有效性。

二、海域使用权的承租人是否有权从海域征收中获得补偿

原则上来说,海域使用权补偿针对的是海域使用权人,补偿费依法应支付给拥有海域使用权合法凭证的集体、企业或个人。福建省人民政府于2008年4月28日下发的《福建省海域使用补偿办法》第7条还进一步明确,“收回海域使用权,应当支付海域补偿费、种苗和海域附着物补偿费”。但是,在海域使用过程中,使用权出租、抵押的情况时有发生,海域承租人等往往在海域使用过程中投入财产实际经营,有些已附着在海域范围内形成固定资产无法区分,有些则归属动产范围可流动使用。如果只是采取“一刀切”的做法,将补偿主体资格仅限定为海域使用权人,难免会在行政征收中产生承租人合法权益被漠视的问题,征收财产的范围确定和价值认定也会存在较大争议。因此,有必要采用“两分法”,即属补偿范围内不易分割的“海域补偿费、种苗和海域附着物补偿费”,由海域使用权人来主张权利,实际权利人经确认并经同意,可参与行政征收协商;而对于被征收财产中可分割的动产,确有证据证明属于海域使用实际权利人所有,应根据《物权法》的规定,由实际权利人来主张权利。本案中,上诉人林某彦、林某贵、许某华等人租赁讼争海域后投入资金和财物,经工商部门和税务部门许可依法开办恒祥养殖场,是被征收养殖场的

实际经营人，与本案海域征收行为有法律上的利害关系，有诉讼主体资格，但其补偿请求能否获得相应的支持，则应根据法律规定和财物性质作区别处理，按照上述“两分法”原则来掌握标准。

其一，对于列为海域征收补偿范围的“海域补偿费、种苗和海域附着物补偿费”。全国人大常委会的《海域使用管理法》第30条规定：“因公共利益或者国家安全的需要，原批准用海的人民政府可以依法收回海域使用权。依照前款规定在海域使用权期满前提前收回海域使用权的，对海域使用权人应当给予相应的补偿。”福建省人大常委会的《福建省海域管理条例》第27条第1款规定：“因公共利益、国家安全的需要，或者海洋功能区划的调整，原批准用海的人民政府依法提前收回海域使用权的，应当与原海域使用权人协调或者共同委托有资质的评估机构进行评估后，给予相应补偿。”《福建省海域使用补偿办法》第2条规定：“本办法所称海域使用权人，是指依法取得海域使用权证书的单位和个人，以及在2002年1月1日《中华人民共和国海域使用管理法》施行以前至今仍在使用海域从事养殖生产但未取得海域使用权证书的单位和个人。”从上述规定来看，海域征收补偿的主体是“海域使用权人”，但未赋予海域使用权的承租人直接获得征收补偿的权利，承租人不是法定的海域征收补偿对象，其权利只能通过原海域使用权人来行使或主张。亦即，由海域使用权人从行政机关处获得补偿后，再由承租人向海域使用权人根据投入的实际情况或添置设备的情况，按约定比例主张分享“海域补偿费、种苗和海域附着物补偿费”。本案中，林某贵、许某华与林某情、林某官在签订的《租用虾池协议书》中也约定，遇到政府征收时无论协议是否到期或履行完毕，除池内养殖产品外的其他海域征收补偿款归林某情、林某官所有。因此，恒祥养殖场一方无权直接向行政机关主张获得海域征收补偿范围内的费用。

其二，对于除海域征收补偿范围之外的其他投入财产。原《物权法》第121条规定：“因不动产或动产被征收、征用致使用益物权消灭或者影响用益物权行使的，用益物权人有权依照本法第四十二条、第四十四条的规定获得相应补偿。”对于本案中未列入“海域补偿费、种苗和海域附着物补偿费”的其他动产，如在海域使用权征收过程中被征用，确有证据证明属于实际权利人所有，承租海域的实际权利人有权直接向行政机关请求补偿，而无须通过原海域使用权人来行使。2010年9月至

2010 年 10 月，平潭县人民政府相关部门与林某官、林某文、林某情核定养殖池的财产情况，主要通过《资产评估明细表》《固定资产——机器设备评估明细表》来体现。这些明细表可以反映出，政府征收时是将海域附着物中的不动产部分折旧评估确定补偿数额，而动产部分只评估安装费、拆卸费、运安费，即动产部分让产权人自行搬运走。在这些核定的《资产评估明细表》中，有四张明细表上写着“产权持有人林某情、林某官，租于林某贵”，表上载明包括泡沫作业船、塑料桶、抽水机、电动机等在内的 40 项动产，林某贵在“产权持有人代表”一栏上签字确认，相应的《固定资产——机器设备评估明细表》上也将“产权持有者”登记为林某贵。2010 年 10 月 5 日，经福建联合中和资产评估有限公司评估，对标明“产权持有者：林某贵”的这些设备的安装费、拆卸费、运安费也进行了价格计算。这些事实表明，征收当时政府相关部门已将这 40 项动产的产权持有人登记在林某贵名下，而不是林某官、林某文、林某情等人，林某贵等人有权对该 40 项动产直接主张权利，要求行政机关予以补偿。此外，平潭县北厝镇人民政府于 2012 年 6 月 17 日分别与林某官、林某文、林某情签订《池塘拆除、征收补偿协议》后，又于 2012 年 8 月 20 日由平潭综合实验区岚城组团建设指挥部与恒祥养殖场签订《池塘养殖提前收成补偿协议》，一次性补偿恒祥养殖场养殖提前收成损失 16.82 万元，客观上也说明了行政机关征收当时承认了恒祥养殖场一方对于投入的部分财产可获得征收补偿的权利。

三、被征收物灭失情况下如何合理确定征收补偿标准和数额

本案行政机关与海域使用权人签订了补偿协议后，被上诉人在征收过程中组织人员对海域附着物和未搬迁走的动产用填埋、搬移等方式进行了处理，现属于恒祥养殖场一方所有的动产已全部灭失。根据《行政诉讼法》第 38 条第 2 款规定：“在行政赔偿、补偿的案件中，原告应当对行政行为造成的损害提供证据。因被告的原因导致原告无法举证的，由被告承担举证责任。”本案中上诉人已提出证据证明征收当时有 40 项动产登记在林某贵名下未获得补偿，被上诉人未提供证据表明已将上述动产或拆装费用补偿给上诉人，现由于被上诉人的原因导致财物已灭失，应由被上诉人承担 40 项动产价值的举证责任。最高人民法院《关于适用〈中华人民共和国行政诉讼法〉的解释》第 47 条第 1 款、第 2 款也规定：“根据行政诉讼法第

三十八条第二款的规定，在行政赔偿、补偿案件中，因被告的原因导致原告无法就损害情况举证的，应当由被告就该损害情况承担举证责任。对于各方主张损失的价值无法认定的，应当由负有举证责任的一方当事人申请鉴定，但法律、法规、规章规定行政机关在作出行政行为时依法应当评估或者鉴定的除外；负有举证责任的当事人拒绝申请鉴定的，由其承担不利的法律后果。”本案中负有举证责任的被上诉人在一、二审审理过程中拒绝对涉案财产进行鉴定，应由其承担不利的法律后果。

最高人民法院《关于适用〈中华人民共和国行政诉讼法〉的解释》第47条第3款规定，“当事人的损失因客观原因无法鉴定的，人民法院应当结合当事人的主张和在案证据，遵循法官职业道德，运用逻辑推理和生活经验、生活常识等，酌情确定赔偿数额。”鉴于这40项动产已灭失，现结合上诉人的诉求在合理范围内酌情确定补偿数额。根据上诉人在一、二审过程中提供的材料，在其主张400万元补偿总额的诉求中，涉及上述40项动产的为266,623.41元。其中，2项动产（合计14条泡沫作业船）要求补偿107,123.41元，提供了福建顺恒工程造价咨询有限公司的结算报送总价证明；其他38项动产要求补偿159,500元，提供的是恒祥养殖场自己加盖公章的评估价格表。考虑到林某贵、许某华与林某官、林某情签订的租期为5年或6年的协议，距政府征收时已分别从事养殖经营3年至4年，对于没有第三方公司估价的38项动产考虑折旧情况按60%补偿标准计算，即要求补偿159,500元予以支持95,700元；对于有第三方公司估价的2项动产按结算价补偿，即要求补偿107,123.41元全部予以支持，两项合计人民币202,823.41元。因此，认定被上诉人平潭县人民政府因行政征收行为应当补偿上诉人的财产损失人民币202,823.41元，被上诉人平潭综合实验区岚城片区开发管理局作为参与本案征收补偿工作的平潭综合实验区岚城组团建设指挥部的权利义务承受人，应与平潭县人民政府共同承担补偿责任。

综上，只有立足环境资源的有效利用，坚持海域使用权人、承租人、补偿人三者权利的平等保护原则，依法依规公正处理，才能有效保障海域使用权征收补偿工作的合法、深入开展。

杨某某诉桑植县水利局水利行政协议及行政赔偿案

——自然保护区采矿权出让合同效力认定问题

符兆敏　黄湘琳*

【裁判摘要】

保护环境是国家的基本国策,一切单位和个人都有保护环境的义务。被告作为水利行政管理部门,在实施河道采砂管理行为时应执行环保法律法规,不能违反法律的禁止性规定来约定在自然保护区内开采矿产资源。本案争议行政协议项下的采砂河段在实施拍卖和签订出让协议时已是国家级自然保护区范围,属于禁止采砂区域,被告违反禁止性规定实施拍卖出让,所签订的出让合同无效。

【案件基本信息】

1. 诉讼当事人

上诉人(一审被告):桑植县水利局。

被上诉人(一审原告):杨某某。

2. 案件编号

一审:湖南省桑植县人民法院(2017)湘0822行初16号判决(2018年3月23日);

二审:湖南省张家界市中级人民法院(2018)湘08行终33号判决(2018年7月11日)。

---

* 符兆敏,湖南省张家界市中级人民法院法官;黄湘琳,湖南省桑植县人民法院法官。

3. 案由

水利行政协议及行政赔偿。

【简要案情】

桑植县水利局依据湖南省水利厅和桑植县人民政府的相关批复，委托拍卖机构对张家界市桑植县澧水干流、南、中、北源等河流河道砂石开采权进行公开拍卖。其间，张家界大鲵国家级自然保护区管理处函告桑植县水利局在自然保护区河段采砂行为涉嫌违法，要求终止对相关河段采砂权的拍卖。通过竞标，杨某某竞得刘家河花兰电站库区，在缴清100万元成交价及5万元拍卖佣金后与桑植县水利局签订了《张家界市桑植县刘家河花兰电站库区河段河道砂石开采权出让合同》(以下简称《出让合同》)。杨某某为履行合同修建公路一条，造采砂船两套(四艘)，先后向银行贷款两笔。杨某某向桑植县水利局申请发放河道采砂许可证，桑植县水利局以杨某某未按要求提交资料为由未予办理，双方产生争议。杨某某向法院起诉请求：判令双方签订的《出让合同》违法、无效，并请求桑植县水利局返还出让款，赔偿造挖沙船、修建公路等造成的损失。

【案件焦点】

桑植县水利局与杨某某签订的《出让合同》的效力如何认定。

【裁判结果】

一审法院认为，保护环境是国家的基本国策，一切单位和个人都有保护环境的义务。《自然保护区条例》第26条规定："禁止在自然保护区内进行砍伐、放牧、狩猎、捕捞、采药、开垦、烧荒、开矿、采石、挖沙等活动；但是，法律、行政法规另有规定的除外。"《矿产资源法》第20条规定，"非经国务院授权的有关主管部门同意，不得在下列地区开采矿产资源：……(五)国家划定的自然保护区……"最高人民法院《关于审理矿业权纠纷案件适用法律若干问题的解释》(以下简称《矿业权司法解释》)第18条规定："当事人约定在自然保护区、风景名胜区、重点生态功能区、生态环境敏感区和脆弱区等区域内勘察开采矿产资源，违反法律、行政法规的强制性规定或者损害环境公共利益的，人民法院应依法认定合同无效。"被告作为水利行政管理部门，在实施河道采砂管理行为时应执行环保法律、法规，不能违反法律、法规的禁止性规定来约定在自然保护区等区域内开采矿产资源。张家界大鲵国家级自然保护区于1996年获批设立,2016年农业部对自然保护区功能区进行调整,但保护区的范围并未变更。本案争议行政协议项下的采砂河段在实施拍卖和签订出让协议时已是国家级自然保护区范围,属于禁止采砂区域,被告在未取得自然保护区主管部门批准的情况下,违反禁止性规定实施拍卖出让,所签订的《出让合同》无效。被告的违法行为致使行政协议未能实际履行,应承担赔偿责任,故判决:确认杨某某与桑植县水利局签订的《出让合同》无效,桑植县水利局向杨某某返还出让款100万元,桑植县水利局赔偿杨某某各项经济损失112.03万元。

二审法院认为,桑植县水利局与杨某某签订《出让合同》,有偿出让湖南张家界大鲵国家级自然保护区核心区河道砂石开采权,明显违反《自然保护区条例》第26条、《矿产资源法》第20条、《合同法》第52条的规定,参照《矿业权司法解释》第18条的规定,属于人民法院行政诉讼的受理范围,符合《行政诉讼法》第75条“没有依据等重大且明显违法情形”的规定,应当确认无效。故二审维持原判。

【裁判摘要评析】

为平衡自然保护区的生态环境保护与促进当地经济发展之间的利益,本案对出让自然保护区采矿权合同的效力进行否定性评价,充分展现了人民法院贯彻习近平生态文明思想,承担环境资源审判职能所发挥的裁判价值引领和规则指引作用。2019年3月,本案被评为全国法院生态环境保护十大典型案例。

一、正确认识生态环境保护与经济发展的关系

环境是影响人类生存和发展的各种天然的和经过人工改造的自然因素的总体,是人类生存和发展的基础和前提。经济的发展、科学技术的进步能为环境保护提供资金和技术,可以优化生态环境系统,降低治理成本,减少污染环境事故的发生,促进环境改善,使之更加适宜于人类的需要。反过来,环境的改善,又能促进经济的发展。人类要生存发展,不可避免地需消耗自然资源,而良好的生态环境又能为经济发展可持续地提供各种自然资源。因此,生态环境保护与经济发展相辅相成,是辩证统一的,二者互相促进、相互依存,从此种意义上来说,破坏生态环境也就是遏制经济的发展。

人类对自然资源的开发、改造、利用,必须在自然环境所能承受的范围内进行,

不能超出其本身的调节能力和自净能力。如果超过必要的限度，势必打破生态平衡，造成灾难性的后果。历史上，人类在农耕时代尚能与自然环境保持相对和谐。但随着工业文明的兴起，人与自然的矛盾开始显现，人类毫无节制地索取，肆无忌惮地排放污染物，导致自然资源日益匮乏，多种物种灭绝，公害事件不断发生，生态环境日益恶化。众所周知，1943 年的美国洛杉矶光化学烟雾事件、1956 年的日本水俣病事件、1984 年的印度博帕尔毒气泄漏事件、1986 年的苏联切尔诺贝利核泄漏事件、2011 年的日本福岛核事故事件，以及我国的松花江重大水污染事件、腾格里沙漠污染事件、秦岭违建别墅事件等，均造成了严重的生态灾难。简单粗放、完全靠消耗自然资源的经济增长方式，已不能适应人类社会发展的需要。

党的十八大以来，以习近平同志为核心的党中央高度重视环境保护工作，把生态文明建设摆上更加重要的战略地位，习近平总书记指出："环境就是民生，青山就是美丽，蓝天也是幸福。像保护眼睛一样保护生态环境，像对待生命一样对待生态环境。"我国经济社会已进入高质量发展阶段，生态文明建设已被纳入中国特色社会主义事业"五位一体"的总体布局，《国民经济和社会发展第十四个五年规划和 2035 年远景目标纲要》提出了"坚持绿水青山就是金山银山理念，坚持尊重自然、顺应自然、保护自然，坚持节约优先、保护优先、自然恢复为主，实施可持续发展战略，完善生态文明领域统筹协调机制，构建生态文明体系，推动经济社会发展全面绿色转型，建设美丽中国"的行动目标，使生态文明建设的战略地位更加明确。我们一定要牢固树立保护生态环境就是保护生产力、改善生态环境就是发展生产力的理念，在经济发展与环境保护之间找到最佳的平衡点，正确处理好生态环境保护和经济发展的关系，不能一味重发展、轻环境。当行政行为的实施需要以破坏生态、污染环境为代价时，我们就应该反思该行政行为存在的意义，必要时，需对其效力作出否定性评价。

二、认定行政协议无效的法律依据

行政协议是行政主体为实现行政管理目标，与行政相对人协商一致签订的协议。与行政处罚、行政强制等行政行为相比，行政协议能有效降低行政主体与行政相对人因利益或目标分歧可能出现的矛盾，减少双方之间的对抗，促进社会和谐。

行政主体在行政协议中享有行政优益权，可以根据国家行政管理的需要，不经行政相对人同意，单方面变更或解除合同。与行政相对人相比，行政主体处于优势地位，而行政协议通常须在双方协商一致的基础上才能签订，双方的地位又转换为相对平等，故行政协议同时具备民事合同的部分特征，可见行政协议兼具行政和民事双重属性。

适用行政法律规范认定行政协议的效力，是行政协议的应有之义，《行政诉讼法》第 75 条对认定行政行为的无效作出了规定，即“行政行为有实施主体不具有行政主体资格或者没有依据等重大且明显违法情形，原告申请确认行政行为无效的，人民法院判决确认无效”。同时，由于行政协议兼具民事性，应允许适用民事法律规范确认其效力，最高人民法院《关于审理行政协议案件若干问题的规定》第 12 条第 2 款规定了“人民法院可以适用民事法律规范确认行政协议无效”。在民事法律规范中，确认协议无效的法律规定很多，如《民法典》第 144 条规定了无民事行为能力人实施的民事法律行为无效，第 145 条规定了限制民事行为能力人实施的纯获利益或者与其年龄、智力、精神健康状况相适应的以外的民事法律行为，未经其法定代理人同意或追认的无效，第 146 条规定了行为人与相对人以虚假的意思表示实施的民事法律行为无效，第 153 条规定了违反法律、行政法规的强制性规定及违背公序良俗的民事法律行为无效，第 154 条规定了行为人与相对人恶意串通，损害他人合法权益的民事法律行为无效。另外，《民法典》施行前，《合同法》第 52 条规定的以合法形式掩盖非法目的、损害社会公共利益等五种合同无效的情形，最高人民法院《关于适用〈中华人民共和国合同法〉若干问题的解释（一）》第 10 条规定的当事人违反国家限制经营、特许经营以及法律、行政法规禁止经营规定订立的合同等，均可作为确认行政协议无效的依据。

需要注意的是，《民法典》施行后，仍有可能适用 2021 年 1 月 1 日前已废止的法律、司法解释的规定，但在认定合同效力的问题上，《民法典》具有溯及力。根据最高人民法院《关于适用〈中华人民共和国民法典〉时间效力的若干规定》第 8 条的规定，《民法典》施行前成立的合同，适用当时的法律、司法解释的规定合同无效而适用《民法典》的规定合同有效的，适用《民法典》的相关规定。

三、损害环境是否构成行政协议无效的事由

环境权源于人的生存、发展权利，属于人的基本权利范畴，其核心是人有权生活在健康、舒适、优美的自然环境中。虽然我国法律没有明确规定公民享有环境权，但在具体的法律条文中体现了这一精神。例如《宪法》第 26 条第 1 款规定了“国家保护和改善生活环境和生态环境，防治污染和其他公害”，《民法典》第 9 条规定了“民事主体从事民事活动，应当有利于节约资源、保护生态环境”，第 126 条规定了“民事主体享有法律规定的其他民事权利和利益”，《环境保护法》第 4 条规定了“保护环境是国家的基本国策。国家采取有利于节约和循环利用资源、保护和改善环境、促进人与自然和谐的经济、技术政策和措施，使经济社会发展与环境保护相协调”，第 53 条第 1 款规定了“公民、法人和其他组织依法享有获取环境信息、参与和监督环境保护的权利”。环境权既是个人权利，又是集体权利，损害环境实质上就是侵害不特定多数人的利益，就是损害社会公共利益。

自然保护区是指对有代表性的自然生态系统、珍稀濒危野生动植物物种的天然集中分布区、有特殊意义的自然遗迹等保护对象所在的陆地、陆地水体或者海域，依法划出一定面积予以特殊保护和管理的区域。自然保护区是天然的基因库，能够完整保存物种和生态循环系统，是“活的自然博物馆”，对保护自然资源和生物多样性、维持生态平衡、促进国民经济可持续发展具有重要意义。在自然保护区河道内采砂，不仅会使河床深度下切，水位下降，水量变少，水面变窄，还改变了河道内生物的生存环境，造成生物种类及数量不断减少，有的甚至灭绝，会严重破坏河道生态环境，损害社会公众的环境利益，从而违背设立自然保护区的初衷。

本案中，《出让合同》约定的采砂河段在实施拍卖和签订出让协议时已是国家级自然保护区范围。《矿产资源法》第 20 条、《自然保护区条例》第 26 条均规定了禁止在国家划定的自然保护区范围内从事采砂活动，《矿业权司法解释》第 18 条更是明确规定“当事人约定在自然保护区、风景名胜区、重点生态功能区、生态环境敏感区和脆弱区等区域内勘察开采矿产资源，违反法律、行政法规的强制性规定或者损害环境公共利益的，人民法院应依法认定合同无效”，本案当事人双方签订的《出让合同》违反了法律、行政法规的强制性规定，损害了社会公共利益，属于《行政诉

讼法》第 75 条规定的“重大且明显违法情形”，对其效力必须彻底否定。故一审、二审法院认定双方签订的《出让合同》无效无疑是正确的，警示了行政主体要依法行政，不能以牺牲环境为代价换取一时的经济增长。

中国生物多样性保护与绿色发展基金会与贵州宏德置业有限公司相邻通行权纠纷案

——对公众的通行权和沿河观赏、享受美好环境权益的保障

罗光黔　田　菲*

【裁判摘要】

《宪法》第9条第2款规定:"国家保障自然资源的合理利用,保护珍贵的动物和植物。禁止任何组织或者个人用任何手段侵占或者破坏自然资源。"第26条第1款规定:"国家保护和改善生活环境和生态环境,防治污染和其他公害。"本案不是法律或司法解释规定的环保组织可以提起环境公益诉讼的生态破坏或环境污染,但自然河道属于公共环境,公众享有自由通行、游览、观赏等权益,享受良好生态人居环境,是人民群众的新需求。侵占公共河道将其私有化的行为,严重地侵犯了公众的环境权益,是违反社会公共利益的行为,环保组织可以提起公益诉讼。用司法手段保护公众的环境权益,满足人民群众新时代日益增长的美好生活需求,是人民法院环境司法应尽之责。

【案件基本信息】

1. 诉讼当事人

原告:中国生物多样性保护与绿色发展基金会。

被告:贵州宏德置业有限公司。

---

* 罗光黔,贵州省清镇市人民法院法官;田菲,贵州省清镇市人民法院法官。

2. 案件编号

一审：贵州省清镇市人民法院(2019)黔0181民初1146号民事调解书。

3. 案由

相邻通行权纠纷(环境民事公益诉讼)。

【简要案情】

2018年年底，中国生物多样性保护与绿色发展基金会(以下简称绿发会)接到群众举报，称贵州某房开公司在建设乐湾国际房开项目时，配套建设一高尔夫球场，将流经此地的一自然河段圈进项目内，且将河段进出口封闭，妨碍了当地居民通行和沿河观赏的权利。绿发会随即派人进行调查，发现项目业主为贵州宏德置业有限公司，建设地点在贵阳市乌当区东风镇，南明河的一条支流——鱼梁河流经此地，群众举报的情况属实。绿发会向相关行政机关申请了信息公开，根据反馈的项目规划信息，整个乐湾国际房开项目是沿鱼梁河两侧布置修建，即鱼梁河穿小区而过，河段两侧规划为大片绿地，未显示封闭河段进出口，且未查询到高尔夫球场的建设许可。2019年1月，绿发会向贵州省清镇市人民法院提起诉讼称：被告贵州宏德置业有限公司在贵阳市乌当区东风镇违规开发建设运营高尔夫球场，妨碍当地群众生活的同时对周边生态环境造成严重破坏，将流经此段的鱼梁河河道圈进球场范围内，侵犯了社会公众沿河岸通行及享受自然风景的权利，对社会公共利益造成损害，应该承担侵权责任，特提起环境民事公益诉讼，请求：(1)判令被告立即停止高尔夫球场建设和运营，采取有效措施消除建设运营高尔夫球场对生态环境的破坏风险；(2)判令被告排除妨碍，立即拆除侵占渔梁河两岸的高尔夫球场所有设施，按规范留出沿河两岸的公共空间，保障公众自由通行和享受美好环境的权利，排除影响公众自由通行的妨碍；(3)判令被告在国家级媒体向全社会公开赔礼道歉；(4)判令被告承担本案原告产生的合理费用，包括但不限于律师代理费、评估鉴定费、专家费、调查取证费、差旅费等(具体以实际支出为准)；(5)判令被告承担本案全部诉讼费。

收到原告诉状后，清镇市人民法院环境保护法庭进行了证据保全，发现乐湾国际项目尚在建设，高尔夫球场已经投入使用，球场与河道零距离，河流已成为球场一部分。如果要沿河前行，就要进入高尔夫球场内。故房开公司为防止其他人员进入球场，在河流流入高尔夫球场进口处、出口处设置了隔离栅栏，人员不能进入。法院并查明，鱼梁河是贵阳市母亲河——南明河在贵阳市境内最大的支流，且是贵阳市东郊水厂的水源。

【案件焦点】

1. 本案是否属于环境公益诉讼受案范围；

2. 涉案高尔夫球场是否系未经相关部门审批的违章建筑；

3. 被告如何保障公众的通行权和沿河观赏、享受美好环境的权益。

【裁判结果】

贵州省清镇市人民法院认为：2012 年实施的《民事诉讼法》第 55 条第 1 款规定“对污染环境、损害众多消费者合法权益等损害社会公共利益的行为，法律规定的机关和有关组织可以向人民法院提起诉讼”，对社会组织提起公益诉讼的范围进行了规定，而 2015 年 1 月 1 日实施的《环境保护法》第 58 条则把公益诉讼的范围从污染环境扩大到破坏生态，但都强调“损害社会公共利益的行为”，即要造成现实的损害后果。2015 年 1 月 7 日起施行的最高人民法院《关于审理环境民事公益诉讼案件适用法律若干问题的解释》第 1 条则规定应予受理的范围是“对已经损害社会公共利益或者具有损害社会公共利益重大风险的污染环境、破坏生态的行为提起诉讼”。把受案范围从“实际损害”扩大到“重大风险”，可以看出从立法层面到实务层面，对环境公益诉讼的受案范围在慢慢扩大。但受案范围虽在扩大，但应当包含哪些类型，尚无明确法律规定。清镇市人民法院认为，应当从有利于保护社会公共利益、有利于满足人民群众美好生活需要方面进行考量。习近平总书记在党的十九大报告指出，中国特色社会主义进入新时代，我国社会主要矛盾已经转化为人民日益增长的美好生活需要和不平衡不充分的发展之间的矛盾。“人民法院环境司法的主要矛盾也相应转化为人民群众日益增长的对美好生态环境和公正环境资源司法保障的需求与人民法院环境资源审判工作发展不平衡、人民群众环境资源权益司法保障不充分之间的矛盾。”这也就是说，新时代背景下，环境司法的任务，是要坚持以人民为中心的思想，树立司法为民的理念，通过司法手段，解决人民群众反映强烈的生态环境问题，保护社会公共利益，满足人民群众对美好环境的需求，为生态文明建设提供良好的司法保障和司法服务。本案不同于一般的环境公益诉讼,案件涉及的不是环境污染或生态破坏,而是房开公司把公共资源圈为私家领地,公众不能自由通行和沿河观赏、享受美好生活环境。应该说,观赏权、游览权这种享受美好环境的需求是一种新型权益,是人们在解决温饱、走向小康生活后产生的新的精神与情感需求,沿河观赏游览美好风景,能愉悦心情、有利于身心健康,因此,游览观光权是一种与环境密不可分的新型权益,而房开公司封闭河道后公众不能通行,不能沿河游览观光,公众享受自然风光、享受美好环境的权益就受到了侵害。因此,司法就要回应公众这种对美好生活的需求,应当把公众游览权、观赏权的需求纳入司法保护。本案是一种新类型的公益诉讼案件,可以认为是法律规定"等"外的有益探索。本案的核心问题有两个:一是原告向行政机关申请了信息公开,未发现案涉高尔夫球场的规划审批手续,故认为被告修建的高尔夫球场系违建。被告在法院受理案件后提交了国家发改委的一份检查材料,该检查材料载明,国家发改委曾对国内现有高尔夫球场进行了全面检查,部分球场合规,予以保留,部分球场违法,决定关闭,另一部分球场欠缺相关手续,列入整改名单。本案所涉高尔夫球场在整改球场之列。关于这个问题,法院认为应尊重行政机关的判断权。虽然没有看到案涉高尔夫球场的规划手续,但国家发改委在对全国高尔夫球场的检查中并未认为案涉高尔夫球场违规而进行关闭,只是列入整改名单。换言之,目前并无任何证据显示行政机关认定案涉高尔夫球场系违建,国家发改委检查材料表明行政机关并没有从根本上否定案涉高尔夫球场的合法性,而是认可其存在,但认为尚欠缺部分手续,需要补充完善。在这种情况下,法院显然也不能越过行政机关,认定案涉高尔夫球场为违建,而应当尊重行政机关的意见。对这个问题,法院也与原告进行了必要沟通,原告也予认可。另一个核心问题是被告如何保障公众的通行权和沿河观赏、享受美好环境的权益。根据查询到的项目规划显示,经审批的项目总体规划的确是沿鱼梁河两岸建设,临河两侧系绿地,被告建设的高尔夫球场实际是项目总体规划中的绿地部分,而修建为高尔夫球场后,需对球场实行封闭管理,故房开公司对河流出入口两端进行封闭。但封闭后导致公众不能自由通行、游览、观赏。为了保障公众权益,同时又不影响球场功能,法院与原告、被告及规划部门进行了积极沟通,提出了分步整改的意见:一是在整体建设尚未完成的情况下,可采取临时整改措施,被告立即拆除现有围栏,修建通行便道,保障公众的通行权;二是进行整体规划,建设通行游览通道,保障公众享受美好环境的权益,且必须经规划行政主管部门认可。被告加快编制了涉案片区的整体规划并报属地规划行政机关。根据编制的规划设计,为保证高尔夫球场的完整性,另行设计出入口,修建栈道、游览步道,便于通行、游览。法院会同行政主管部门对被告编制的规划进行了讨论,行政机关认为被告编制的规划基本能够实现涉案片区的空间开放,能够保障公众通行、游览、观光权益。在这一前提下,本院组织原告、被告双方进行调解,最终和解结案。

【裁判摘要评析】

第一,不同于普通的环境公益诉讼,本案被告把公共河道圈进高尔夫球场,侵占了公共环境、公共资源,该行为直接妨碍了公众的通行权、游览权、观赏权等享受美好环境的权益。这类案件是否属于环境公益诉讼的范围,实践中是有一定争议的。传统的公益诉讼案件仅限于破坏生态、环境污染等损害社会公共利益的行为。清镇法院在受理案件时,从以下几个方面进行了考虑:一是本案具有环境属性。本案虽然案由是相邻权纠纷,直接侵害的是公众通行权,但把河道圈进房开项目的行为本质上侵占了公共环境、公共资源,导致属于公众的环境被部分人独享。随着社会的发展,城市的人们都热衷于休闲时亲近自然、放飞自我。案涉鱼梁河是贵阳市母亲河——南明河的一条支流,水质好,清澈见底。沿河风光也不错,是休闲、游览的好去处。所以,不能沿河通行,亲近自然、欣赏美景的权利就受到减损。所以,本案具有环境属性。二是本案侵害了公共利益。开放的空间属于社会,属于公众。行政机关虽批准案涉项目沿河布置的规划,但并未批准建设方将河道封闭。在总规中,河道虽然流经项目范围,但并未封闭,是项目建设方为了修建及运营高尔夫球场实施的行为。封闭河道的客观结果就导致外人不能自由通行,实际上就把公共环境、公共资源变为私家花园,为少数人独享,显然就损害了社会公共利益。保护社会公共利益,是环境公益诉讼制度设计的基本功能和本质属性。本案具有保护社会公共利益的属性,对损害社会公共利益的行为提起诉讼符合公益诉讼目的。三是中国特色社会主义进入新时代,人民群众对美好环境的需求日益增长,而环境资源权益司法保障不平衡不充分的情况客观存在。人民法院就是要树立以人民为中心的司法理念,不断提高环境司法能力和司法水平,保护公共环境权益,满足人民群众对美好环境的实际需求。四是公益诉讼制度从2012年《民事诉讼法》正式规定,只经历了十年左右的实践。法律出台时只是根据当时的客观实际和今后一段时间的情况,并不能涵盖所有公益诉讼范围,需要在实践中不断丰富和完善,以司法实践为立法修改完善提供素材,这也是人民法院环境司法的一项重要任务,需要全体环境法官不断探索、实践。本案的受理,就是清镇市人民法院环保法庭法官拓展环境公益诉讼受案范围的一个探索。本案的受理,突破了现行《民事诉讼法》《环境保护法》等法律及最高人民法院司法解释关于公益诉讼的规定,扩大了公益诉讼的受案范围,解决了占用公共资源的问题,保护了公众通行权、游览观光、享受美好生活环境的权益,为环境公益诉讼的审判提供了鲜活的司法案例。

第二,本案是以调解方式结案。环境公益诉讼可否调解结案,理论界、实务界都有各自的一些观点。认为不能调解结案的最主要观点是认为原告(包括检察机关)虽然能够代表公众提起公益诉讼,但只有诉权,并没有实体意义上的处分权。而调解多涉及对案涉问题的处分,涉及一些协商和让步,原告不能代表公众协商、让步,否则就有可能损害社会公共利益。清镇市人民法院环保法庭认为,是否会损害社会公共利益,可以从实体和程序两个方面去进行衡量和预防。一是法院应当发挥主观能动性,法官应当对调解协议进行实质性审查,看是否真正解决了案涉的生态环境问题。这需要法官具有一定的专业能力,也是环境司法专门化的一个要求。当然,也可以借助专家的帮助。二是程序上的设计。最高人民法院相关司法解释规定公益诉讼以调解方式结案的,调解协议应当公示,接受公众监督。这个制度设计实际上就是从程序上保证调解协议的公开公正,让调解协议、调解方案接受公众监督,不损害社会公共利益。从实务操作上,清镇市人民法院环保法庭调解结案的公益诉讼,都会把调解协议连同整改治理方案等进行公示,接受公众监督。我们一直认为,环境公益诉讼的目的是真正去解决存在的生态环境问题,只要解决了问题,调解或撤诉都可以结案,不一定都要判决。本案最核心的问题就是保障公众通行、游览观赏、享受美好环境的权益,而在案件审理过程中,被告已经按照要求进行整改并编制了开放空间规划,规划行政机关也予以认可,环境公益诉讼目的得以实现,故通过调解方式结案。

第三,本案充分尊重行政机关的判断权。尊重行政机关的判断权尤其是初始判断权,是人民法院审判工作中应当注意的问题,人民法院尽可能不要轻易去否定行政机关的决定,也不要主观作出一些判断。以本案而言,关于案涉高尔夫球场是否属违建,原告申请的信息公开的材料没有看到案涉高尔夫球场的规划审批手续,但该球场已经实际投入运营。根据被告提交的证据显示,国家发改委对全国高尔夫球场进行检查的通报中,案涉球场只列入整改名单,表明案涉高尔夫球场只是欠缺部分手续,应当整改,但并非违建,无须关闭。所以,环保法庭充分考虑这个意见,没有认定案涉高尔夫球场系违建。另外,关于本案如何进行整改,在本案诉讼中,被告重新编制了整体规划,由于规划需由行政机关审批,法院并未单方审查判断,而是积极与规划行政管理部门对接,请规划部门介入案件,对规划进行了审查。经审查后行政管理部门认为整体规划基本满足开放空间的需要,符合规划要求,予以认可。法院尊重行政机关的意见,认为整改符合要求,并将相关材料发送原告,原告也予以认可。规划也按照司法解释规定进行公示。

第四,充分发挥司法职能,守住发展和生态环境保护两条底线,保护营商环境。本案被告项目系贵州省重点招商引资项目,在项目建设过程中虽有一定不规范行为,但并非根本性违法。清镇市人民法院环保法庭一直认为,环境公益诉讼的目的,是保护社会公共利益。司法介入不是一棍子把企业打垮打死,而是督促企业通过整改达到相关要求。本案中,法院就力促被告进行整改,让被告重视并解决存在的问题,保护公众的环境权益。在被告完成相关整改方案后,组织原告、被告双方进行协调,和解结案。这样,既用司法手段保护了公众的环境权益,又保障了企业的生存和发展权益,守住发展和生态环境保护两条底线,保护了营商环境,为改善投资和市场环境、推动经济高质量发展发挥积极作用。

第五,严格执行最高人民法院关于民事公益诉讼相关司法解释规定。本案受理后,法院告知了负有行政管理职责的行政机关(规划部门)。在原告、被告双方达成初步调解协议后,法院按照规定将经规划部门认可的整体规划、双方调解协议在网上进行了30日的公示,保证了程序公正。

【裁判摘要】

《侵权责任法》第65条的规定，因污染环境造成损害的，污染者应当承担侵权责任。已经生效刑事裁判确认的事实，当事人在生态环境损害赔偿诉讼中无须举证证明，但有相反证据足以推翻的除外。侵权人违反法律规定污染环境、破坏生态，应当承担生态环境修复责任，不履行修复义务的应当承担生态环境修复费用。当事人在诉前委托具备资质的相关机构出具的鉴定意见、检验报告、检测报告、评估报告、监测数据等，经当事人质证并符合证据标准的，可以作为认定案件事实的根据。因污染环境发生纠纷，侵权人应当就法律规定的不承担责任或者减轻责任的情形承担举证责任。地方政府对污染事件是否存在过错应综合考量其是否存在监管漏洞及处理污染事件是否及时等因素。

广东省东莞市中级人民法院
民事判决书

(2018)粤19民终6238号

上诉人(原审被告):李永明，男，1963年4月29日出生，汉族，住广东省翁源县。

委托诉讼代理人:刘飞武，湖南鑫铭程律师事务所律师。

被上诉人(原审原告):东莞市沙田镇人民政府。住所地:广东省东莞市沙田镇横流大街46号。统一社会信用代码为11441900007331320N。

负责人:詹志斌。

委托诉讼代理人:梁汉文，员工。

委托诉讼代理人:廖笔锋,广东莞彰律师事务所律师。

上诉人李永明因与被上诉人东莞市沙田镇人民政府(以下简称沙田政府)固体废物污染责任纠纷一案,不服广东省东莞市第二人民法院(2017)粤1972民初11690号民事判决,向本院提起上诉。本院受理后依法组成合议庭审理了本案,本案现已审理终结。

李永明上诉请求:1.撤销原审判决,发回重审或依法改判;2.本案一审、二审诉讼费均由沙田政府承担。主要事实与理由:1.原审认定李永明倾倒的废料为600吨,而实际上李永明只倾倒了250吨,该数据可以根据车辆的运输吨数来确定,原审采用未经明确认定的刑事判决中的数据,与事实不符;李永明在倒第一车泥土的时候,沙田政府已知晓该行为,但沙田政府并未制止,而是放任了该行为,导致损失扩大同样存在过错。2.原审支持的检测费用、专家评审费、处理费数额未经核算,计算费用的依据不严谨;反复多次的检测费用不应由李永明承担,该费用不是必要支出的费用;且检测和评审都是市环保局委托的,与沙田政府没有直接关系,不应支付给沙田政府;2016年12月6日的检测是已经转移处理完毕之后支付的环境监测费用,不应由李永明承担。3.原审认定法律服务费由李永明承担没有依据,且收费明显过高。根据粤价〔2003〕219号《广东省基层法律服务所法律服务收费标准》第四条第五项规定,按最高服务标准收取法律服务费仅为7917.48元;沙田政府既委托了沙田镇法律服务所又委托了广东莞彰律师事务所,该行为重复,不排除沙田政府与法律服务所恶意串通损害李永明利益;提供法律服务并不是必要的,不属于当事人为实现自己权益而扩大的损失;沙田政府可以将法律服务费列入诉讼请求,李永明在没有反诉的情况下无法让沙田政府承担李永明的法律服务费。

沙田政府辩称:1.李永明倾倒电镀废料约600吨的事实已由生效刑事判决认定,是毋庸置疑的事实,李永明将其违法行为所造成的损害结果推卸给沙田政府是错误的。2.原审认定沙田政府的损失数额合理。沙田政府主张的检测费用、评审费用、处理费等的发生不存在不必要的环节,是为了科学合理处理案涉污泥事件而发生,且沙田政府对上述费用提供了充分的证据予以证明,包括合同、财政支出凭证、发票等,资金性质均为国家财政资金,其使用支出本就有严格的规范要求;对案涉电镀废料的检测及评审是由东莞市环保局沙田虎门港分局组织实施的,是基于沙田政府的工作安排，所支出的费用也是沙田政府的财政资金，故以沙田政府名义主张该费用依法有据。3.沙田政府委托两名诉讼代理人不存在重复收费的问题，该费用确因李永明侵权行为导致；根据广东省物价局、广东省司法厅下发的《关于调整广东省基层法律服务所法律服务收费标准的通知》（粤价〔2003〕219号）第三条，沙田政府与沙田镇法律服务所根据案件具体情况协商确定法律服务费符合律师服务的市场标准。综上，原审认定事实清楚，适用法律正确，应予以维持。

沙田政府向原审法院起诉请求：1.李永明按其倾倒电镀废料占沙田政府处理电镀废料总数量的比例向沙田政府清偿电镀废料处理费用、检测费用、专家评审费等合计773,926.4元，即（2,941,000+49,150+13,800+19,200）元×25.6%=773,926.4元；2.本案原审诉讼费由李永明承担。沙田政府原审当庭增加诉讼请求要求李永明支付法律服务费39,957元。

原审法院认定事实：一、2017年3月2日，李永明因犯污染环境罪被东莞市第二市区人民检察院向原审法院提起公诉，公诉机关指控并经原审法院审理查明："自2016年3月开始，李永明利用其曾在环保局处理工业废料的资源，与深圳市宝安区多家企业协商好以80元每吨的价格处理电镀废料，并将该废料倾倒至本市沙田镇泥洲村南新洲组渡口边。至2016年5月期间，李永明共向沙田镇泥洲村倾倒了约60车共约600吨的电镀废料。同年5月3日，沙田环保分局人员发现上述情况后报警。经检测，上述电镀废料中总铬、总铜、总镍、总锌、氰化物、总镉和总铁超出检测限值，属于重金属严重超出国家规定范围含量，并且对水体、空气、土质等造成一定的污染影响。后沙田环保分局委托东莞市长绿固体废物资源环保处理有限公司对其中300吨废料进行还原处理，共花费480,000元"。原审法院于2017年3月17日作出（2017）粤1972刑初541号刑事判决书，认定李永明违反国家规定倾倒重金属超标的电镀废料，严重污染环境，其行为已构成污染环境罪，判处有期徒刑一年二个月并处罚金30,000元。该刑事判决已发生法律效力。

二、2016年7~9月，沙田政府先后两次委托中国广州分析测试中心对污染项目进行监测：（1）2016年7月，监测项目为东莞市沙田镇立沙岛泥洲村固体废物监测项目（腐蚀性、浸出毒性分析）。监测结果显示样品不具有浸出毒性特征和腐蚀性特征。沙田政府为此支出监测费用17,500元。（2）2016年8月，监测项目为东莞市沙田镇立沙岛泥洲村固体废物、土壤监测项目(金属元素含量分析)。沙田政府为此支出监测费用31650元。

2016年8月9日,东莞市环境保护局在沙田政府召开泥洲渡口堆放污泥危险特性判定专家咨询会,专家意见为:1.该批污泥应为含有毒有害物质的工业污泥;2.建议委托有资质单位按照《危险废物鉴别技术规范》(HJ/T298-2007)要求,对该污泥开展危险废物毒性物质含量鉴别;3.为防患环境风险,建议及时根据检测结果,提出污泥可行性应急处置方案,并委托有资质单位妥善处理处置。同年9月,东莞市环境保护局在沙田政府召开泥洲渡口堆放工业污泥专家咨询会,形成以下意见:1.根据现场勘查和中国广州分析测试中心2016年9月20日提供的固体废物成分分析报告,多个样品具有电镀污泥特性,初步判断此处堆填的污泥含有较多的电镀污泥;2.由于污泥堆放在立沙岛泥洲渡口河道内,建议参照危险废物处理要求尽快转移处置;3.建议对中国广州分析测试中心2016年9月20日提供报告的保留样品做浸出毒性鉴别。沙田政府为此支付了专家评审费13800元。

三、沙田政府为了处理李永明等人倾倒的电镀废料共支出2941000元,为此提供了《污泥处置合同》《污泥处置合同补充协议二》《危险废物转移处置合同》及发票予以证明,其中东莞市长绿固体废物资源环保处理有限公司于2016年6月处理了511.17吨污泥,沙田政府向其支付了处理费641000元,广东金宇环境科技有限公司于2016年11月、12月处理了1832.55吨污泥,沙田政府向其支付了处理费2300000元。

四、2016年12月6日,沙田政府委托广东正明检测技术有限公司对泥洲固体废物进行监测,案涉被污染地方重金属含量已符合环保要求,暂无须进行生态修复,沙田政府为此支付了监测费用19200元。

五、沙田政府与东莞市沙田镇法律服务所签订了《民事委托代理合同》,约定针对沙田政府与李永明环境侵权纠纷一案,聘请东莞市沙田镇法律服务所提供法律服务,沙田政府为此支付了法律服务费39957元。

原审法院认为,本案为固体废物污染责任纠纷。综合双方的诉辩意见,本案的争议焦点为:一、李永明倾倒固体废弃物的数量如何认定,该行为导致沙田政府的损失数额如何确定;二、沙田政府本身是否存在过错,若存在,该过错是否构成减轻李永明赔偿责任的理由。

关于第一个争议焦点。其一，原审法院作出的生效的(2017)粤1972刑初541号刑事判决书已认定，李永明共向沙田镇泥洲村倾倒了约60车共约600吨的电镀废料。现李永明对该生效判决认定事实持有异议，则应提供相应证据予以推翻，但其举证证明不能，理应承担相应的不利后果，故原审法院认定李永明倾倒电镀废料的数量为600吨。其二，根据沙田政府提交且李永明亦予以确认真实性的证据显示，沙田政府为清理沙田镇泥洲村南新洲组渡口边的固体废物支出监测费用68350元(17500元+31650元+19200元)、专家评审费13800元、处理费2941000元(641000+2300000元)，以上合计3023150元。李永明抗辩称沙田政府支出上述费用的数额不合理，但未能提交证据予以反驳，而根据沙田政府提交的证据显示，沙田政府系委托具有资质的公司或个人来处理对应事务，又有相应的资质文件、合同以及付款单据予以佐证，费用标准亦符合同类服务的正常水平，并不存在明显不合理的情况，故原审法院对李永明该项抗辩意见不予采信。沙田政府支出以上费用对应的固体废弃物总量为2343.72吨(511.17吨+1832.55吨)，故李永明倾倒的固体废弃物数量占沙田政府已处理的固体废弃物总量的25.6%。现沙田政府诉请按此比例计算李永明应承担的损失份额，合乎情理，原审法院予以采纳，由此可计算得李永明应承担的损失数额为773926.4元。其三，关于法律服务费问题。根据《财政部、国家计委关于将部分行政事业性收费转为经营服务性收费(价格)的通知》(财综〔2001〕94号)规定，基层法律服务所不再具有公共管理和公共服务性质，而是作为中介服务机构提供有偿法律服务。故沙田政府与东莞市沙田镇法律服务所签订《民事委托代理合同》并支出法律服务费39957元，属于合理支出，由于该费用的发生与李永明的侵权行为存在因果关系，属沙田政府的损失范畴，李永明应予以赔偿。

关于第二个争议焦点。李永明称其在倒第一车泥土的时候沙田政府即已知晓该行为且并未制止，但李永明未能举证证明该主张，原审法院不予采信。由于侵权地点并非位于人流密集的公共活动场所，李永明之行为又属规范之外的违法犯罪行为，可见该事件的发生超出沙田政府的日常管理和合理预见的范围，而在事故发生之后，沙田政府又已及时组织具有资质的企业将污染物搬离及采取清除污染的措施，避免了损害结果的进一步扩大，故沙田政府对于案涉侵权行为的发生及其损害结果均不存在过错。

原审法院遂依照《侵权责任法》第六条、第十九条，《民事诉讼法》第六十四条第一款及第一百四十二条的规定，判决如下：一、限李永明于判决发生法律效力之日起三日内向东莞市沙田镇人民政府赔偿电镀废料处理费、检测费、专家评审费等合计773926.4元；二、限李永明于判决发生法律效力之日起三日内向东莞市沙田镇人民政府支付法律服务费39957元。本案原审受理费11540元，由李永明承担。

本院二审期间，李永明、沙田政府均未向本院提交新的证据。

本院经审理对原审查明事实予以确认。

本院认为，本案系固体废物污染责任纠纷。根据《民事诉讼法》第一百六十八条之规定，本院依法对上诉请求的有关事实和适用法律进行审查。围绕李永明的上诉，本案二审的争议焦点在于：原审认定的李永明应向沙田政府赔偿的损失数额是否恰当。

原审认定李永明倾倒电镀废料的数量为600吨系以生效刑事判决审理查明的事实为依据，沙田政府主张的3023150元的损失亦有相应的资质文件、合同及付款单据佐证，本院予以确认。李永明关于倾倒废料数量为250吨，沙田政府的相关支出并无必要等主张未提供证据予以证明，本院不予采纳。原审法院以李永明倾倒废物数量占沙田政府已处理废物总量的比例计算李永明应向沙田政府赔偿的损失数额并无不当，本院予以维持。

此外，关于法律服务费，不属于李永明的侵权行为造成的损失，沙田政府该项请求没有法律依据。原审法院认定不当，本院依法改判李永明无须向沙田政府支付法律服务费39957元。

综上所述，李永明的上诉请求部分成立，对其成立部分，本院予以支持，不成立部分，予以驳回。依照《民事诉讼法》第一百七十条第一款第二项规定，判决如下：

一、维持广东省东莞市第二人民法院（2017）粤1972民初11690号民事判决第一项；

二、撤销广东省东莞市第二人民法院（2017）粤1972民初11690号民事判决第二项；

三、驳回东莞市沙田镇人民政府的其他诉讼请求。

如未按本判决书指定的期限履行给付金钱义务,应当依照《民事诉讼法》第二百五十三条之规定,加倍支付迟延履行期间的债务利息。

本案一审受理费11540元,由李永明负担;二审受理费11939元(李永明已预交),由东莞市沙田镇人民政府负担586元,由李永明负担11353元。

本判决为终审判决。

审判长　陈天宇

审判员　刘冬虹

审判员　陈锦波

二〇一八年七月二十日

书记员　钟增荣

吕绮雯

【裁判摘要】

行政处罚行为与行政强制执行行为是两个不同的概念。行政处罚着眼点在于对“过去”违法行为的惩罚;行政强制执行着眼点在于“将来”义务的实现。《防洪法》《水法》区分了水行政主管部门职权,前者授予其行政处罚权,后者授予其行政处罚权和行政强制执行权。水利局依法履行行政处罚职权而放弃履行行政强制执行职权,是混淆了行政处罚与行政强制执行的区别,把依法履行行政处罚与行政强制执行两项职权混同,是不全面履行法定职权的表现。

《行政强制法》规定行政强制执行由法律设定。该法律可以是一部或多部、分散的法律,不能因为一部法律设定了行政强制执行权,另一部法律没有设定,就理解为没有授予其强制执行权。《水法》《防洪法》属同一位阶法律。在《防洪法》没有规定的情形下,《水法》作出了明确规定,属特别规定,应予适用。

水行政主管部门对“建设妨碍行洪的建筑物”之违法行为,既要依照《防洪法》履行其行政处罚之法定职权,又要依照《水法》《行政强制法》履行其行政强制执行之法定职权。法律、法规规定行政机关有行政强制执行权而行政机关又不履行该法定职责,向人民法院申请强制执行,构成违法。

湖北省松滋市人民法院
行政判决书

(2017)鄂1087行初2号

公益诉讼人:松滋市人民检察院。

法定代表人:王中华,该院检察长。

被告:松滋市水利局,住所地松滋市新江口镇共青路54号,统一社会信用代码11421087421630617K。

法定代表人:张青,松滋市水利局局长。

委托诉讼代理人:许泽达,松滋市水利局法制科科长。特别授权代理。

委托诉讼代理人:鄢斌,湖北盛华律师事务所律师。特别授权代理。

公益诉讼人松滋市人民检察院因认为被告松滋市水利局不正确履行水行政监管法定职责,于2016年12月28日向本院提起行政公益诉讼。本院于2017年1月3日立案后,次日向被告送达了起诉书副本及应诉通知书。本院依法组成合议庭,于2017年5月16日公开开庭进行了审理。公益诉讼人松滋市人民检察院指派检察长王中华、检察员卢榕春、杨小芹出席法庭,被告松滋市水利局法定代表人张青、分管负责人周家宏、委托诉讼代理人许泽达、鄢斌到庭参加诉讼。本案现已审理终结。

公益诉讼人松滋市人民检察院诉称,我院在履行控告申诉职责中发现本案线索,经审查后依法作出行政公益诉讼立案决定,并调查终结。经调查查明,2015年4月,冯勇未经许可在松滋市新江口镇同心桥村松西河右岸河道滩地(堤防桩号31+650)修建钢构板房一栋从事餐饮服务,建筑面积630平方米。松滋市水利局于2015年10月13日对冯勇的违法行为立案,同日,发出松水停字〔2015〕11号责令停止违法行为通知书,责令其立即停止建设妨碍行洪的构筑物的违法行为。2016年9月23日,松滋市水利局作出松水利执〔2016〕76号行政处罚决定书,载明:冯勇未办理任何手续,擅自在河道管理范围内建设妨碍行洪的建筑物、构筑物,违反了《中华人民共和国防洪法》第二十二条第二款之规定,根据《中华人民共和国防洪法》第五十五条第一项之规定,作出如下行政处罚:1、责令停止违法行为;2、自收到处罚决定书之日起15日内清除违法建筑,恢复原貌。逾期不履行该处罚决定,根据《中华人民共和国行政处罚法》第四十五条、第五十一条之规定,将采取以下措施:申请人民法院强制执行。如不服该决定,可在接到处罚决定书之日起60日内依法向松滋市人民政府或荆州市水利局申请行政复议,或六个月内向松滋市人民法院起诉。

2016年11月7日,松滋市人民检察院向松滋市水利局发出鄂松检行公建

〔2016〕3 号检察建议书，建议松滋市水利局严格依法履行监督管理职责，并要求在一个月内书面回复办理情况。

2016 年 11 月 8 日，松滋市水利局向冯勇发出松水利执〔2016〕83 号行政决定履行催告书，要求其在 10 日内清除违建钢构板房，恢复堤防、河道滩地原状。11 月 25 日，松滋市水利局向松滋市人民法院提交松水字〔2016〕82 号行政处罚强制执行申请书，申请强制执行。

截止起诉前，冯勇建设的违法建筑物仍未被清除，松滋市水利局仍未依法履行法定职责。

公益诉讼人认为，根据《中华人民共和国水法》（以下简称水法）第十二条、《中华人民共和国防洪法》（以下简称防洪法）第八条第三款和松滋市人民政府办公室文件（松政办发〔2010〕44 号）规定，松滋市水利局对本区域内河道、堤防等水利和防洪工作及水资源保护有管理和监督职责。松滋市水利局对冯勇在松西河右岸违法建设建筑物的行为应依法履行监督管理职责。水法第六十五条规定，“在河道管理范围内建设妨碍行洪的建筑物、构筑物，或者从事影响河势稳定、危害河岸堤防安全和其他妨碍河道行洪的活动的，由县级以上人民政府水行政主管部门或者流域管理机构依据职权，责令停止违法行为，限期拆除违法建筑物、构筑物，恢复原状；逾期不拆除、不恢复原状的，强行拆除，所需费用由违法单位或者个人负担，并处一万元以上十万元以下罚款”。松滋市水利局在发现冯勇在河道管理范围内违法建设建筑物后，虽责令其立即停止建设妨碍行洪的建筑物，作出限期清除违法建筑、恢复原状的行政处罚，但针对冯勇未在规定期限内清除违法建筑的行为，未依法正确履行监管职责，导致冯勇建设的违法建筑物至今仍未被清除，持续损害河流生态资源及河岸景观，影响河道行洪、防洪安全，使国家和社会公共利益持续处于受侵害状态。

综上所述，为督促松滋市水利局依法履行职责，保护河流生态资源及河道行洪防洪安全，维护国家和社会公共利益。现根据《全国人民代表大会常务委员会关于授权最高人民检察院在部分地区开展公益诉讼试点工作的决定》、《人民检察院提起公益诉讼试点工作实施办法》第四十一条的规定提起行政公益诉讼，请求：（一）确认松滋市水利局对冯勇违法在河道管理范围内建设建筑物的行为不正确履行监管职责违法，具体表现为：1、松滋市水利局在行政处罚决定书中告知冯勇，“逾期不履行本处罚决定，根据《中华人民共和国行政处罚法》（以下简称行政处罚法）第四十五条、第五十一条之规定，我局将采取以下措施：申请人民法院强制执行”违法；2、冯勇在行政机关决定的期限内不履行义务，松滋市水利局未按照《中华人民共和国行政强制法》（以下简称行政强制法）第四章的规定强制执行违法。（二）判令松滋市水利局对冯勇违法在河道管理范围内建设建筑物的行为，依法正确履职。

公益诉讼人为证明其诉请，向本院提交了以下证据、依据：

第一组证据：证明公益诉讼人主体资格合法。

1.《全国人民代表大会常务委员会关于授权最高人民检察院在部分地区开展公益诉讼试点工作的决定》。

2. 最高人民检察院关于印发《检察机关提起公益诉讼试点方案》的通知。

3.《湖北省检察机关提起公益诉讼试点工作实施方案》。

4. 湖北省人民检察院《关于荆州市人民检察院〈关于松滋市人民检察院拟对松滋市水利局提起行政公益诉讼案提请批准的请示报告〉的批复》。

第二组证据：证明被告对本市行政区域内的水资源负有管理和监督职责，并在松滋市人民政府领导下负责本行政区域内防洪日常工作。

1. 水法第十二条第一、四款规定：“国家对水资源实行流域管理与行政管理相结合的管理体制。县级以上地方人民政府水行政主管部门按照规定的权限，负责本行政区域内水资源的统一管理和监督工作”。

2. 防洪法第八条第三款规定：“县级以上地方人民政府水行政主管部门在本级人民政府的领导下，负责本行政区域内防洪的组织、协调、监督、指导等日常工作”。

3.《松滋市人民政府办公室关于印发松滋市水利局主要职责内设机构和人员编制规定的通知》。

4.《中共松滋市委机构编制委员会关于市水政监察大队与市水利规费管理站合并的通知》。

第三组证据：证明被告对冯勇作出行政处罚决定后，当冯勇在处罚决定确定的期限内不履行义务时，其未根据水法、行政强制法的相关规定正确履职。

1. 立案呈批表。

2.2015 年 10 月 13 日的勘验笔录。

3.2016 年 12 月 7 日的勘验笔录及证明。

4.被告于 2015 年 10 月 31 日对冯勇作出的松水停字〔2015〕11 号责令停止违法行为通知书及送达回证。

5.被告于 2016 年 9 月 23 日对冯勇作出的松水利执〔2016〕76 号行政处罚决定书及送达回证。

6.水法第六十五条第一款规定:“在河道管理范围内建设妨碍行洪的建筑物、构筑物,或者从事影响河势稳定、危害河岸堤防安全和其他妨碍河道行洪的活动的,由县级以上人民政府水行政主管部门或者流域管理机构依据职权,责令停止违法行为,限期拆除违法建筑物、构筑物,恢复原状;逾期不拆除、不恢复原状的,强行拆除,所需费用由违法单位或者个人负担,并处一万元以上十万元以下的罚款”。

7.行政强制法第三十四条规定:“行政机关依法作出行政决定后,当事人在行政机关决定的期限内不履行义务的,具有行政强制执行权的行政机关依照本章规定强制执行”。

8.公益诉讼人于 2016 年 10 月 31 日拍摄的冯勇所建钢构板房现状照片。

第四组证据为公益诉讼人于 2016 年 11 月 7 日发出的鄂松检行公建〔2016〕3 号检察建议书及送达回证。证明因被告不正确履职导致国家利益持续受损,公益诉讼人发出检察建议书,建议被告严格依法履行监督管理职责,并要求其在收到检察建议书后一个月内将办理情况予以书面回复。

第五组证据:证明在公益诉讼人发出检察建议后,被告依照行政强制法第五十四条规定催告冯勇履行,后依照行政处罚法第五十一条规定向松滋市人民法院申请强制执行,系不正确履职。

1.被告对鄂松检行公建〔2016〕3 号检察建议的回复。

2.被告向冯勇发出的松水利执〔2016〕83 号行政决定履行催告书。

3.被告向松滋市人民法院提交的松水字〔2016〕82 号行政处罚强制执行申请书。

第六组证据:证明公益诉讼人发出检察建议后,被告未正确履职,直至法院组织庭前会议前,冯勇建设在松西河河道管理范围内妨碍行洪的建筑物仍持续存在,致使公益持续受到损害。

1. 公益诉讼人于2016年12月6日拍摄的冯勇所建钢构板房现状照片。

2. 公益诉讼人于2016年12月6日拍摄的冯勇所建钢构板房系位于松西河河道管理范围内的视频资料。

3. 被告于2016年12月7日对冯勇在松西河右岸违法建设钢构板房所制作的勘验笔录。

4. 公益诉讼人于2017年4月13日拍摄的冯勇所建钢构板房现状照片。

5. 三峡大学专家咨询意见。

被告松滋市水利局辩称，一、被告已依法履行法定职责，对违法行为人作出了行政处罚决定。冯勇未经许可，在松西河右岸滩地修建630平方米钢构板房，从事餐饮经营服务(名称清水湾)，该建设行为违反了防洪法第二十二条第二款“禁止在河道、湖泊管理范围内建设妨碍行洪的建筑物、构筑物，倾倒垃圾、渣土，从事影响河势稳定、危害河岸堤防安全和其他妨碍河道行洪的活动”的规定。为履行监管职责，被告已立案查处，并根据防洪法第五十五条规定，于2016年9月23日作出了松水利执〔2016〕76号行政处罚决定：责令停止违法行为；至收到本决定书起15日内清除违法建筑，恢复原貌。该行政处罚决定书已于当日送达生效。

二、对冯勇的违法行为进行行政处罚，应当适用防洪法的相关规定，而不应适用水法的有关规定，被告适用法律正确。

公益诉讼人在本案诉讼中并不否定被告所作出的行政处罚决定的合法性，但却根据水法第十二条关于国家对水资源管理体制和职责的规定，以及第六十五条第一款关于在河道管理范围内建设妨碍行洪的建筑物、构筑物，或者从事影响河势稳定、危害河岸堤防安全和其他妨碍河道行洪的活动的，由县级以上人民政府水行政主管部门或者流域管理机构依据职权进行行政处罚的罚则规定，认为被告作为水资源管理部门，虽责令行政相对人冯勇立即停止建设妨碍行洪的建筑物，作出限期清除违法建筑、恢复原貌的行政处罚，但针对冯勇未在规定期限内清除违法建筑的行为，未依法正确履行监管职责，导致冯勇建设的违法建筑物至今仍未被清除，持续损害河流生态资源及河岸景观，影响河道行洪、防洪安全，使国家和社会公共利益持续处于受侵害状态。可被告认为，防洪法第一条规定该法的立法宗旨是，

"为了防治洪水,防御、减轻洪涝灾害,维护人民的生命和财产安全,保障社会主义现代化建设顺利进行",而水法第一条规定该法的立法宗旨是,"为了合理开发、利用、节约和保护水资源,防治水害,实现水资源的可持续利用,适应国民经济和社会发展的需要"。显然,两部法律所规范和保护的财产利益和秩序并不相同。

防洪法第五十五条规定:在河道、湖泊管理范围内建设妨碍行洪的建筑物、构筑物的,责令停止违法行为,排除阻碍或者采取其他补救措施,可以处五万元以下的罚款;而水法第六十五条规定:在河道管理范围内建设妨碍行洪的建筑物、构筑物,或者从事影响河势稳定、危害河岸堤防安全和其他妨碍河道行洪的活动的,由县级以上人民政府水行政主管部门或者流域管理机构依据职权,责令停止违法行为,限期拆除违法建筑物、构筑物,恢复原状;逾期不拆除、不恢复原状的,强行拆除,所需费用由违法单位或者个人负担,并处一万元以上十万元以下的罚款。这两部法律对在河道管理范围内建设妨碍行洪的建筑物、构筑物的行为的法律责任均作出了规定,但水法第八十一条明确规定,"从事防洪活动,依照防洪法的规定执行",可见,水法对在河道管理范围内建设妨碍行洪的建筑物、构筑物的处理是一般法律规定,而防洪法对在河道管理范围内建设妨碍行洪的建筑物、构筑物的处理则是特别法律规定。基于特别法优于一般法的适用原则,从事防洪活动,应依照防洪法的规定执行。

被告发现冯勇的违法行为及对其作出行政处罚决定时,均正值防汛期间,且冯勇在河道滩地修建违法构筑物的危害后果是妨碍行洪,公益诉讼人提交的专家咨询意见也确认在堤内(近水侧)的违章建筑影响的也是行洪、防洪安全,故冯勇的行为违反了防洪法第二十二条第二款规定,被告应根据防洪法第五十五条规定,对违法行为人冯勇作出行政处罚决定。被告在本案中所适用的法律是正确的,公益诉讼人根据水法的规定,认为被告未正确履行法定职责的理由不能成立。

三、对冯勇违法建筑物的拆除,被告不具有行政强制执行权,应由被告申请人民法院依法强制执行。即使被告具有行政强制执行权,本案行政公益诉讼因不具备起诉条件而不能成立,也应予驳回。

水法第六十五条规定,对在河道管理范围内建设妨碍行洪的建筑物、构筑物的,由县级以上人民政府水行政主管部门或者流域管理机构依据职权,责令停止违法行为，限期拆除违法建筑物、构筑物，恢复原状；逾期不拆除、不恢复原状的，强行拆除。而防洪法第五十五条却并未赋予水行政主管部门强制执行权。鉴于冯勇未自觉履行行政处罚决定，根据行政强制法第五十四条规定，被告于2016年11月8日向冯勇发出了松水利执〔2016〕83号行政决定履行催告书，要求其在10日内清除违建钢构板房，恢复堤防、河道滩地原状。在冯勇逾期仍未自觉履行的情况下，被告根据行政处罚法第四十五条规定，即“当事人对行政处罚决定不服申请行政复议或者提起行政诉讼的，行政处罚不停止执行，法律另有规定的除外”，第五十一条第三项规定，即“当事人逾期不履行行政处罚决定的，作出行政处罚决定的行政机关可以申请人民法院强制执行”，以及行政强制法第十三条规定，即“行政强制执行由法律设定。法律没有规定行政机关强制执行的，作出行政决定的行政机关应当申请人民法院强制执行”，第五十三条规定，即“当事人在法定期限内不申请行政复议或者提起行政诉讼，又不履行行政决定的，没有行政强制执行权的行政机关可以自期限届满之日起三个月内，依照本章规定申请人民法院强制执行”。由此可见，被告依法应当申请人民法院强制执行，遂于2016年11月25日向松滋市人民法院提交了松水文字〔2016〕82号行政处罚强制执行申请书，申请了强制执行。在本案行政处罚决定的执行上，被告根据行政强制法第五章的规定是积极履行法定职责的。因而，公益诉讼人要求确认“被告行政处罚决定书告知冯勇，逾期不履行本处罚决定，根据行政处罚法第四十五条、第五十一条之规定，我局将采取以下措施：申请人民法院强制执行违法”，及“冯勇在行政机关决定的期限内不履行义务，被告未按照行政强制法第四章的规定强制执行违法”的诉讼请求，和要求“判令被告对冯勇在行政处罚决定确定的期限内不履行义务的行为，依照行政强制法第四章的规定正确履职”的诉讼请求均不能成立，应予驳回。

即使被告具有行政强制执行权，但该行政处罚决定作出的时间是2016年9月23日，而被告在2017年1月4日就收到了本案行政公益诉讼起诉书。根据行政强制法第四十四条“对违法的建筑物、构筑物、设施等需要强制拆除的，应当由行政机关予以公告，限期当事人自行拆除。当事人在法定期限内不申请行政复议或者提起行政诉讼，又不拆除的，行政机关可以依法强制拆除”的规定，被告如果能以行政强制执行权拆除本案违法建筑物，也应在2017年3月23日以后才能实施强制拆除。也就是说，公益诉讼人提起本案行政公益诉讼时，诉称“冯勇在行政机关决定的期限内不履行义务，被告未按照行政强制法第四章的规定强制执行违法”，系被告不正确履行水行政监管法定职责的行为尚不成立，强制执行还有待具备法定条件后方可进行。针对条件尚未成就的行政行为提起诉讼，该诉讼当然是不能成立的，也应依法驳回。

四、针对本案行政处罚决定，被告已申请松滋市人民法院强制执行，在人民法院就该行政处罚决定的强制执行进行审查立案过程中，公益诉讼人又就该行政处罚决定提起本案行政公益诉讼，其诉讼请求应予驳回。

就本案松水利执〔2016〕76号行政处罚决定，在公益诉讼人提起本案行政公益诉讼前，被告已于2016年11月25日向松滋市人民法院申请强制执行，并提交了相关材料。

行政强制法第五十六条规定：“人民法院接到行政机关强制执行的申请，应当在五日内受理。行政机关对人民法院不予受理的裁定有异议的，可以在十五日内向上一级人民法院申请复议，上一级人民法院应当自收到复议申请之日起十五日内作出是否受理的裁定”。第五十七条规定：“人民法院对行政机关强制执行的申请进行书面审查，对符合本法第五十五条规定，且行政决定具备法定执行效力的，除本法第五十八条规定的情形外，人民法院应当自受理之日起七日内作出执行裁定”。第五十八条规定：“人民法院发现有下列情形之一的，在作出裁定前可以听取被执行人和行政机关的意见：（一）明显缺乏事实根据的；（二）明显缺乏法律、法规依据的；（三）其他明显违法并损害被执行人合法权益的。人民法院应当自受理之日起三十日内作出是否执行的裁定。裁定不予执行的，应当说明理由，并在五日内将不予执行的裁定送达行政机关。行政机关对人民法院不予执行的裁定有异议的，可以自收到裁定之日起十五日内向上一级人民法院申请复议，上一级人民法院应当自收到复议申请之日起三十日内作出是否执行的裁定”。

根据上述法律规定，人民法院应对行政处罚决定及作出决定的事实、理由和依据、是否具备法定执行效力等进行全面审查。虽然松滋市人民法院至今尚未作出受理裁定，但本案强制执行申请至今仍然处于人民法院的立案审查中。在人民法院对申请强制执行的本案行政处罚决定依法完成司法审查和作出裁定前，公益诉讼人不应就同一行政处罚决定另行提起行政诉讼,人民法院也不应就同一行政处罚决定书同时进行两次司法审查。本次行政公益诉讼显然加重了讼累,有违司法公正和效率的法律价值目标追求。本案行政公益诉讼应予驳回。

综上所述,冯勇建设的违法建筑物仍未被清除,不应认为是被告不正确履行水行政监管法定职责。公益诉讼人的诉讼请求不能成立,依法应予驳回。

被告为支持其辩解,向本院提交了以下证据、依据:

第一组证据为案源登记表、立案呈批表。证明被告在发现冯勇的违法行为后,已依法立案。

第二组证据为2015年10月13日的冯勇询问笔录、勘验笔录、责令停止违法行为通知书、送达回证、2016年5月27日的冯勇询问笔录、曹阳询问笔录、曹阳身份证复印件、现场图片资料、关于同心桥砂石场租赁发包的情况说明、港口经营许可证复印件、同心桥村砂石场租赁合同。证明被告在立案后对冯勇的违法事实进行了调查,并责令其停止违法行为。

第三组证据为调查报告、执法人员执法证复印件、重大案件集体讨论记录。证明对冯勇违法行为的定性及处罚意见。

第四组证据为行政处罚呈批表、行政处罚告知书及送达回证、听证告知书及送达回证。证明被告已告知冯勇相关权利。

第五组证据为行政处罚决定书及送达回证、行政决定履行催告书及送达回证。证明被告已对冯勇进行了处罚。

第六组证据为强制执行申请书。证明被告已行使强制执行申请权。

经庭审质证,被告对公益诉讼人提交的六组证据的真实性均无异议,只对部分证据的证明目的有异议;公益诉讼人对被告提交的六组证据的真实性亦无异议,也只对部分证据的证明目的有异议。本院认为,因双方对对方提交的所有证据的真实性均无异议,而只对部分证据的证明目的有异议,但这并不影响对上述所有证据的真实性、合法性、关联性的认定,故本院对上述所有证据均予以确认。

经审理查明,2015年4月,当事人冯勇未经许可在松滋市新江口镇同心桥村松西河右岸(堤防桩号31+650)河道滩地修建钢构板房一栋,建筑面积630平方米,用于从事餐饮服务,并取名"清水湾美食城"。同年10月13日,松滋市水利局对冯勇的违法行为予以立案,并于当日发出松水停字〔2015〕11 号责令停止违法行为通知书,责令其立即停止建设妨碍行洪的构筑物的违法行为。2016 年 9 月 23 日,松滋市水利局作出松水利执〔2016〕76 号行政处罚决定书,载明:冯勇未办理任何手续,擅自在河道管理范围内建设妨碍行洪的建筑物、构筑物,违反了防洪法第二十二条第二款之规定,根据防洪法第五十五条第一项之规定,作出如下行政处罚:1、责令停止违法行为;2、自收到处罚决定书起 15 日内清除违法建筑,恢复原貌。逾期不履行该处罚决定,根据行政处罚法第四十五条、第五十一条之规定,将采取以下措施:申请人民法院强制执行。如不服该决定,可在接到处罚决定书之日起 60 日内依法向松滋市人民政府或向荆州市水利局申请行政复议,或六个月内向松滋市人民法院起诉。

2016 年 10 月 11 日,松滋市人民检察院接到举报,称该违法建筑物仍然存在。11 月 7 日,松滋市人民检察院向松滋市水利局发出鄂松检行公建〔2016〕3 号检察建议书,建议松滋市水利局严格依法履行监督管理职责,在一个月内书面回复办理情况。

2016 年 11 月 8 日,松滋市水利局向冯勇发出松水利执〔2016〕83 号行政决定履行催告书,要求其在 10 日内清除违建钢构板房,恢复堤防、河道滩地原状。11 月 25 日,松滋市水利局作出松水字〔2016〕82 号行政处罚强制执行申请书,拟向松滋市人民法院申请强制执行。

2016 年 12 月 28 日,公益诉讼人松滋市人民检察院认为,因被告松滋市水利局未依法正确履行监管职责,导致冯勇建设的违法建筑物至今仍未被清除,持续损害河流生态资源及河岸景观,影响河道行洪、防洪安全,使国家和社会公共利益持续处于受侵害状态,遂向本院提起行政公益诉讼,请求:(一)确认被告对冯勇违法在河道管理范围内建设建筑物的行为不正确履行监管职责违法。庭审中,公益诉讼人将此具体明确为二点:1、被告在行政处罚决定书中告知冯勇,“逾期不履行本处罚决定,根据行政处罚法第四十五条、第五十一条之规定,我局将采取以下措施:申请人民法院强制执行”违法;2、冯勇在行政机关决定的期限内不履行义务,被告未按照行政强制法第四章的规定强制执行违法。(二)判令被告对冯勇违法在河道管理范围内建设建筑物的行为,依法正确履职,即判令被告对冯勇在行政处罚决定确定的期限内不履行义务的行为，依照行政强制法第四章的规定正确履职。

同时查明，冯勇建设的违法建筑物在庭审前仍未被清除。被告称已向本院申请强制执行其作出的松水利执〔2016〕76号行政处罚决定，但经查无该案的立案记录或其他相关受理资料。

本院认为，本案争议焦点是：一是被告作出的行政处罚决定是否合法？被告对本案所涉河道内的违法构筑物有无行政强制执行权？二是被告是否已正确履职以及应如何履职？

一、关于被告作出的行政处罚决定是否合法及其对本案所涉违法构筑物有无行政强制执行权的问题。

首先，行政处罚法第三十九条规定，“行政处罚决定书应当载明下列事项：（一）当事人的姓名或者名称、地址；（二）违反法律、法规或者规章的事实和证据；（三）行政处罚的种类和依据；（四）行政处罚的履行方式和期限；（五）不服行政处罚决定，申请行政复议或者提起行政诉讼的途径和期限；（六）作出行政处罚决定的行政机关名称和作出决定的日期”。因此，本案审查的具体行政行为是，被告作出的松水利执〔2016〕76号行政处罚决定：“冯勇未办理任何手续，擅自在河道管理范围内建设妨碍行洪的建筑物、构筑物，违反了防洪法第二十二条第二款之规定，根据防洪法第五十五条第一项之规定，作出如下行政处罚：1、责令停止违法行为；2、自收到处罚决定书起15日内清除违法建筑，恢复原貌。逾期不履行本处罚决定，根据行政处罚法第四十五条、第五十一条之规定，将采取以下措施：申请人民法院强制执行。如不服该决定，可在接到处罚决定书之日起60日内依法向松滋市人民政府或荆州市水利局申请行政复议，或六个月内向松滋市人民法院起诉。”

其次，该行政处罚决定关于“冯勇未办理任何手续，擅自在河道管理范围内建设妨碍行洪的建筑物、构筑物，违反了防洪法第二十二条第二款之规定，根据防洪法第五十五条第一项之规定，作出如下行政处罚：1、责令停止违法行为；2、自收到处罚决定书起15日内清除违法建筑，恢复原貌。如不服该决定，可在接到处罚决定书之日起60日内依法向松滋市人民政府或荆州市水利局申请行政复议，或六个月内向松滋市人民法院起诉”之内容合法有效。因为被告认定，冯勇未经许可在松滋市新江口镇同心桥村松西河右岸河道滩地（堤防桩号31+650）修建钢构板房的事实清楚，证据充分，适用法律正确，处罚决定适当，且公益诉讼人对此亦无异议，虽有超期办案情形，但这一程序瑕疵，对该行政处罚决定的正当性及效力不产生影响，故本院依法予以确认。

第三，该行政处罚决定关于“逾期不履行该处罚决定，根据行政处罚法第四十五条、第五十一条之规定，将采取以下措施：申请人民法院强制执行”之内容违法。理由是：

行政处罚行为与行政强制执行行为是两个不同的概念。从性质上看，行政处罚是在行政管理相对人违反法律的规定、拒不履行法定义务的情况下，行政机关为其设定新的义务或进行权利限制，本质上是一种惩罚性的、制裁性的法律责任形式。而行政强制执行本质上不对当事人科以新的义务，是为了保证行政决定的实施而采取的执行行为。从目的上看，行政处罚的目的是为了制裁行政管理相对人违反法律规定的义务的行为，其着眼点在于对“过去”违法行为的惩罚；行政强制执行的目的在于敦促义务人履行义务或实现与义务相同的状态，其着眼点在于“将来”义务的实现。被告松滋市水利局辩称，防洪法第一条规定其立法宗旨是“为了防治洪水，防御、减轻洪涝灾害，维护人民的生命和财产安全，保障社会主义现代化建设顺利进行”，水法第一条规定其立法宗旨是“为了合理开发、利用、节约和保护水资源，防治水害，实现水资源的可持续利用，适应国民经济和社会发展的需要”。两部法律所规范和保护的财产利益和秩序并不相同。行政相对人冯勇在河道滩地修建钢构板房屋违法行为的危害后果是妨碍行洪，违反了防洪法第二十二条第二款规定，根据该法第五十五条规定，答辩人已对行政相对人依法作出行政处罚。且根据水法第八十一条规定“从事防洪活动，依照防洪法的规定执行”。答辩人对本案适用法律是正确的，本案应该适用防洪法规定进行处罚。本院认为，正因为上述两部法律的立法宗旨不同，保护的法益不同，防洪法、水法授予县级以上人民政府水行政主管部门职权时进行了区分，前者授予其行政处罚权，后者授予其行政处罚权和行政强制执行权。行政相对人冯勇在河道滩地修建钢构板房违法行为的危害后果不仅仅是妨碍行洪，同时也侵害了“合理开发、利用、节约和保护水资源，防治水害，实现水资源的可持续利用”之法益。为了防止此类违法行为对多重法益的侵害，上述两部法律均作出了“禁止在河道、湖泊管理范围内建设妨碍行洪的建筑物、构筑物”的规定。被告松滋市水利局辩称已依法履行法定职责,对违法行为人作出了行政处罚,并称公益诉讼人松滋市人民检察院根据水法规定认为答辩人未正确履行法定职责的理由不能成立,是混淆了行政处罚行为与行政强制执行行为的区别,把依法履行行政处罚一项职权与依法履行行政处罚、依法履行行政强制执行两项职权混同,是不全面履行法定职权的表现。

行政处罚行为合法,并不表明行政强制执行行为合法。在我国,行政强制执行的主体有两类,一是行政机关,二是人民法院。《中华人民共和国行政诉讼法》第九十七条规定:公民、法人或者其他组织对行政行为在法定期间不提起诉讼又不履行的,行政机关可以申请人民法院强制执行,或者依法强制执行。这就是说,我国的行政强制执行,法律、法规规定由行政机关强制执行的,由行政机关强制执行;法律、法规没有规定的,由行政机关申请人民法院强制执行。被告松滋市水利局申请人民法院强制执行是否合法,在于法律、法规对被告有无行政强制执行权是否作出了规定。如果法律、法规规定被告有行政强制执行权,被告又不履行该法定职责而向人民法院申请强制执行,则构成违法。

水法第六十五条第一款规定:“在河道管理范围内建设妨碍行洪的建筑物、构筑物,或者从事影响河势稳定、危害河岸堤防安全和其他妨碍河道行洪的活动的,由县级以上人民政府水行政主管部门或者流域管理机构依据职权,责令停止违法行为,限期拆除违法建筑物、构筑物,恢复原状;逾期不拆除、不恢复原状的,强行拆除,所需费用由违法单位或者个人负担,并处一万元以上十万元以下的罚款”。该条第二款规定:“……且防洪法未作规定的,由县级以上人民政府水行政主管部门依据职权……强行拆除,所需费用由违法单位或者个人负担……。”上述法律同一条文明确授予县级以上人民政府水行政主管部门两项不同的强行拆除权。第二款授予强行拆除权时有前置条件,即必须是防洪法未作规定,而第一款授权时没有作此规定,也就是说,这是特别规定,无论防洪法作出规定或者不作规定,水行政主管部门对建设妨碍行洪的建筑物、构筑物都有强行拆除权,这是法定职权。

对冯勇建设的违法建筑物的拆除,被告松滋市水利局辩称:防洪法没有赋予答辩人对本案所涉行政处罚决定的强制执行权,应由其申请人民法院依法强制执行,是对水法第六十五条第一款的授权规定的错误理解,即将“无论防洪法作出规定或者不作规定，水行政主管部门对建设妨碍行洪的建筑物、构筑物都有强行拆除权”理解为“对建设妨碍行洪的建筑物、构筑物的强行拆除权，防洪法要有明确授权，如果防洪法没有明确授权，则县级以上人民政府水行政主管部门应申请人民法院强制执行”；也是对行政强制法第十三条规定行政强制执行由法律设定的错误理解，该法律不仅可以是一部法律，也可以是多部、分散的法律，不能因为一部法律设定了行政强制执行权，另一部法律没有设定，就理解为没有授予其强制执行权。

简言之，被告松滋市水利局作出的行政处罚行为合法，但因其具有法定的行政强制执行权，而告知“逾期不履行本处罚决定，根据行政处罚法第四十五条、第五十一条之规定，我局将采取以下措施：申请人民法院强制执行”之内容违法。

二、关于被告是否已正确履职以及应如何履职问题。

对冯勇未经许可擅自在河道管理范围内建设妨碍行洪的建筑物的违法行为，被告根据防洪法规定作出的行政处罚决定虽合法有效，但因其具有行政强制执行权，而仍然告知冯勇“逾期不履行本处罚决定，根据行政处罚法第四十五条、第五十一条之规定，我局将采取以下措施：申请人民法院强制执行”，此系不正确履职。被告称已向本院申请强制执行该行政处罚决定，虽然本院至今无该案登记，但是即使被告该说法成立，也因其具有行政强制执行权而系不正确履职。

关于被告辩称的水法对在河道管理范围内建设妨碍行洪的建筑物、构筑物的处理是一般法律规定，而防洪法对在河道管理范围内建设妨碍行洪的建筑物、构筑物的处理则是特别法律规定，基于特别法优于一般法的适用原则，从事防洪活动，应依照防洪法的规定执行之问题。本院认为，水法、防洪法都是全国人大常委会制定的法律，属于同一位阶。水法第八十一条规定“从事防洪活动，依照防洪法的规定执行”，说明关于防洪活动，防洪法是特别规定，特别规定与一般规定不一致的，应适用特别规定。本案的关键是对河道管理范围内妨碍行洪的建筑物、构筑物的行政强制执行权，防洪法没有规定，也就没有区分一般规定与特别规定之说。相反，对河道管理范围内妨碍行洪的建筑物、构筑物的行政强制执行权，在防洪法没有规定的情形下，水法第六十五条第一款作出了明确规定，说明水法是特别规定，法定授权应适用。关于行政强制执行权，被告辩称适用防洪法之特别规定，于法无据,本院不予支持。

由于被告对在河道管理范围内所建设的妨碍行洪的建筑物、构筑物具有行政强制执行权,因此在行政处罚决定书中,其应当依照水法第五十六条第一款规定告知:“逾期不拆除、不恢复原状的,强行拆除,所需费用由违法单位或者个人负担,并处一万元以上十万元以下的罚款”。同时,当冯勇在行政机关决定的期限内不自觉履行义务时,被告应当按照水法和行政强制法的相关规定继续履职。现被告未能正确履职,本院依法应当确认其行为违法。

关于被告辩称的即使其具有行政强制执行权,因该行政处罚决定书是2016年9月23日作出并送达,应待当事人行政复议、行政诉讼期满,即2017年3月23日以后才可以依法强制拆除,且其在2017年1月4日就收到了行政公益诉讼起诉书,本案行政强制执行以及提起行政公益诉讼的条件尚不具备之问题。本院认为,水法第六十五条第一款规定:“在河道管理范围内建设妨碍行洪的建筑物、构筑物,或者从事影响河势稳定、危害河岸堤防安全和其他妨碍河道行洪的活动的,由县级以上人民政府水行政主管部门或者流域管理机构依据职权,责令停止违法行为,限期拆除违法建筑物、构筑物,恢复原状;逾期不拆除、不恢复原状的,强行拆除,所需费用由违法单位或者个人负担,并处一万元以上十万元以下的罚款”。该法条明确规定,水行政主管部门对上述违法行为应依据职权责令停止违法行为,并限期(一般期限为15日)拆除违法建筑物、构筑物,恢复原状,如逾期不拆除、不恢复原状的,强行拆除。这里的“逾期”应是“限期”的期限,而非被告认为的行政复议或者行政诉讼期间。再即使行政相对人提起行政诉讼或申请复议,也不应停止对生效行政行为的执行。因此被告辩称的即使其具有行政强制执行权,本案行政强制执行以及提起行政公益诉讼的条件尚不具备的观点不能成立,本院不予支持。

综上,被告松滋市水利局作为水行政主管部门对“冯勇未办理任何手续,擅自在河道管理范围内建设妨碍行洪的建筑物”之违法行为,既要依照防洪法履行其行政处罚之法定职权,又要依照水法、行政强制法履行其行政强制执行之法定职权,这是全面依法行政的必然要求,法定授权必须为。故公益诉讼人要求确认被告不正确履行监管职责违法及判令依法正确履职的诉讼请求合理合法,本院依法予以支持。依照《中华人民共和国水法》第六十五条第一款、《中华人民共和国行政强制法》第三十四条、《中华人民共和国行政诉讼法》第七十二条、第七十四条第二款第一项的规定，判决如下：

一、确认被告松滋市水利局在其作出的松水利执〔2016〕76号行政处罚决定书中，告知“逾期不履行本处罚决定，根据《中华人民共和国行政处罚法》第四十五条、第五十一条之规定，我局将采取以下措施：申请人民法院强制执行”的内容违法；

二、确认被告松滋市水利局在冯勇不自觉履行义务的情况下，未依照《中华人民共和国水法》和《中华人民共和国行政强制法》的相关规定履职违法；

三、责令被告松滋市水利局在本判决生效后依照《中华人民共和国水法》和《中华人民共和国行政强制法》的相关规定履职。

案件受理费50元，由被告松滋市水利局负担。

如不服本判决，可在判决书送达之日起十五日内向本院递交上诉状，并按对方当事人的人数提出副本，上诉于湖北省荆州市中级人民法院。上诉人应在提交上诉状时预交上诉案件受理费50元，款汇湖北省荆州市中级人民法院，账号：17××××30，开户银行：中国农业银行荆州市长江大学支行。上诉人在上诉期满后七日内仍未交纳交诉讼费用的，按自动撤回上诉处理。

审　判　长　　徐忠德
审　判　员　　胡　松
人民陪审员　　陈明红

二〇一七年五月二十日
书　记　员　　刘君慧
书　记　员　　文　波